解放の父 松本治一郎への手紙

全国水平社を支えた人々との交流

福岡県人権研究所
松本治一郎・井元麟之研究会〔編著〕

解放出版社

序

部落解放運動一〇〇年のはじまりは、全国水平社が誕生した一九二二（大正一一）年三月三日に求められるとされる。このことを承知したうえで、私たち福岡県人権研究所松本治一郎・井元麟之研究会は、全九州水平社の創立大会が全水創立翌年の一九二三（大正一二）年五月一日であったことを大切にして、二〇二三年五月一日を「もうひとつの節目」と意識して研究活動を行ってきた。

部落問題に関心のない人は、このような私たちの姿勢を不思議に思うかもしれない。しかし、「差別は差別する側の問題であり、差別される側の問題ではない」ことを初めて日本社会に宣告した日と、水平社創立宣言に触れて心を震わし、「今後は差別者の理屈によって自己を決して卑下しない」とひとりの部落民が決意した日、さらには地域社会のなかでその想いが響き合い小グループから全国水平社創立宣言の実践・行動を決起した日は、それぞれが重要な歴史的意味を持っている。

福岡県人権研究所の前身・福岡部落史研究会は、井元麟之・松崎武俊たちを生みの親とする。松崎武俊による「貧困と差別」の部落史から「生産と労働」の部落史へという提唱を、現在、私たちが研究叙述として反映できているかといえばそうではない。しかし、「生きることが闘いであった」という視点で部落史を見ようと松本・井元研究会のメンバーが心がけているところにこの提唱は息づいている。

水平運動の闘いは、「差別は許されない行為であり、差別する側の問題である」という、現在では当たり前の価値規範を日本社会に承認させる闘いであった。もとより「生きることが闘いであった日々」のなか、新たな価値規範の承認をめざした水平運動の活動家たちの生き方は、現在の私たちから見ると「英雄」であり「伝説」である。

けれども、水平運動に立ち上がった当初から彼らは一貫して「英雄」であり「伝説」であったのだろうか。部落民としての「誇り」と「自覚」に目覚め、あらゆる部落差別に対する抗議行動を集団として決起する一方で、彼らもまたひとりの人間として、運動の苦しみ、生活の悩み、時代の荒波に翻弄され、ひとりひとりが複雑な実情と内面を抱えていたのではないだろうか。

全国水平社中央委員長の松本治一郎（一八八七〜一九六六）のもとには、全国の同志から多数の手紙が届いた。松本治一郎の呼び方はさまざまで、「議長殿」、「先生」、「貴殿」、「貴方様」、「親父殿」、「おやじ」、なかには「慈父様」という呼びかけまで登場する。これだけ見ても手紙を書いた人と松本の距離感がうかがえる。手紙の内容を紐解《ひもと》くと、水平運動に対する明るい展望ばかりではなく、運動の苦しみ、生活の悩みなど、身近なひとには見せることができなかった胸のうちを吐露するものが少なくない。

手紙という人間の内面がこぼれる史料を通して、「英雄」であり「伝説」になった水平運動の活動家たちの「等身大」の姿を知ることは、いま私たちが部落問題の研究・教育・啓発・運動を持続・発展させるうえで重要な意義を持つのではないだろうか。このような問題意識のもと、私たち松本・井元研究会は松本治一郎宛書簡の解読作業をスタートさせた。

松本治一郎旧蔵資料（仮）は、松本龍さんの自宅倉庫の段ボール二〇箱に詰まった封書・葉書等、九〇二九点からなる。内容は全国各地の差別事件や水平運動、選挙や戦後の追放解除、松本組の工事や炭鉱・電力会社との取引、個人的なやりとりなど多岐にわたる。ただ、その対象時期は、戦前では一九三三（昭和八）年から一九三六（昭和一一）年が中心である。

手紙を通じて水平運動活動家たちの「等身大」の姿を描写するという目的のもと、本書編集委員の関儀久・塚本博和・森山沾一は何度も話し合いを行い、人物を選定した。話し合いのなかでは、西田ハル・菊竹トリといった女性活動家をできるだけ選定しようとか、松本宅に身を置いた少年少女水平社の山田孝野次郎を取り上げようといった意見もあった。しかし、松本史料の対象時期の範囲からいって、これらの人物を選定することは諦めざるを得なかった。

また、手紙はあるもののわずか二〜三通であったり、量はあるものの心情を読み取るには内容が乏しかったりと、史料に量的・質的な違いが著しくあったことに加え、対象人物に関する研究蓄積の違いも顕著であった。例えば、田村定一（山口）や吉竹浩太郎（福岡）はかろうじて部落解放・人権研究所編『部落問題・人権事典』（解放出版社、二〇〇一年）に掲載されているものの、その人物像を追求した研究は行われていない。中村正治（香川）や藤田東一（請願隊では大分代表）に関しては、前記事典にも掲載されていない。

執筆者の方には大変な苦労をかけることを予想したが、一方では、人物や地域の水平運動に対する研究者としての思いは、これらの問題を十分にクリアするものであるという助言を複数の部落史研究者からいただいた。私たちは人物や地域の水平運動に対する強い思いがあり、さらには従来の研究成果を踏まえた議論ができる方という点を基本方針として、全国各地で活躍する研究者の方々へ執筆依頼を行った。本書収録の各論考は、このような依頼を通じて執筆された。

次に各論考の内容を簡潔に紹介することにしたい。「第一章　東北・関東・近畿地方からの手紙」は布施辰治（宮城）・深川武（東京）・北原泰作（岐阜）・米田富（奈良）・泉野利喜蔵（大阪）を題材とする五本の論考で構成される。

水平運動が開始した部落差別に対する抗議行動は、社会的には部落差別の発現を抑止することになったが、一方では社会や民衆との軋轢《あつれき》を生じさせ権力からの弾圧を招いた。松本治一郎は「社会運動をやるものは今の支配権力のもとでは〝万年被告〟を覚悟しなければならない」と述べ、日頃から好物を絶ち、欲望をおさえることを自らに課したが、そうした松本や水平運動活動家のとなりには、差別糺弾闘争の犠牲者を支援し、ともに裁判に奔走する弁護士がいた。朝治武「布施辰治―部落解放に情熱を燃やした弁護士」は、水平運動関係の裁判をもっとも多く担当したとされる弁護士・布施辰治（一八八〇～一九五三）の松本との公私両面にわたる関係を具体的に明らかにする。

東京において水平運動を指導した深川武（一九〇〇～一九六二）の手紙には、市ヶ谷・豊多摩刑務所収監中の同志の安否確認、浅草区議会議員選挙の応援依頼、高松差別裁判取消請願隊寄宿舎借用問題、二・二六事件の影響や埼玉県での全国大会開催をめぐる県当局と全水の水面下のやりとりなどが綴られていることを、吉田勉「深川武―水平運動の拠点を支えた東京の指導者」は紹介する。請願隊寄宿舎借用問題や全国大会開催をめぐる総本部の動向は、米田富や白砂健・藤田東一・井元麟之の手紙をあわせて読むことで多面的・多角的に把握することができるだろう。

天皇直訴事件や全国水平社解消意見の執筆等で知られる北原泰作（一九〇六～一九八一）は、高松闘争では吉竹浩太郎に続いて香川に入り現地の闘争を支援した。北原は一九三三年四月に日本共産党に入党し、翌年六月に治安維持法違反で起訴された二カ月後、獄中で転向表明を表した。手島一雄「北原泰作―高松闘争への意気込みと獄中での苦悩」は、北原の香川県部落民大会開催に向けた意気込みや、獄中での孤独感、転向直前の心情への接近を試みるほか、北原の父・作蔵の手紙を用いて、北原が育った家庭環境という新たな一面を描きだす。

全国水平社創立者のひとりで全九州水平社創立にも活躍した米田富（一九〇一～一九八八）は、高松闘争では請願隊の団長としての重責を果たしたものの、高松闘争に対する米田の評価は明るいものではない。このことは、この時期の米田が国家社会主義運動に傾倒した西光万吉・阪本清一郎とともに水平社から距離を取ったことと無関係ではないだろう。駒井忠之「米田富―九州でも活躍した全国水平社の創立者」が紹介した手紙は、米田が水平運動から距離を取るまえに出されたものであり、請願隊寄宿舎借用問題や深川武の浅草区議会議員選挙の応援依頼などが含まれる。

全国水平社創立を支え、アナ・ボル対立や水平社解消論といった水平社内部の意見対立にたえず気を配り、松本とともに組織の統一に尽力した泉野利喜蔵（一九〇二〜一九四四）の手紙には、内部対立を回避するための心配りや松本への活動費捻出の懇願のほか、家庭にかかわる事情を抱え水平運動に専念できない自らの煩悶を綴ったものがある。渡辺俊雄「泉野利喜蔵―全国水平社総本部を預かる自負と煩悶」は、泉野が松本に吐露した複雑な心情に迫り、「巨躯雄弁の人」と称される泉野のイメージにそぐわない新たな側面を描きだす。

「第二章　中国・四国地方からの手紙」は広島県水平社を支えた人びと、田村定一（山口）・中村正治（香川）・山下友枝（愛媛）を題材とする四本の論考で構成される。

広島県水平社を支えた人物の手紙を解読した割石忠典「広島県水平社の人びと―白砂健・髙橋貞雄・玖島三一・小森武雄・中野繁一」は、本書全体の総括を見通したような指摘を行っている。それは松本が行った水平運動に対する金銭的な支援は、水平社内部の「アナ派・ボル派・社民派」などにかかわらず、部落差別からの解放を願う人と人との関係を大切にするものであったこと、松本の衆議院議員当選は部落解放を願う人びとに喜びと希望をもたらすものであったことなどである。

黒縁メガネに山羊鬚《やぎひげ》をはやす田村定一（一九〇二?〜一九六六）の風貌は、敬愛する松本のスタイルを意識的に取り入れたものである。その政治的な立場は田原春次に近く、中間派無産政党の立場から宇部市議選や山口県議選に出馬して、宇部市議選に勝利した。布引敏雄「田村定一―山口県の水平運動・無産運動の活動家」は、田村の選挙闘争への意気込みや、松本の来援及び選挙資金援助の懇願のほか、田村が差別糺弾闘争と部落委員会活動を連携させた活動に取り組んでいたことを紹介する。

高松闘争は一九二〇年代を通して沈滞していた水平運動が全国的に再燃する重大な画期であった。しかし、現地香川にもたらしたものは結果的には水平社の壊滅であった。山下隆章「中村正治─高松闘争後の香川の水平運動を牽引」は、香川の水平社再建に力を尽くした中村正治（一九〇八？〜不明）の労苦と熱情に光をあてる。中村が手紙に綴った手段を選ばぬ警察の強烈を極める弾圧と枯れずにあった水平社再建への思い、松本の物心両面にわたる支援への感謝の気持ちに接近する。

水平社宣言は部落民による自主的解放の方向性を示したが、一方では解放の主体として女性を明確に位置づける視点は欠いていたとされる。鈴木裕子「山下友枝─愛媛県の女性部落解放運動の一先駆者」は、婦人水平運動や愛媛の水平運動における山下友枝（一九〇一〜一九七九）の位置をさぐり、婦人水平社で活躍した高橋くら子や西田ハル・菊竹トリと同世代であるものの遅れて登場した山下友枝が、松本の衆議院議員当選に感激し、激励の思いを込めた一通の手紙を紹介する。

「第三章　九州地方からの手紙」は花山清・田中松月・井元麟之・田原春次・吉竹浩太郎・藤田東一を題材とする六本の論考で構成される。この六名はいずれも福岡の人物である。九州地方といいながら、福岡の人物のみ取り上げる結果になったことは、本書の重要な課題のひとつである。

全九州水平社創立を組織的に準備した花山清（一八九六〜一九八二）の水平運動における足跡は、福岡連隊事件以降、選挙闘争に進出したのちはその解像度を著しく低下させる。関儀久「花山清─筑豊出身の水平運動・無産運動の活動家」は、花山の水平運動家としての主体形成の歩みを再考したのち、解像度が下がる時期の花山と松本のかかわりに接近する。

田中松月（一九〇〇〜一九九三）の手紙は、ほかの活動家に比べ、情緒的な言葉が数多く使用されている点に特色がある。首藤卓茂「田中松月―全国水平社創立大会への参加から松本治一郎の最側近へ」は、融和団体である福岡県親善会への田中の対抗意識、運動のため家族の生活がままならない現実、高松闘争後の熊本の水平社再建過程において田中が感じとった活動家の人間模様などを紹介する。

高松闘争以降、水平社総本部に再び常駐して本部運営を担った井元麟之（一九〇五～一九八四）の手紙には、総本部運営の実情が悲痛の声を伴って綴られている。森山沾一「井元麟之―転換期の全国水平社総本部活動での労苦と熱情」は、全国各地で起こりくる弾圧や差別事件の対応に呻吟《しんぎん》し、それでもなお死にもの狂いで金策に走りまわった井元が、自責と孤独の思いに沈み、心を痩せ細めた様子を紹介する。救いになるのは松本ひとりで、改めて松本組の収益が総本部の運営を支えていた内実が具体的に見えてくる。

独立系水平社・自治正義団の影響下にあった福岡・豊前地方においても、高松闘争は部落民衆による差別糾弾闘争という対抗的な公共圏を形成する画期であった。そして、松本を豊前に呼びその画期をもたらしたのは田原春次（一九〇〇～一九七三）であった。小正路淑泰「田原春次―福岡豊前地方の水平運動・農民運動指導者」は、松本が豊前の無産運動を担う部落民衆の前に登場した経緯（松本の豊前来訪の初発か）や、請願行動隊の意義を認めて全国農民組合総本部をあげての支持・応援を取り付けた田原の意識などを、手紙のごくわずかな記述を用いて跡づける。

吉竹浩太郎（一九〇六～一九六三）は松本の地元、福岡県筑紫郡豊平村金平出身の活動家である。同世代の西田ハル・菊竹トリらが金平婦人水平社を結成し、井元麟之が「兵卒同盟」を結成する活躍を見せるなか、派手さこそないが実直に役割を果たした吉竹は、高松闘争の直前に水平社本部に住み込み、事務の運営再建を担う。塚本博和「吉竹浩太郎―福岡・金平地区が生んだ水平運動の活動家」は、松本への活動費捻出の懇願や福岡刑務所収監中の手紙のほか、高松の結婚差別事件発生を最初に松本に知らせた葉書を紹介する。

藤田東一（一九〇八～不明）は高松闘争差別判決取消請願隊員として東京へ行き、請願隊活動終了後は自身の判断で関東にとどまり、関東地方の水平運動拡大にかかわった。一法師英昭「藤田東一――大分県代表の高松差別判決取消請願隊員」では、同じく請願隊員であった白砂健（広島）や田波鹿蔵（茨城）・塩田正雪（香川）との交流や請願隊寄宿舎借用問題をめぐる深川武との「気まずい関係」、藤田の活動に対しても松本が金銭的な支援を行っていたことを紹介する。

私たち松本・井元研究会は、本書編纂作業を行うかたわら、これまでの松本治一郎宛書簡の解読作業の成果を地域に還元するキャラバン活動に取り組んでいる。全国水平社創立の影響が九州に波及して全九州水平社創立に結びついた歴史的経過を辿るように、私たちも福岡県内各地をまわり、地域の部落史研究の灯を再燃させようと考えたのである。残念ながらコロナの影響により予定した学習会のいくつかは延期・中止を余儀なくされたが、学習会に参加した方々から次のような感想をいただいている。

「水平運動の指導者たちの『等身大』の姿を知り、自分と部落問題のかかわりを再考するきっかけになった」
「私たちの先輩がどのような思いで運動に取り組んでいたのか、これまでとは違う面を知ることができた」
「手紙には『ぬくもり』がある。すごいとばかり思っていた先人を、今日は身近に感じることができた」
「部落解放は運動・教育の積み重ねによって果たされる。今日は、運動・教育をこれからも積み重ねるためのヒントをもらったように思う」

本書で取り上げた水平運動の活動家は、地元の偉人というレベルをはるかに超えた全国的な知名度を持つ「英雄」であり「伝説」である。その彼らでさえ、ひとりひとりが複雑な実情と内面を抱え、手紙のなかでは「悩み」や「苦しみ」を吐露していた事実を知ることには大きな意義がある。右の感想は、部落問題の解決に向けて運動・教育・啓発等に取り組んでいる方々が、これらの事実を知ることで、明日を生きる新たな活力を得たことを物語る。部落問題の現況は、大きな転換期のなかにある。本書が多くの読者に恵まれ、部落解放の実現に資するものになることを切望する。

関　儀久

解放の父　松本治一郎への手紙　全国水平社を支えた人々との交流　目次

第2章 中国・四国地方からの手紙

第3章 九州地方からの手紙 193

凡例

一　史料の引用・紹介では、読みやすさを考慮して、旧漢字を新字体、旧仮名遣いを現代仮名遣いに改めた箇所がある。

一　史料の引用・紹介では適宜、句読点や濁点を加えた。また、改行の変更や誤記の訂正を行った箇所がある。

一　史料等には今日から見れば不適切な表現も見られるが、当時の状況を知るうえで重要と考え、そのまま引用した。ただし、地名・人名については、各地の事情に鑑み、□□で示した箇所がある。

一　年号は原則として西暦を用いたが、元号を併記した箇所がある。

第1章

東北・関東・近畿地方からの手紙

布施辰治

部落解放に情熱を燃やした弁護士

朝治　武

1　水平運動に対する惜しみなき支援

弁護士として著名な布施辰治については、あらためて近年の新しい研究によって注目を集めている。[*1] 布施は一八八〇年一一月一三日に宮城県牡鹿《おじか》郡蛇田《へびた》村（現在の石巻市）で生まれ、一九五三年九月一三日に七二年の生涯を閉じたように、近代日本の成立からアジア・太平洋戦争をへて、戦後の民主化と経済復興に至る激動の日本近現代史を生きた。

一九〇三年一一月に弁護士になった布施は、民衆の立場にたって多くの裁判を担当し、思想の違いを超えて労働運動、農民運動、水平運動、借家人運動、廃娼運動、無産政党運動などの多様な社会運動を支援した。なかでも関東大震災における朝鮮人虐殺に関わる調査や抗議活動などはもちろんのこと、日本の植民地とされていた朝鮮の民衆に対しても支援し、その生活と権利を守るための精力的な活動は特筆すべきものであった。[*2]

しかし東京控訴院検事局は一九二九年八月に、日本共産党員一斉検挙事件（三・一五事件、四・一六事件など）に関する裁判において布施が裁判所を「侮蔑」したとの理由によって懲戒裁判所に起訴し、裁判となって最終的に大審院が一九三二年一一月に布施の弁護士資格を剝奪《はくだつ》することを決定した。また布施は所属した労農弁護士団が治安維持法に違反したとして一九三三年九月に検挙され、一九三九年五月に大審院によって懲役二年の判決を受け、六月には千葉刑務所に下獄しなければならなかった。

このような厳しい弾圧をへて、一九四五年八月のアジア・太平洋戦争の敗北からの戦後においては、国民主権、基本的人権、平和主義という日本国憲法の三原則を擁護することに努め、生涯を閉じるまで再開させた弁護士活動を担いつつ、多くの社会運動にも関係した。そして布施の処世訓は「生きべくんば民衆とともに、死すべくんば民衆のために」であり、これを生涯にわたって貫いたことが広く知られている。

これまで布施が弁護士として水平運動に関係した事件と裁判としては、大正高等小学校事件、水国《すいこく》争闘事件、徳川家達暗殺未遂事件、世良田《せらだ》村事件、福岡連隊事件、北原泰作天皇直訴事件、高松結婚差別裁判事件が知られている。[*3] その水平運動の支援に奔走した布施の基本的な姿勢について、治安維持法違反の容疑で勾《こう》留《りゅう》されていた一九三三年九月一三日から一九三五年三月四日までに書き留めた手記において、自身が次のように回顧した。[*4]

私ノ正シクシテ弱キ者ニ対スル同情感ニ思想的前進ヲ加ヘタモノニ、大正七年ノ米騒動以来漸《ようや》ク社会的関心ヲ高メタ水平社ノ運動ニ干《(関)》系シ、大正十一年水平社ノ創立后全国各地ニ惹起《じゃっき》シタ差別糺弾ノ騒《そう》擾《じょう》其他事件弁護活動ガアル。私ノ水平運動ニ干系シテ考ヘサセラレタモノハ、真ノ仝《(同)》情ハ其ノ人ニ為ル事デアラネバナラナイノデハ無イカト云《い》フコトデアツタ。其レハ単ナル第三者トシテ虐ケラレル者ニ対スル同情ニ一歩ヲ前進シ、私自身ノ立場ト力ノ許サレル限度ニ於テ、虐ケラレル者ト共ニ虐ケル者ヲ敵トシテ斗《(闘)》ハネバナラヌトイウ考デアツタ。

ダガ私ハ素《もと》ヨリ、所謂《いわゆる》水平社全人デハナイ。従ツテ水平社全人ト共ニ、所謂差別糺弾斗争ニ参加シタル事ナク、常ニ水平社全人ガ差別糺弾運動ニ犠牲者ヲ出シタ場合ノ、合法的救援及ビ差別糺弾方法ニ干スル合法的意見ノ発表、乃至《ないし》合法公然ノ大衆的水平運動啓蒙ニ参加スル以上以外ノ線ヲ脱シタ事ガ無イ。

このように布施は自らが非部落民であることの自覚を前提として、多くの部落民が結集して展開した水平運動の自主性を尊重し、あくまでも弁護士として差別糺弾闘争の犠牲者を救援するとともに、水平運動の発展のために支援する立場を堅持した。また布施は社会運動を支援するなかで多くの活動家と交友関係を結んだが、とりわけ松本治一郎*5（一八八七〜一九六六）が被告の一人となった一九二四年七月の徳川家達暗殺未遂事件と一九二六年二月の福岡連隊事件に関する裁判において弁護士の一人として裁判に関わるなど、水平運動の先頭に立っていた松本との親交は極めて深かった。

2 松本治一郎に宛てた手紙と葉書

布施辰治と一九〇五年三月一八日に結婚した妻の光子（一八八一〜一九七二、本名はみつ）が松本治一郎に宛てた手紙と葉書などは、膨大を極める松本治一郎旧蔵資料（仮）に含まれているが、それは以下のとおり一七点に及ぶ。

①一九三三年七月二〇日、手紙（布施辰治、カーボン印刷、封筒あり）
②一九三三年八月一六日、ビラ「高松差別事件の糺弾と労農弁護士団の活動／布施辰治」（謄写版印刷、手紙なし、封筒あり）
③一九三三年九月一五日、手紙（布施みつ、カーボン印刷、封筒あり）

④一九三三年九月二五日、手紙（布施辰治事務所〈布施光子〉、カーボン印刷、封筒あり）
⑤一九三四年四月六日、手紙（布施光子、ペン書き、「水平社関係刑事記録目録」を同封、封筒あり）
⑥一九三四年八月二〇日、葉書（布施光子、活版印刷）
⑦一九三五年三月六日、手紙（布施辰治、毛筆書き、封筒あり）
⑧一九三五年三月一五日、手紙（布施辰治、毛筆書き、封筒あり）
⑨一九三五年八月一五日、葉書（布施辰治、ペン書き）
⑩一九三五年八月三〇日、手紙（布施辰治、毛筆書き、封筒あり）
⑪一九三五年八月三〇日、抜刷「畑小作の刈分と宅地小作の徭役《ようえき》／布施辰治」（活版印刷、手紙なし、封筒あり）
⑫一九三五年一〇月一六日、手紙（布施辰治、ペン書き、封筒あり）
⑬一九三五年一一月一四日、葉書（布施辰治、ペン書き）
⑭一九三五年一一月二一日、葉書（布施辰治、ペン書き）
⑮一九三五年一二月八日、葉書（布施辰治、ペン書き）
⑯一九三五年一二月一八日、手紙（布施辰治、毛筆書き、封筒あり）
⑰一九三六年一月六日、手紙（布施辰治、毛筆書き、封筒あり）

すでに私は、布施の著作[*6]、裁判記録、関係史料などに基づきながら、一九二〇年代における布施と水平運動に関する事件と裁判の関係、布施の水平運動に対する認識の独自性を検討し、非部落民の弁護士としての布施が部落問題に向き合った姿勢の特徴を論じた。[*7] これの続編としての本稿では、布施と光子が松本に宛てた手紙と葉書を中心としながら、他の著作、手紙、関係史料なども参照することによって、一九三三年から布施の死去までにおける、布施と松本治一郎、水平運動、戦後部落解放運動との関係を解明したい。なお布施の主張と個性を浮かび上がらすため、紙幅の関係から引用は重要と思われる部分のみとし、必要に応じて句読点を付すことにする。

3　全国水平社の布施辰治に対する支援

すでに述べたように、三・一五事件と四・一六事件などに関する裁判において布施辰治が裁判所を「侮辱」したという理由によって、一九三二年一一月一一日に懲戒裁判において大審院から弁護士資格を剝奪するという判決を受けた。そして布施が論戦教化新聞社に宛てた手紙が、『論戦教化新聞』（一九三三年一月一〇日）に載せられた。[*8] ここで「我等水平社、農民労働者の慈父布施辰治弁護士」と呼ばれた布施は、「私の弁護士生活（註三十年）を顧みて、水平運動との関係の深きもの、ある事は、まことに感慨深い思出です」と回顧し、「だから今度の懲戒裁判反対闘争についても、ずいぶん水平社の諸君が、階級的激情にもえた抗議と激励との力強い闘争を送つてくれてゐます」と感謝の意を表した。また「水平運動を解消して階級闘争戦野への旗が立てられて居るやうですが」と述べたように、全国水平社解消論に対して好意的な関心を示し、最後には「論戦教化新聞を通じて、この事を全国水平社同人諸君に御伝へ下さい」と申し添えた。

全国水平社解消論をめぐる共産主義勢力と社会民主主義勢力の激しい対立を基本的に克服した、一九三三年三月三・四日に福岡市で開かれた全国水平社第一一回大会は、部落民委員会活動（一九三四年から部落委員会活動と改称）を決定した画期的な大会であった。この大会において、弁護士資格を剝奪されていた布施は、日本プロレタリア科学同盟を代表して次のような祝詞を述べた。[*9]

私は、それら水平社十二年の活動に生起した幾多の差別糺弾事件に参加して居りますが、その間に感激させられたものは、全国水平社三百万同胞の謂《い》はれなき賤視差別に対する憤懣の熾烈さであります。そこには封建的迷信的の伝統と因襲の鉄鎖に縛り付けられた身分的屈従のイデオロギー粉砕のためには、誰れでも生命を授け出すといふ人間礼讃の水平社会建設に対する決死の熱意が燃えて居ます。私は、甚だ微力ながら、そういふ全国水平社三百万同胞の革命的熱意に感激して今日まで諸君と共に闘ひ、また今後も真に最後の好《よ》き日を闘ひ取るまで諸君と共に闘ふ事を誓ふ者であります。

写真1　全国水平社第11回大会で祝辞を述べる布施辰治、後ろの議長席に座るのは松本治一郎（松本治一郎記念館所蔵）

議長席に座った中央委員会議長の松本治一郎の前には、演壇に向かい手を腰に当てて堂々たる態度で祝詞を述べる布施の姿が、残された写真1からうかがわれる。[*10] この大会では、全国水平社愛知県連合会によって緊急動議として「布施弁護士懲戒裁判反対の件」が提出され、説明に立った生駒長一（一九〇五～一九四五）から「一、本大会の名に於て、懲戒裁判反対の決議文を大審院長に発送すること。／一、懲反署名運動を全国的に捲き起し、無産団体の懲反闘争に合流する事」という実行方法が示され、満場一致で可決された。[*11]

これに対して謝辞を述べる布施は、冒頭で「諸君、特に闘争方針を確立する本大会に於て、熱誠を以って懲戒反対を決議してくれたことを感謝する」と述べ、最後に「法廷に於ける私の弁護士活動は中止されたが、労働者農民の訓練された闘争組織は何物にも奪はれてゐないので、私の力のあらん限り階級的闘争の為、私の一身を捧げて闘ふものである。／私の弁護士としての法廷活動を中止した彼等の法律は、やがて彼等を縛るべき場合あることを付言しておく」と締め括ったが、これは途中で官憲が注意を与えなければならないほどの激烈な内容であった。[*12] そして翌日の第一回中央委員会に布施は傍聴者として参加したが、ここでは大会での可決に基づいて次のような決議が示され、大審院院長に発送された。[*13]

決議

吾が全国水平社は、一九三二年十一月十一日、大審院に於ける懲戒裁判所の布施辰治弁護士に対してなしたる不当なる即決判決の除名に絶対反対し、除名判決の即時取消、弁護士活動の即時復活を断乎として要求するものである。

一九三三年三月三日

第十一回全国水平社大会

また三月四日の夜には大会記念演説会が開かれ、約一〇〇〇人の聴衆が参加した。ここで全国水平社の北原泰作（一九〇六～一九八一）、上田音市（一八九七～一九九九）、松本治一郎らと並んで、最後に布施も演壇に立った。布施は「インフレ景気と非常時」と題して演説したが、「没落過程にある資本主義は政治的に経済的に金銭を使用するのであるが、搾取した後はあらゆる方法で搾取せんとしても、取る事の出来ない為に赤字を出して来た。この行き詰まりを打開するためには戦争か革命か」と述べたところで官憲から中止を命令されるほど、国家権力に対して厳しい批判を浴びせる内容であった。[*14] 以上のような経過からは、全国水平社が水平運動の支援に奔走してきた布施に対して全幅の信頼を寄せ、弁護士資格を復活させるために、総力を挙げて積極的な行動を起こそうとしたことが明瞭であろう。

4 高松結婚差別裁判糾弾闘争に対する協力

一九三三年六月から闘われた高松結婚差別裁判糾弾闘争は、全国水平社史上において最大の全国闘争となり、まさに水平運動を代表する差別糾弾闘争でもあった。[*15] この闘争の目的は結婚誘拐罪に問うことによって二人の部落青年を有罪とした差別判決を取り消すことであり、そのために全国水平社として大衆的闘争を組織するとともに、法律的な観点から闘争の論理を組み立てる必要があった。[*16]

そこで全国水平社の松本治一郎、泉野利喜蔵（一九〇二～一九四四）、北原泰作、松浦万次、松本甚七、深川武（一九〇〇～一九六二）、川島松蔵、山田本蔵ら八人は、七月一一日に東京で河上丈太郎（一八八九～一九六五）、三輪寿壮（一八九四～一九五六）、山崎今朝弥（一八七七～一九五四）、中村高一（一八九七～一九八一）、大貫大八（一九〇三～一九七一）、松永義雄（一八九一～一九五五）、坂口亮人ら自由法曹団の七人と「予審調書によって事件の内容について種々意見を交換し、司法大臣に会見する」ことを協議し、翌日の一二日午前には松本ら八人は司法大臣の小山松吉（一八六九～一九四八）と面会した。[*17]

また七月一二日の午後には前日と同じく松本ら八人は、東京で布施辰治、窪田貞三郎、梨木作次郎（一九〇七～一九九三）、牧野芳夫、青柳盛夫ら労農弁護士団の五人と「法律的見地から見て次の斗争戦術を立てるとして、「仮出獄運動（即時釈放の要求）」「言論出版物による差別裁判反対運動」「非常上告要求運動」「告訴取下げに類する活動」「当該国家機関に対する関係判官、検察官懲戒の要求」の五項目を協議し、「今後弁ゴ士との連絡は深川武君がとること」になった。[*18] これをうけて布施は、高松結婚差別裁判糾弾闘争に協力することになり、その日のうちに著名なマルクス主義法学者の平野義太郎（一八九七～一九八〇）に対して、次のような協力を依頼する手紙を送った。[*19]

今度、高松才（裁）判所に起つた水平社の差別事件、大まかに云へば部落民の身分を打明けないで、結婚した事が結婚誘拐罪を構成するといふ途方もない判決をしたので、全水が躍起の運動を展開してゐます。別封で記録の一部を御送り致しますから、身分関係の研究から見た部落民は、明治四年の太政官布告によつて法律的には解消されてゐるものではないかといふ風に考へられる等、十分に御検討願ひ度《た》いといふ全水と弁ゴ（護）士団から御願ひ申上ます。

布施が強調したのは、結婚誘拐罪を構成した「部落民の身分を打明けないで結婚した事」であり、それ故に「身分関係の研究から見た部落民は明治四年の太政官布告によって法律的には解消されてゐるものではないか」という法律上の論点を提示し、平野に「十分に御検討願ひ度い」と依頼した。そして七月二〇日に布施は松本に宛てて①の手紙を送り、高松結婚差別裁判糾弾闘争について次のように述べた。*20

高松の差別事件について、私の担任した上申書、要求書、檄文は皆、書き上げて深川君の方に届けましたから、適当に御眼にかけられる事と信じます。尚、平野義太郎氏、奈良正路氏からも筆をとつて下さるといふ返事が来てゐますから、相当のものを発表して下さるでせう。私も先の文案を書きこんだ弁ゴ士団の活動として、一文をまとめておきました。機関紙若《も》しくは斗争ニュースとして、パンフレットの様なものをお出しになるならば、是非入れていたゞきたいと思ひます。又さういふものを出す事が必要ぢやないかと思つてゐます。

これに続けて布施は「私個人としてよりも三十年弁護士活動の立場から見た刑ム（務）所物語りを、どうしても纏《まと》めようと思つてゐます」とも述べ、「多少の資金」を工面するよう依頼して、すぐさま上申書などの文書を準備することになった。ちなみに手紙で触れられた平野は、布施による上申書の作成に協力し、その要点を「結婚誘拐罪について」[*21]として発表することになった。そして布施は、七月二一日に全国水平社総本部に手紙を送り、次のような決意を表明した。[*22]

ハッキリした私の階級斗争意識を与えてくれたものは、水平運動の甚だ犠牲の多かりし差別事件の法廷斗争に参加させて貰つた賜です。私は此の事を常に水平運動に感謝してゐるので、今度の出獄第一の斗争参加を高松才判所に於ける結婚誘拐差別事件に見出し得た事にも、私と水平運動に深く結ばれてゐるもののある事を喜んでゐます。水平社の諸君も又斯《こ》う云ふ私の水平運動に対する態度を諒とし、今度の懲戒才判と筆禍事件に示された支持と援護に感謝の外ありません。（中略）
そして、その実践を高松才判所結婚誘拐差別事件の斗争参加にをき、私の所属する労農弁ゴ士団の活動として、検事総長に対する非常上告申立の促進上申及び実罪者即時釈放要求等、今後とも出来る限りの力を尽くして諸君の熱意に対する感謝の実践を期します。

ここでは布施は自らと水平運動の深い関係を述べ、また懲戒裁判反対などについての水平社からの支持と援護に感謝の意を表しつつ、労農弁護士団の一員として結婚誘拐罪を取り消すための強い決意を、全国水平社総本部に力強く表明したのであった。そして布施は七月二八日に、全国水平社総本部の北原泰作に宛てて次のような手紙を送った。[*23]

高松才判所の差別事件に対する糾弾斗争の火の手が全国に燃え上つた事は、甚だ愉快です。天皇の名によつて廃止した身分の差別を、天皇の名による才判所が当然と認めた高松才判所の差別事件は、自らが

自らを破壊する矛盾です。（中略）
私に許されたる力の限り、私は労農弁ゴ士団の一員として働き、又長い間水平社同人との間に結ばれた共同の戦線を勢（精）力的に斗ひぬく参加を誓ひます。（中略）
御申込の司法当局に懲戒を迫る書類も書きますが、至急一審の判決書を送つて下さい。それは、私から協力を求めた同志諸君も是非判決書を見て、学術論壇への批判と抗議を叩《たた》きつけるといふ意気込みで居ります。呉々も水平社三百万同胞の蹶起と果敢な斗争の進出を希望して止みません。

また布施は八月六日に北原泰作に対して原稿の間違いを訂正したうえで印刷にまわすよう依頼した手紙を送り[24]、この日は松本治一郎に対しても「時間の繰り合せがついたら、現地に行つて見たいと思つてる位です。貴方はいつ頃、高松の方へ出られますか。予定御一報下さい」との手紙を送った[25]。しかし結局のところ、松本との日程調整などが叶わず、布施の高松への訪問は実現しなかった。

これらの手紙からは、布施の高松結婚差別裁判糺弾闘争に対する並々ならぬ強い関心がうかがわれ、とりわけ松本とともに現地の高松まで訪れたいとの意欲を示すほどであった。そして布施は八月一二日にも北原泰作に手紙を送り、判事の懲戒に関する要求書を送ることを約束し、「ニュースやその他の印刷物が来るが、特別の情報が送られて来ないと書きにくい場合があるから、特別の情報を送つて下さい」と依頼した[26]。さらに布施は八月一六日にも北原に手紙を送り、判事の懲戒については了解したこと、検事の懲戒要求については訂正したことを伝えた[27]。

そして八月一三日に「非常上告に関する上申書」などが印刷所に送られ、一六日には印刷が完了した[28]。このことを北原泰作は後年に、「布施弁護士は法学界の権威として有名な平野義太郎の協力を得て、「非常上告に関する上申書」と「高等文官たる検事懲戒裁判告発要求書」とを書いてくれた。これらの文書は、われわれの要求を法理論的に裏付ける根拠となったのである」[*29]と回顧した。とりわけ検事総長の林頼三郎（一八七八～一九五八）に宛てた長文の「非常上告に関する上申書」[*30]は、高松地方裁判所による確定判決の結婚誘拐罪が「明治四年の太政官布告」と刑法に照らすと成立しない法令違反であると明確に主張したものであり、平野の見解をふまえた布施の執筆による実質的には合作の文書として極めて重要な意味を有していた。また「判事懲戒裁判開始決定要求申告書」[*31]は、結婚誘拐罪の判決を下した高松地方裁判所の四人の判事に対して懲戒裁判を求めたものであり、「高等文官たる検事懲戒裁判告発要求書」[*32]は、高松地方裁判所の法廷において差別語の「特殊部落」を連発した検事の白水勝起に対して懲戒裁判を要求したものであるが、この二つは布施自身に負わされた懲戒裁判による弁護士資格の剝奪という措置をふまえると多分に興味深い。さらに「結婚誘拐罪犠牲者即時釈放の要求」[*33]は、高松地方裁判所に対して犠牲者となった二人の即時釈放を要求したものであった。

　つまり高松結婚差別裁判糺弾闘争に関わる「非常上告に関する上申書」など四つの重要な文書は、明らかに布施によって考えだされて作成された法律的な闘争の論理であった。そして布施は八月一六日に②のビラ「高松差別事件の糺弾と労農弁護士団の活動／布施辰治」[*34]を松本に送り、次のように主張した。

　ところで私のこゝに報告的に筆を執つた高松地方裁判所の差別問題は、最も露骨に司法才判の封建的遺制を曝露した紀《（記）》念的残存事件である。（中略）

いはれなき卑視差別の惨忍非道な虐げに流した血で彩れる荊冠旗を押したてゝ進む諸君が、全国一斉に起つたのは素より当然だ。わが労農弁護士団は高松地方才判所の結婚誘拐差別事件に抗議し、断然その勝利を斗ひぬかんとする諸君の決意に対して満腔《まんこう》の敬意を表し、且《か》つ我が労農弁護士団の分野に許されたる力の限りを尽くして、諸君の斗争に参加する事を誓ふ。

この力強く熱のこもった文章は、①の手紙において「檄文」と記された文書の可能性が高いように思われ、おそらく七月二〇日に原稿を送られていた深川武が謄写版で印刷したものであろう。これが発送された日は八月一六日であり、あえて末尾に「上申書を別紙の如く文案した」と記され、『社会運動通信』第一一三六号（一九三三年八月一九日）にも載せられた。そして八月二八日には、大阪市の天王寺公会堂で差別裁判糾弾闘争全国部落代表者会議が開かれ、これに対して高松結婚差別裁判糾弾闘争を支援した労農弁護士団など多くの団体とともに、布施は個人として「全国部落民大会代表者諸君に与ふ」[*35]とのメッセージを送った。しかし布施は九月一三日に治安維持法に違反したとする労農弁護士団の一員として検挙され、光子は九月一五日に松本に宛てた③の手紙において、布施が「目白の警察に留置されて居ります」と報告した。

また光子は布施辰治事務所の名で九月二五日にも④の手紙を松本に送り、九月二六日に福岡市を出発する高松結婚差別裁判糾弾闘争の請願行進に際して、布施の「檄文檄電」を同封した。[*36]しかし九月一七日に内務省から指示を受けた福岡県特高課と松本治一郎、花山清（一八九六～一九八二）、北原泰作が話し合い、請願行進は一〇月一日から列車で主要な都市に立ち寄りつつ東京に向かう形式に変更されていた。[*37]そして布施は、九月一三日に労農弁護士団が治安維持法に違反したとして検挙されたため、その後は高松結婚差別裁判糾弾闘争に協力することが不可能になった。

5 松本治一郎に対する資金援助の要請

布施光子は、一九三四年四月六日に⑤の手紙を松本治一郎に送った。これによると「先月十三日に市谷刑務所に起訴収容され、何分老体の健康が気遣はれますけれども、併し相ひ変らず元気なのが何よりでございます」との、布施辰治の近況が報告された。また三月一五日に面会した際の、布施による「宅の記録庫に在る水平社関係の記録を、貴方様にお任せして、それで、夫在獄中の小遣ひと、私共の生活費の補助にも、四・五百円のお金を作つて頂くように、との伝言」も記された。

この光子の手紙には、「水平社関係刑事記録目録」と題したメモが同封された。ここに挙げられた一一件を原文のとおりに記すと、「吉村亀太郎外六人恐喝事件」、「別府《べふ》水平社事件」、「奈良水平社事件」、「福岡連隊事件」、「殺人予備等事件」、「騒擾等松本治一郎外十五名並ニ刑執行停止事件」、「栃木騒擾事件」、「兵庫県水平社事件」、「群馬水平社事件」、「群馬水平社事件」、「熊本水平社事件」である。

これらの事件を司法省が一九二八年にまとめた、一九二二年から一九二六年までの「水平運動に基く犯罪及水平社同人の犯罪」[38]と照合すると、「吉村亀太郎外六人恐喝事件」は一九二四年一二月に起こった三重の水平社差別糺弾事件、「別府水平社事件」は一九二三年八月に起こった兵庫の別府事件、「奈良水平社事件」は水国争闘事件、「福岡連隊事件」は福岡連隊事件、「殺人予備等事件」は徳川家達暗殺未遂事件、「騒擾等松本治一郎外十五名並ニ刑執行停止事件」は福岡連隊事件、「栃木騒擾事件」は一九二三年に起こった栃木県水平社差別糺弾事件、前者の「群馬水平社事件」は世良田村事件、後者の「群馬水平社事件」は一九二三年七月に起こった群馬の高崎区裁判所事件、「熊本水平社事件」は一九二五年五月に熊本で起こった水平社差別糺弾事件であることが判明するが、これらは必ずしも著名な事件ばかりではない。

また前掲『論戦教化新聞』においては、一九三〇年九月の福岡県朝倉郡甘木町《あまぎ》（現在の朝倉市）での差別事件を契機とした弾圧事件である甘木事件とともに、「奈良、名古屋、埼玉、長野等々に、凡《あら》ゆる水平社事件で関係してゐないものはなく」と述べられるほどであった。光子が松本に手紙を送った以後のやりとりは不明であるが、松本は一一件の事件に関する調書を受け取らず、おそらく布施夫婦を気遣って快く「四・五百円」を光子に提供した可能性が高いように思われる。そして光子は、一九三四年八月二〇日に⑥の葉書として「移転御通知」を松本に送った。

布施は一九三三年九月一三日から勾留されていたが一九三五年三月四日に保釈され、早くも三月六日には⑦の手紙を松本に送り、入獄中に自らを見舞った松本に対して感謝の意を表した。この手紙に対して松本は布施に電話を入れ、布施は三月一五日に⑧の手紙を松本に送った。ここで布施は電話、何度かの来訪、金銭的援助に感謝し、自らの「記録を一切処分する考で御座います」と述べ、「水平社の全国的闘争記録」は、大阪の大原社会問題研究所、東京の協調会、九州の大学かの何れかに寄附するのが今後の研究と調査にとって最も有効かと問うた。しかし、これに対する松本の意見は現在のところ確認できない。

しばらく経った八月一五日に布施は、松本に⑨の葉書（写真2）を暑中見舞いとして送り、「時に北原氏は其の后どうなりましたらうか。井元氏から此頃サッパリ返事がきません。様子をお知らせ下さい」と記した。ちなみに北原泰作については後に触れるが、井元麟之（一九〇五〜一九八四）は全国水平社の常任中央委員かつ書記長として多忙を極めていた。

そして布施は八月三〇日に⑩の手紙を松本に送り、松本から手紙が来たことに感謝し、「此の頃の水平新聞を見ると、山田・沖田両君の犠牲記念碑が建立せられるそうですが、甚だ結構な事と考へます」、すなわち一九三一年に水平運動の闘士として亡くなっていた山田孝野次郎（一九〇六〜一九三一）と沖田留吉（一九〇〇〜一九三一）の追悼碑建立を喜び、その費用を松本が提供したことに敬意を表した。そして「いろいろな意味の文献的価値」が高いとして高松結婚差別裁判事件に関する裁判記録、三・一五事件と四・一六事件によって犠牲となった水平社関係の裁判記録を送ったうえで、「是非御手許に保存して置いていただきたいのです」と述べ、その「記録調製実ヒ（費）計算書には三百円」とまで書きつけて「可然《しかるべき》ご配慮を御願したいと考へます」と遠慮がちに要望した。また布施は同日の八月三〇日に⑪の抜刷「畑小作の刈分と宅地小作の徭役／布施辰治」を松本に送ったが、これは『経済評論』第二巻第九号（一九三五年九月）に掲載されたものであった。

ちなみに福岡連隊差別事件と三・一五事件の判決によって下獄していた木村京太郎（一九〇二〜一九八八）は、一九三五年九月二三日に出獄して布施に挨拶状を送った。これに対して裁判を担当していた布施が毛筆書きで一〇月一日に、「元気で御生還の趣《おもむき》、何よりです。私の弁護士生活を回顧して、必ず闘ひ抜き得可しと信じた冤罪《えんざい》を、闘ひ抜き得ざりし無力を愧《は》じて居たものは、あなたの事件でした。ともかくも御生還を喜びます*39」との手紙を送ったことも紹介しておこう。

そして布施は一〇月一六日に⑫の手紙を松本に送ったが、これは一〇月一〇日から裁判が始まるのに際して作成した公判準備上申書の閲覧を願い、「北原君の才判は、どんな風になりましたか」と北原を気遣った。なお北原は一九三四年一月二八日に治安維持法違反で検挙され、この時点で裁判中であった。また布施は一一月一四日に⑬の葉書を松本に送り、再び公判準備上申書を一読するよう要望した。さらに布施は一一月二一日に⑭の葉書を松本に送り、「此の頃、一向にお便りを聞かないのに、大変心細く感して居ります」と伝え、布施は一二月八日には⑮の葉書を松本に送り、二度の訪問を受けたにもかかわらず会えなかったことを詫び、どうしても年内に会いたいと伝えた。

その直後の一二月一八日、布施は松本に⑯の手紙を送った。ここで布施は懲役四年の第一審判決に対して「絶対無罪の自信に燃ゆる私は、直ちに控訴を申立てて最後の勝利に突進します」と決意を述べ、⑩の手紙で要望していた「三百円」に

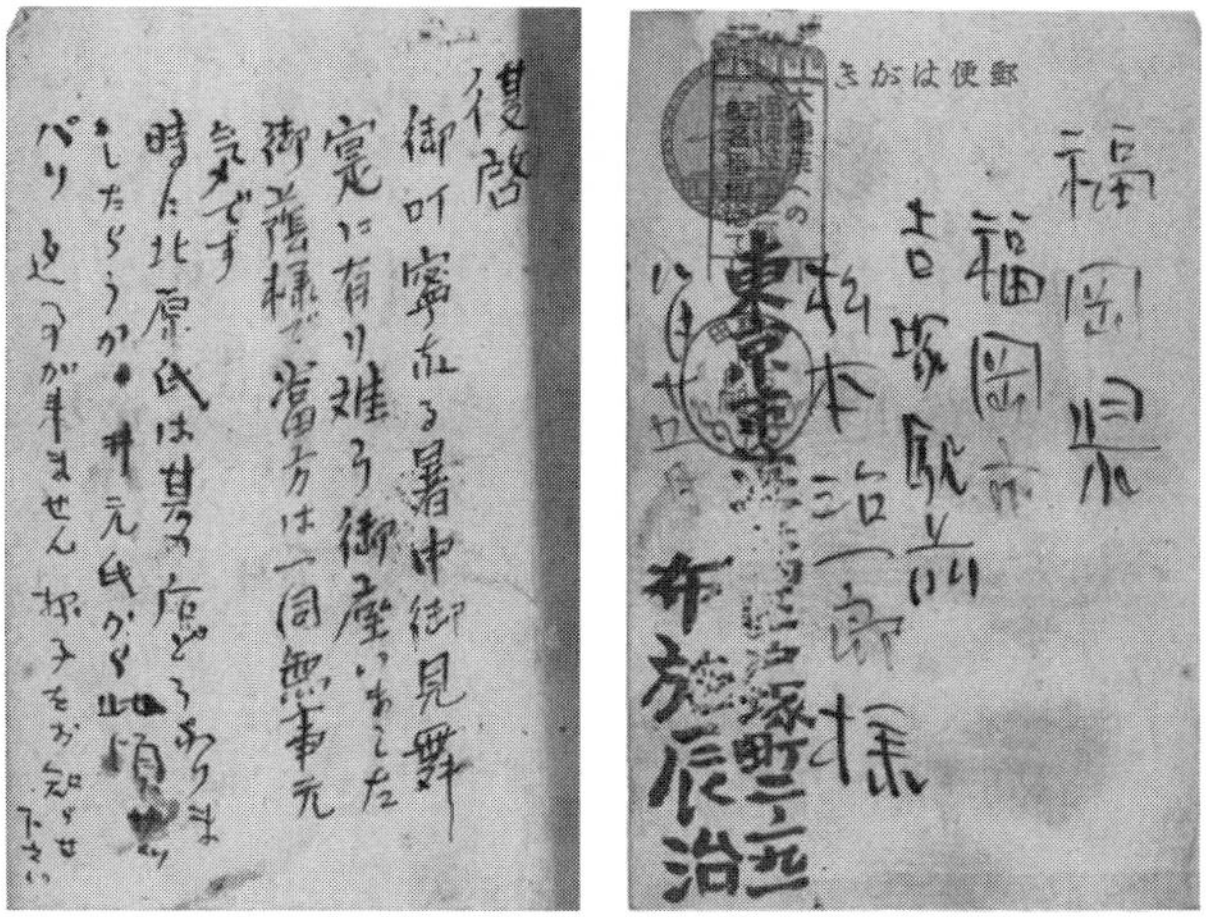

写真2　1935 年 8 月 15 日の布施辰治から松本治一郎に宛てた直筆の葉書（松本治一郎旧蔵資料〈仮〉）

ついて「御力添を願ひたいと考へます」と再考を促した。しかし松本からは何らの反応がなかったので、布施は一九三六年一月六日に⑰の手紙を松本に送り、「非常に不可解とも、心淋しとも考へて居ます」と苦言ともとれる意見を率直に述べ、最後には「御返事を御願ひします」と懇願せざるを得なかった。

これに関する以後の動きは、手紙と葉書が残されていないので確認することはできない。以上のような経過を見ていくと、水平運動を介して布施と松本が固い信頼関係で結ばれていたことを前提として、生活が極度に困窮していた布施は、自らが保管する水平社関係の裁判記録を提供してまで、土建会社の実質的なオーナーである松本は経済的な余裕があると見なし、資金的な援助を要望せざるを得ない生活状況に置かれていたと思われる。これに対して松本は一度目の光子による要請に応じた可能性があるものの、いくら水平運動を通じて布施と松本との間で深い親交が結ばれているとしても、公私の関係を明確に区別しようとしたためか、二度目の布施による要請には容易に応じなかったように思われる。

6　衆議院議員の松本治一郎に対する期待

金銭の要請をめぐって松本治一郎との個人的な関係は少し微妙であったものの、布施辰治は水平運動とは良好な関係を維持した。それを物語るかのように、布施は一九三六年の年頭にあたって全国水平社総本部に対して、「太陽の／水平線に／昇る時／天地の／闇を破る／布施辰治」との揮毫《きごう》を送った。[*40] また同時に、布施は「活動の熱意に燃ゆる／新年の希望」を全国水平社総本部に寄せ、次のように述べた。[*41]

新年はたゞ徒らに遊び狂ふための新年ではないと考へる。それこそは飽迄正しき人生観と其の人生が置かれる社会観と、更にその人生の向上と、社会の進化がどういふ風に動向附けられてゐるかといふことを、深思反省する岐路の道標を凝視する機会として新年の意義を味はひたい。

これは必ずしも水平運動と全国水平社に触れたものではなく、新年の意義を一般的に述べたものであったが、とりわけ布施が強調したのは「人生観」「社会観」「人生の向上」「社会の進化」の「凝視」であった。全国水平社中央委員長の松本治一郎は、福岡一区から衆議院議員選挙に無所属で立候補し、一九三六年二月二〇日に第三位で当選したが、明らかに無産政党として最大の勢力であった社会大衆党に深く関係していた。無産議員として当選した松本は、無産勤労大衆の生活と権利を守り、既成政党とファシズムを粉砕するための積極的な議員活動が期待された。この松本の当選に対して、布施は次のような祝文を全国水平社総本部に寄せた。*42

> 無産者の勝利に輝く松本氏の当選は、全国水平社同人の生活を代表して、被圧迫民衆の抗議と要求を闘ひ抜く真の熱と力を発揮するでありませう。
>
> 　これまでの代議士では、如何に心底からの同情と理解を以てしても、他人行儀な民衆の総意を御取次する以上に出でない。一般の代表では、水平社同人の靴を隔てゝ痒《かゆ》き掻《か》く憾《うら》みを禁じ得ないものがあつたに相違ありません、それが松本氏を議会に送り込むことにより、水平運動多年の健闘に酬《むく》ひられた時期の成熟と運動の成長と、更に其運動全体を綜合統制する人を得た点に於て、私は心から松本氏の当選に敬意を表するものであります。と同時に、所謂生活代表の画期的代議士松本治一郎氏の健闘を期待して止みません。

全国水平社を積極的に支援していた布施は、松本と同志とも評価されるような堅い信頼関係を結んでいたので、その喜びと期待は非常に大きいものであったことが、文面から明瞭に窺われる。これとほぼ同様の文章が、『社会運動通信』にも掲載された。[*43]

松本が衆議院議員になったのを契機として、全国水平社は反ファシズム闘争を強化するとともに、部落大衆の生活を擁護するため部落改善費増額年額一千万円獲得闘争を本格的に推進するようになった。これをふまえて一九三七年二月に布施は、「金が有つても無くても、絶対に急施実現せねばならない具体的な事業の予算と共に掲げて、改善費を要求するといふ堅実な方法をとられたいものである」との認識から、次のような具体案を提案した。[*44]

経済と実利の人間心理を支配する事の原理を応用し、且つ真の部落の事業は何事も協同的にといふ立場から、公営方針に立脚し従来の不潔呼ばわりを一掃する文化的、衛生的設備充全の浴場を公営にする事は良い事だと思ふ。

斯くして更にその公営浴場にトラホームの検査や尿便の検査等の衛生施設を附属せしめ、延《ひい》ては医療設備までも併せて置くといふ方針を確立する事が出来たら、上からばかり来る医療国営を頼らず、下からも進める国民診療所の仕事として、大いに将来の発展を期待し得るだらう。

全国水平社総本部の部落改善費増額年額一千万円獲得闘争に関する方針が一般的であったことをふまえると、部落大衆の生活と密接にかかわる「公営浴場」「国民診療所」は切実な要求であっただけに、布施の提案は正鵠《せいこく》を射た具体的な提案であったと評価することができよう。しかし残念ながら、一九三七年三月三日に東京で開かれた全国水平社第一四回大会において、その内容が提出された何れの議案にも反映されることはなかった。

そして一九四一年一二月八日にアジア・太平洋戦争が開始されてから約二年後の一九四三年二月、布施は

「松本代議士の建議案」を発表した。ここでは「畏友福岡県第一区選出代議士松本治一郎氏は、今第八十一回通常議会に廓清会の運動とその精神を同じうする戦時下男女生活の倫理的常道確保を念願する、左記のやうな建議案を提出するといふことである」と述べ、建議案の全文を紹介したうえで、最後に「切に読者諸君の支持を乞いたい」と希望した。[*45] これによると建議案は「人口国策、及、戦時財政ノ国民的自粛ニ関スル建議案」[*46]という名称であり、おそらく廓清会の一員でもあった布施は、議会に提出される前に松本から提供されたので紹介に努めようとしたのであろう。

7 部落解放全国委員会と布施辰治の死去

一九四五年八月一五日に日本がアジア・太平洋戦争に敗北し、一九四五年一〇月一〇日に自由法曹団が再建され、布施辰治は顧問に就任した。そして布施は一一月一三日に弁護士資格を復活させ、一二月二八日には布施辰治に対する祝う会が開かれ、その発起人の一人に松本治一郎が名を連ねた。しかし布施は弁護士として復活したものの、戦後民主改革の内容や日本国憲法の制定などに関心を注ぎ、一九四七年四月五日の宮城県知事選挙に立候補したが落選するなど、この時期には政治活動に強い意欲を示した。

そして以後に、布施は在日朝鮮人に対する弾圧事件、人権侵害事件、一九四九年七月一五日の三鷹事件、同年八月一七日の松川事件などに対して、弁護士として果敢に闘うことになった。これをふまえて布施が自由法曹団理事および労農救援会会長として、一九五〇年一月に発表したのが「墓穴を掘る弾圧の陰謀」であり、自らが弁護士として深く関わる三鷹事件と松川事件に関連して次のように述べた。[*47]

わたくしは松本氏との特別の親交もあり、部落民大衆の解放運動を積極的に支持している関係から、徳川事件や福岡連隊事件の弁護にあたつたので、事件のいきさつをくわしく知つているが、このたびまた三鷹事件の弁護をするようになつて、二十四年前と今日と、支配階級が人民大衆を弾圧するやり方の陰険さがまつたく変わらないことにおどろかされるのである。（中略）
わたくしは、吉田内閣の陰謀によつてデッチあげられた三鷹事件や松川事件においても、法廷闘争の勝利を確信し、彼らが掘つた墓穴に彼らを追いこんで、正義はきつと勝つという実証を示すであろう。わたくしは本年で弁護士生活五十年になるが、徳川事件や福岡連隊事件とともに、このたびの三鷹事件や松川事件のような、支配階級の陰謀を法廷において闘争する光栄をになつたことについて、わたくしの生涯の生きがいを深く感じている。

この時期に布施は弁護士として三鷹事件と松川事件の裁判に力を注いでいたが、これさえも自らが深く関係した徳川家達暗殺未遂事件や福岡連隊事件など水平運動に関する裁判での支援と重ね合わせて、全国水平社を継承した部落解放全国委員会に対する連帯の意思が変わらないことを明確にした。そして自らの「弁護士生活五十年」をふまえたうえで、「支配階級の陰謀」を法廷で暴くことを「生涯の生きがい」と表現した。

その後に布施は、一九四八年から一九五〇年にかけて多数の地方自治体によって制定された公安条例、一九五二年七月二一日に成立した破壊活動防止法など悪法反対闘争に関係し、平和運動にも積極的に関与した。そして布施は、戦後部落解放運動に関する裁判とは直接的な関係をもつことはなく、一九五二年一一月頃から内臓ガンという病魔に侵され、一九五三年九月一三日には腹膜炎を併発して七二年の生涯を閉じた。

これに対して部落解放全国委員会は自らの機関紙『解放新聞』に「布施さん逝く／民衆のための／輝やく弁護士」[*48]との記事を載せ、全国水平社と部落解放全国委員会の顧問弁護士として大きな役割を果たした布施に対して最大級の賛辞を捧げたうえで、すでに弔電を送ったこと、来るべき告別の会には代表を派遣することを明かした。そして九月二四日に日比谷公会堂で故布施辰治告別の会が盛大に開かれ、葬儀委員長に推挙された松本治一郎が長年にわたる深い親交をふまえて挨拶した。
布施が松本と深い親交を結んだのは、一九二四年七月に徳川家達暗殺未遂事件の首謀者として検挙された松本に対して、裁判における弁護士として担当してからであった。これ以降から布施が亡くなる一九五三年九月まで三〇年間の長きにわたって、布施は弁護士として水平運動のみならず戦後部落解放運動に対して支援を続け、とりわけ七歳年下の松本とは深い親交を結んだ。この意味において、布施の処世訓であった「生きべくんば民衆とともに、死すべくんば民衆のために」は、布施個人の生涯においてだけでなく、松本との深い親交はもちろんのこと、水平運動と戦後部落解放運動との関係にとっても重要な意義を有し、まさに布施は部落解放に情熱を燃やした弁護士と評価することができよう。

［付記］本稿の作成にあたっては、石巻市博物館、水平社博物館、福岡県人権研究所、部落解放同盟福岡県連合会、法政大学大原社会問題研究所、松本治一郎記念会館、駒井忠之さん、関儀久さん、田中美帆さん、中村美香さん、成田暢さん、速水結さん、水野直樹さん、森山沾一さんから協力を得ました。記して深甚の感謝を表します。

注
＊1　森正『評伝 布施辰治』日本評論社、二〇一四年、同『ある愚直な人道主義者の生涯―弁護士布施辰治の闘い』旬報社、二〇二二年。後者については、朝治武「本の紹介 水平運動を支援した魅力的な弁護士―森正『ある愚直な人道主義者の生涯―弁護士布施辰治の闘い』―」（『部落解放』第八二八号、二〇二二年一〇月）を参照されたい。
＊2　高史明・大石進・李熒娘・李圭洙『布施辰治と朝鮮』高麗博物館、二〇〇八年。
＊3　森長英三郎『新編 史談裁判』第三・四巻、日本評論社、一九八四年、前掲『評伝 布施辰治』、前掲『ある愚直な人道主義者の生涯』。
＊4　『布施辰治手記』第一冊（石巻市博物館所蔵布施辰治資料、大学ノートに鉛筆書き、全七冊、一九三三〜一九三五年）。
＊5　部落解放同盟中央本部編『松本治一郎伝』解放出版社、一九八七年。

＊6　布施の著作に関しては、明治大学史資料センター監修『布施辰治著作集』別巻、ゆまに書房、二〇〇八年に収録された「著作目録」が基本であるが、水平運動と戦後部落解放運動との関係については、脱落した著作と不正確な記述があるので、あらためて調査した。
＊7　朝治武「布施辰治――水平運動の支援に奔走した弁護士」（朝治武・黒川みどり・内田龍史編『非部落民の部落問題』解放出版社、二〇二二年）。
＊8　この『論戦教化新聞』は、布施の新聞スクラップブックに整理して貼られた、石巻市博物館所蔵布施辰治関係資料の一部であるが、その性格や水平社との関係など詳しいことは、現在のところ不明である。
＊9　「第十一回全国水平社大会に対する／プロレタリア科学同盟の祝辞／一九三三年三月三日／プロレタリア科学同盟代表／布施辰治」（福岡県人権研究所所蔵）。なお協調会福岡出張所「第十一回全国水平社大会状況」（法政大学大原社会問題研究所所蔵協調会史料、渡部徹・秋定嘉和編『部落問題・水平運動資料集成』補巻二、三一書房、一九七八年、一二八七～一二八八頁）に布施の祝辞が載せられたが、短く要約され内容も大きく異なっている。
＊10　部落解放同盟中央本部編『写真記録　部落解放運動史―全国水平社創立100年―』解放出版社、二〇二二年、一〇四頁。
＊11　全国水平社中央常任委員会『第十一回全水大会は如何に戦はれたか』（福岡県人権研究所所蔵井元麟之資料、前掲『部落問題・水平運動資料集成』補巻二、一二九二頁）。
＊12　前掲「第十一回全国水平社大会状況」（前掲『部落問題・水平運動資料集成』補巻二、一二九一頁）。
＊13　前掲『第十一回全水大会は如何に戦はれたか』（前掲『部落問題・水平運動資料集成』補巻二、一二九二頁）。
＊14　協調会福岡出張所「第十一回全国水平社大会記念演説会」（法政大学大原社会問題研究所所蔵協調会史料、前掲『部落問題・水平運動資料集成』補巻二、一二九五～一二九六頁）。
＊15　朝治武「高松結婚差別裁判の真相」（香川人権研究所編刊『高松結婚差別裁判の真相』、二〇〇四年）、同『全国水平社1922-1942―差別と解放の苦悩―』筑摩書房、二〇二二年。
＊16　朝治武「何故に差別裁判かの解明こそが最大の課題―高松結婚差別裁判関係史料の紹介にあたって―」（『水平社博物館研究紀要』第二〇号、二〇一八年三月）。
＊17　全国水平社総本部『高松地方裁判所検事局差別事件／闘争日誌』（部落問題研究所所蔵、山下隆章「史料紹介　高松地方裁判所検事局差別事件／闘争日誌」『水平社博物館研究紀要』第二二号、二〇二〇年三月、二五頁）。
＊18　前掲『高松地方裁判所検事局差別事件／闘争日誌』（前掲「史料紹介　高松地方裁判所検事局差別事件／闘争日誌」、二五～二六頁）。

＊19　平野義太郎宛手紙、一九三三年七月一二日（石巻市博物館所蔵布施辰治関係資料）。この手紙は、布施が話したことを布施辰治法律事務所の職員が書き留めた口述筆記であり、冊子形式によるカーボン印刷の原紙として日付順に綴られ、以下に紹介する手紙も石巻市博物館所蔵布施辰治資料に含まれている。

＊20　この手紙は、石巻市博物館所蔵布施辰治関係資料にカーボン印刷の原紙としても残されている。

＊21　『差別裁判糺弾闘争ニュース』第四・五号、一九三三年八月二三日・九月二〇日。

＊22　全国水平社総本部宛手紙、一九三三年七月二一日（石巻市博物館所蔵布施辰治関係資料）。この手紙に日付は記されていないが、綴られた前後の手紙が二一日であることから、二一日という日付を特定することができる。

＊23　北原泰作宛手紙、一九三三年七月二八日（石巻市博物館所蔵布施辰治関係資料）。

＊24　北原泰作宛手紙、一九三三年八月六日（石巻市博物館所蔵布施辰治関係資料）。

＊25　松本治一郎宛手紙、一九三三年八月六日（石巻市博物館所蔵布施辰治関係資料）。

＊26　北原泰作宛手紙、一九三三年八月一二日（石巻市博物館所蔵布施辰治関係資料）。

＊27　北原泰作宛手紙、一九三三年八月一六日（石巻市博物館所蔵布施辰治関係資料）。

＊28　前掲『高松地方裁判所検事局差別事件／闘争日誌』（前掲「史料紹介　高松地方裁判所検事局差別事件／闘争日誌」、三四頁）。

＊29　北原泰作『賤民の後裔―わが屈辱と抵抗の半生―』筑摩書房、一九七四年、二五四頁。

＊30　松本治一郎旧蔵資料（前掲『部落問題・水平運動資料集成』補巻二、一三七四～一三七八頁）。この草稿は、石巻市博物館所蔵布施辰治関係資料に残されている。

＊31　水平社博物館所蔵（前掲『部落問題・水平運動資料集成』補巻二、一三七八頁）。この草稿は、石巻市博物館所蔵布施辰治関係資料に残されている。

＊32　水平社博物館所蔵（前掲『部落問題・水平運動資料集成』補巻二、一三七九頁）。

＊33　松本治一郎旧蔵資料（前掲『部落問題・水平運動資料集成』補巻二、一三七九～一三八〇頁）。

＊34　松本治一郎旧蔵資料（前掲『部落問題・水平運動資料集成』補巻二、一三五八～一三五九頁）。このビラは、石巻市博物館所蔵布施辰治関係資料にも残されている。

＊35　このメッセージは、石巻市博物館所蔵布施辰治関係資料にカーボン印刷の原紙として残されている。

＊36　この手紙は、石巻市博物館所蔵布施辰治資料にカーボン印刷の原紙としても残されているが、布施の「檄文檄電」は、現在のところ所在と内容を確認することができない。

＊37　前掲『高松地方裁判所検事局差別事件／闘争日誌』（前掲「史料紹介　高松地方裁判所検事局差別事件／闘争日誌」、

四三～四四頁）。

＊38　『思想犯罪輯覧』〈『思想調査』第六輯〉、一九二八年（社会問題資料研究会編『社会問題資料叢書』第一輯、東洋文化社、一九七九年）。

＊39　森長英三郎「水平社顧問弁護士布施辰治先生のこと」（『荊冠の友』第三四号、一九六九年四月）。

＊40　力強い楷書の毛筆書きで、『水平新聞』第一五号、一九三六年一月五日に写真として掲載された。

＊41　布施辰治「活動の熱意に燃ゆる／新年の希望」（前掲『水平新聞』第一五号）。

＊42　布施辰治「無産者の勝利に輝く／松本氏の当選を祝す」（『水平新聞』第一七号、一九三六年一二月五日）。

＊43　布施辰治「水平社中央委員長／松本氏の当選を祝す」（『社会運動通信』第一八九一号、一九三六年三月一七日）。

＊44　布施辰治「部落施設の一具体案／＝風呂屋の公営、国民診療所／を目指して」（『水平新聞』第二三号、一九三七年二月一日）。

＊45　布施辰治「松本代議士の建議案」（『廓清』第三三巻第二号、一九四三年二月）。

＊46　この建議案は、国立国会図書館「帝国議会会議録検索システム」では確認できず、厚生省所管の第三号「人口国策強化徹底ノ緊急方策トシテ結婚調整委員会設置ニ関スル建議案」として松本から提出されて全会一致で可決されたので（「第八十一回帝国議会衆議院建議委員会議録（速記）第二回」、一九四三年二月二四日、二二～二五頁）、実際に提出された時点で名称と内容は変更された可能性が高いように思われる。

＊47　布施辰治「墓穴を掘る弾圧の陰謀」（『解放新聞』第二一号、一九五〇年一月一〇日）。

＊48　「布施さん逝く／民衆のための／輝やく弁護士」（『解放新聞』第六〇号、一九五三年九月一五日）。

深川　武

水平運動の拠点を支えた東京の指導者

吉田　勉

1　水平社時代の深川武

（1）生い立ち、そして上京、ひととなり

深川武は一九〇〇（明治三三）年に熊本県飽託郡春竹村（現熊本市）に生まれ、一九六二（昭和三七）年に永眠（享年六二）している。春竹は熊本県下最大の被差別部落である。深川は小学校を卒業して、一七、八歳ごろ、上京する。次男の深川不二夫によれば*1（以下、深川武の述懐はこの次男不二夫のインタビュー記事による）、上京当初、深川は大森のある弁護士の家へ書生として住み込んだが、その弁護士は大変厳しく、そこを辞めて、中野に移って、はじめ萬《よろず》朝報に、次に時事新報に文選工として働き始める。伝手は熊本以来の知己である田代倫という文学者で、田代の連れ合いの楠本ノブエは春竹の分限者の娘であり、故郷の縁で仕事を得たということだろう。やがて、深川は新聞社の印刷工の組合である正進会に参加し、社会運動にかかわり、新しい時代の思想を学んでいくことになる。

なお、深川は自らについてあまり語らないタイプの活動家で、生家・家族状況・上京のいきさつなどの詳

細は不明である。晩年の深川は「ロシア語を勉強して、翻訳家になりたかった」と語っており、北原泰作は深川を「知性派」[*2]と評している。大串夏身は「当時の運動にありがちな誇大なところがない、ある意味からすれば地味な、正しくは堅実な、着実な活動ぶり、これは深川武の性格、思考そのものであった」[*3]と分析している。

（2）平野小剣との出会い

一九二一（大正一〇）年八月、深川は平野小剣と出会う。平野は三〇歳、深川は二一歳の夏である。同年、平野が日本印刷工組合の機関誌『信友』に「暴力から暴刃へ◯◯（穢多）民族の反抗心」を掲載し、深川がこれを読んで、平野を訪ね、たびたび会うようになる。

平野は深川より九歳年長で、すでに政党活動や印刷工組合の活動家として知られる存在であった。深川との交流について、平野は「二人は、時折り会っては語った。そしていつも反逆的な語（話カ）がそれからそれへと語るのであった。そして、お互が社会運動にだんだんと猛烈に入っていく、思想も意識的に深刻になって行くのだった」[*4]と書いている。同じ部落出身者同士の出会いがふたりを水平社運動へと導いていく。

翌一九二二（大正一一）年、二月二一日に大阪で大日本同胞差別撤廃大会が開催されることを、平野は深川から知らされる。深川は新聞報道で知ったらしい。平野は大阪に向かうが、新聞の情報は誤っていて、同大会は前日の二一日に終わっていた。それでも、平野は大阪の借家人組合の演説会に誘われて演説し、大分の被差別部落出身のアナキストである木本凡人の知己を得る。木本から奈良を中心に水平社の準備が進んでいることを聞いて、奈良を訪ねるが、関係者と会えずに帰京する。二、三日して、奈良から連絡が入り、水平社の創立準備に参画することとなる。

（3）深川武と東京水平社・関東水平社

三月三日、全国水平社が結成される。平野が帰京してまもなく、三月二〇日、東京水平社創立相談会が開催される。[*5] 牛込赤城元町の平野宅に集まったのは、深川武・輪地越智ら数名であった。以後、東京の水平運動は広まっていく。同年一二月に浅草で開かれた東京府水平社の集会には一五〇名近くが参加、翌一九二三（大正一二）年二月には、初めての大衆的糾弾会が府中で闘われる。初期の東京の水平社運動は、浅草・三河島・府中・青梅・練馬などを中心に展開されていく。

写真１　請願隊宿舎前　中央請願隊第１隊の宿舎となった深川武宅前。前列中央が米田富、後ろに泉野利喜蔵、その右に深川武。

このころ、深川は中野の家を引き払い、浅草の亀岡町（旧浅草新町）に居を定める。一九二六（大正一五）年二月、東京府水平社連合会を設立し、府本部を東京水平社内に置くことを決定する。同年七月の水平社関東連合会委員会で、深川は全国水平社中央委員に選出されるとともに、関東連合会の本部を東京府水平社本部に併置することを決定した。深川は東京府連合会の代表であるとともに、関東連合会の代表であり、全国水平社の中央委員となり、東京および関東の水平運動の中心的メンバーになっていく。

亀岡町にある深川の借家は、一階が六畳一間と台所と便所、二階に六畳一間であったが、東京および関東の水平社運動の拠点であるだけではなく、水平社の縁故をたよって、九州をはじめ地方から上京する青年たちの下宿になっており、二階の六畳間はいつも超満員であったという。一時、深川宅に寄寓していた北原泰作は「深川の細君はいたって気さくな明朗な性格のひとなので、厭な顔をせずよくみんなの面倒を見てやった」[*6]と述懐している。なお、深川の妻も同郷で、春竹村の出身だという。

（4）アナ系から社会民主主義へ

周知のように、水平社には、アナ系・ボル系・国家主義者など、多様な思想傾向の持ち主が参加していた。ボル派は、一九二三（大正一二）年に全国水平社青年同盟を、一九二五（大正一四）年に水平社無産者同盟を結成する。これに対抗して、アナ派は同年に自由青年連盟を結成する。このころ、深川武をはじめ東京水平社の多くはアナ派に属し、この時期、消費組合運動、東京靴生産者組合運動、評議会皮革組合、関東革技工組合、町内会の民主化などに取り組んでいる。

一九二八（昭和三）年の三・一五共産党弾圧を経て、七月には全国水平社府県代表者会議で統一を確認する。この会議には深川も参加している。深川は、一九二九（昭和四）年の『改造』に「最近の水平運動」を執筆、一九三〇（昭和五）年には日本大衆党浅草支部の結成に参加、この頃にアナ系から社会民主主義へと転換したようだ。昭和恐慌下、全国借家人浅草支部の結成、南千住に拠点があった関東革技工組合の失業反対闘争、浅草松野製靴の争議、時事新報社争議などが闘われた。深川は、時事新報社の争議の指導にかかわって、一九三一（昭和六）年に時事新報社を解雇され、印刷所を設立して、水平運動に専念することになる。

2　松本治一郎との出会いと交流

（1）松本治一郎との出会い

同じ九州出身の深川と松本治一郎との関係は徳川家達《いえさと》辞爵勧告事件に始まると思われる。

旧将軍家一六代当主徳川家達への辞爵返上勧告は、全九州水平社（全九水）によって全水第三回大会（一九二四・大正一三年）で提案され、提案組織の全九水が実行を担った。松本は南梅吉とともに徳川邸を訪問し勧告書を渡すが家達は無視、これに憤慨した松本門下の佐藤三郎が家達暗殺を計画、未遂に終わるが逮捕され、松本治一郎・松本源太郎が連座して市ヶ谷刑務所に投獄された。深川は松本治一郎の保釈を出迎え、また松本源太郎が獄死するとその遺体を引き取り、丁重に納棺し直した。松本源太郎獄死の実情を各地に発信し、この問題を組織的なものにする役割を担ったのも深川であった。*7

（2）松本治一郎との交流

その後、松本が深川家を訪ねたのは一九三二（昭和七）年の区画整理のころだった。翌一九三三（昭和八）年の高松差別裁判闘争の頃には頻繁に訪れるようになる。一九三六（昭和一一）年、衆議院に初当選して赤坂に事務所ができるまで、松本は最初のうちは深川宅に泊まり、そのうち小泉国五郎宅（亀岡町）に泊まるようになった。なお、その頃、朝倉重吉、井元麟之、泉野利喜蔵ら、全国水平社の中心メンバーもよく訪れていたという。

ふたりの交流の詳細は残された書簡・葉書に即して、史料解題で述べることとして、本文の最後に、戦後の深川と松本の交流の途絶についてふれることとする。

3 史料解題

福岡県人権研究所に寄託された松本治一郎旧蔵資料（仮）のうち、深川から松本あての書簡・葉書は一五点あり、一九三三（昭和八）年から一九三六（昭和一一）年のものである。以下、時系列順に解説する。

①松本治一郎宛葉書（一九三三年二月二〇日）

この葉書は「石渡に立たれて苦戦に陥っています」との文言で始まる。深川は一九三三（昭和八）年の浅草区会議員選挙に立候補したが、同じ水平社同人の石渡春雄が立候補したため苦戦し、落選している。石渡は地元南部屋太鼓店の長男で、東大時代に新人会の結成に参加し、大学卒業後は弁護士・検事などを経て、地元亀岡町で東京水平社や浅草消費組合の活動を行い、一九二七（昭和二）年には町政刷新運動に取り組む。一九二八（昭和三）年には、深川・田原春次らとともに、浅草プロレタリア学校を開催している。石渡は思想的にはボル派であるが、地元亀岡町の出身である。苦戦を強いられた深川は、松本に演説会への来援を要請している。

②松本治一郎宛封書（一九三三年五月一七日）

この書簡は、「当にしていた金が入ら」ないことを理由として、松本あての欠席理由の報告で、「朝倉（重吉）氏が行けたか？」と案じている。同年三月三日の第五回全国水平社第一一回大会のことか。深川は「当分火の車」と述べ、「運動のことは、必ず後日うめ合わせる覚悟」とも述べている。深川が時事新報社を馘《かく》首《しゅ》され、印刷所を始めたのは一九三一（昭和六）年のことだから、このころの深川は慢性的な金欠状態だったことがうかがわれる。

③松本治一郎宛封書（一九三三年八月一日）

この書簡の前半は発禁押収処分についてである。所轄の警察署から発禁押収の命令があり、一七部は持っていったが、紙型は米田富が持参と伝えたこと、北原泰作の指示で、一部は九州に送ってしまったことを報告している。発禁押収されたのは七月二五日付の『高松地方裁判所差別糾弾闘争ニュース』のことだろうか。

後半は、高松差別裁判糾弾闘争にかかわって、弁護士の三輪寿壮の動向や、香川への資金送付のことや、埼玉・長野の支援活動についてふれている。国家権力の弾圧も含めて、高松差別裁判糾弾闘争の渦中にある緊張感が伝わってくる。

④松本治一郎宛葉書（一九三三年一〇月三〇日）

この葉書は、岩尾家定と会い、福岡の公判にも付されること、予審判事は福岡地方裁判所の谷本判事で、松本に弁護士の配慮を依頼するとともに、東京の弁護士は東京サイドで準備し、同じ旨を高丘稔（福岡市金平出身の活動家）にも葉書を出したことを伝えている。岩尾は熊本出身の活動家、全国水平社青年同盟の一員で、徳川邸放火事件にも関わっていると伝えられる。福岡連隊糾弾事件当時は九州連合会の書記をしており、新聞報道では福岡連隊爆破に関わっているとされているが、事件の渦中に出国して、モスクワのクートベ（東洋勤労者共産主義大学）に学び、一九三〇（昭和五）年には武装共産党の指導部におり、同年検挙・起訴され、九年間獄中にいた。[*8]

⑤松本治一郎宛葉書（一九三四年三月二八日）

この葉書は活字印刷の浅草区議会議員選挙の支援にかかわる礼状で、結果は三六三票（当選票数四一三票）での惜敗を報告し、松本宛には「御陣中見舞　澤山」と手書きし、「これに屈することなく」、今後もチャレンジしていくことを宣言している。実際、深川は一九三八（昭和一三）年に、浅草区議会議員に当選している。

⑥松本治一郎宛葉書（一九三四年五月三〇日）

この葉書は岩尾家定の公判にかかわって、検事の求刑が七年であったこと、判決の言い渡しが六月五日であること、福連事件は予審免除であることを報告するものである。また、岩尾について、非常に健康を害し、思想的には転向を表明し、仏教に帰依していることを知らせている。

⑦松本治一郎宛封書（一九三四年六月一四日）

この書簡は、深川宅の近所の借家にかかわって、松本に返事を催促するものである。文面からすると、松本あるいは上京する地方同人の宿泊所として近所の借家を予約していたが、大家から「借手もあるので」と催促され、松本に返事を急ぐようにと要請している。文面の「藤田君」は三河島の同人か。書簡の末尾には、岩尾の判決が六年であったこと（未決通算五〇〇日）、控訴する見通しであること、岩尾の身体が弱っており、保釈運動をやっていることを報告している。

⑧松本治一郎宛封書（一九三四年八月二一日）

この書簡は、岩尾から面会希望の電報があり、面会したところ、福岡連隊事件の記録を弁護士に見せたいので、松本から記録を借りて欲しいとの要望と、弁護士が門司出身の梅若であることを伝えている。なお、弁護士の坂口亮人の松本あて昭和九年六月二六日の領収証（金十五円也　但　弁護料）が同封されている。

⑨松本治一郎宛葉書（一九三四年九月二七日）

この葉書は、一九三四（昭和九）年九月二一日の室戸台風にかかわって、松本から送られた見舞の手紙の礼状である。関西はひどかったが、東京・埼玉・茨城・岐阜・長野などはたいしたことなく、東京では義捐金を募っていること、関東大震災が思い出されることを伝えている。ここにある中本たか子（一九〇三～一九九一）は山口県出身のプロレタリア文学小説家のことであろう。

⑩松本治一郎宛封書（一九三五年一〇月一七日）

この書簡は、浅草の八幡白山神社合祀糾弾闘争にかかわって、松本への応援要請である（写真2）。文面によると、井元麟之に問い合わせたところ、松本の上京は一五日を希望しているとのことだったが、いつになるかと上京を急がせている。この神社合祀問題とは、関東大震災後の帝都復興の区画大整理の一環として、部落のある亀岡町と隣町今戸町の合併が決まり、一九三二（昭和七）年に亀岡町の白山神社を今戸町の八幡神社に合祀することに決まったが、今戸町サイドから「エタの神様と八幡様が一緒になるものか」との暴言があり、東京水平社は組織をあげて取り組んできた。地元の状況として、今戸町側には「水平社何ものぞ！」とする空気があり、部落側には「ややもすれば消極的になる声」があった。そのため早期に九州および本部の激励と示威が必要であり、早い上京を要請するとともに、関東の部落の鎮守社は「みな白山神社」なので、場合によっては、全関東部落民大会を考えていると伝えている。文面の「小泉君」とあるのは地元浅草の同人である。

⑪松本治一郎宛封書（一九三六年一月四日）

この書簡は、浅草の川端茂にかかわって、警察から窃盗の嫌

写真２

疑がかかっていることが伝えられている。詳細に報告しているところを見ると、松本と川端はわりと親しい関係だったのか。この頃の水平社の活動家が慢性的に金欠状態だったこともうかがわれる。

⑫松本治一郎宛葉書（一九三六年二月二九日）

この葉書は、深川が二月二七日に無事に帰京したこと、二・二六事件後の東京の動向と、山本と共に広島で下車し、松本が山本利平の公判に来られなくなったため郡部の兄弟が失望していること、高橋貞雄が松本は「事変」で急に来られなくなったと挨拶する予定であることを伝えている。同月二〇日に、松本が衆議院議員に初当選しているから、深川は選挙運動のために福岡に行き、その帰途広島に寄ったのだろう。山本利平は山口出身の活動家、大正末以来、深川とは交流がある。高橋貞雄は広島県水平社執行委員長である。*9

⑬松本治一郎宛葉書（一九三六年三月五日）

この葉書は、一九三六（昭和一一）年二月二六日の二・二六事件を伝えるもので、「戒厳令司令部査閲済」のスタンプに重大時局を確認していること、次男の不二夫が腎臓炎で病臥し、快方に向かっていることを伝えている。

⑭松本治一郎宛封書（一九三六年四月九日）

この書簡は、二・二六事件下の戒厳令下において、一九三六（昭和一一）年四月二六、七日に予定していた「大会」の開催をめぐって、松本の指示を仰ぐものである。この年、松本は二月の総選挙で福岡一区から立候補して当選を果たす。直後の二六日、二・二六事件が勃発する。全国水平社は反ファシズムの闘いを進めるとともに、地方改善費大幅増額の実現に向けて、全国で大衆的な取り組みを進めることとした。この書簡によると、地方改善費大幅増額の実現に向けて、関東（埼玉）で四月二六日か二七日に「大会」を予定していたが、その準備のための本部からの上京もなく、やむなく埼玉の森利一が埼玉県警察部を訪ねたところ、戒厳令下を理由に、「大会」の中止を要請される。深川・山崎（東京か）・井元・森が熟議して、戒厳令下にあっても、「埼玉の集まり」か「関東の集まり」はやることとして、井元と連絡をとったところ、九日に常任中央委員会を手配してあり、深川の下阪を要請されたので、松本に電報を打ったことを伝えている。さらに、深川としては四月の二六・二七日に委員会を開催したいので、常任中央委員会でも考慮して欲しい旨を井元に頼み、また、この手紙を九州の藤原権太郎と大阪の泉野利喜蔵にも見せてほしいと頼んでいる。

⑮松本治一郎宛葉書（一九三六年七月二九日）

この葉書は、一九三六（昭和一一）年八月一四・一五・一六日に、埼玉の川越の森利一の村（入間郡茂呂村）主催にて、夏期講習会を開催する予定で、松本の出講を依頼するものである。この講習会は、この年の地方改善費大幅増額の取り組みにかかわるものではないだろうか。

4 史料紹介

①松本治一郎宛葉書（一九三三年二月二〇日消印）

石渡に立たれて苦戰に陥ってゐます。

二十四日夜の演説会に御來援願ひたいと思ふのですが、いかゞでせうか？

二十三日中にビラを刷りますからよろしく御願ひいたします。（御都合のほどを――）。

②松本治一郎宛封書（一九三三年五月一七日消印）

行くつもりにしてゐましたが、当にしていた金が入らず残念ながら――といふより恥かし乍ら――欠席して了ひました。どうか御容赦し下さい。朝倉氏が行けたか?と案じてゐますが、私は当分火の車です。でも、運動のことは、必ず後日うめ合せする覚悟で居ります。すみません。

五月十七日

深川

松本サマ

③松本治一郎宛封書（一九三三年八月一日消印）

八月一日

深川

松本治一郎様

諸電報の返電差上げておきましたが、けふ、所轄署から発禁押収を云って來ました。十七枚だけ持って行ったが紙型は米田氏持参といっておきました。実は二十六（「日」の欠字?）、北原氏から『九州其他へ送るやう』と手紙が夕刻來ましたが朝、送って了ったところでした。無事本部へついてゐるかどうか案じてゐます。司法大臣の方は三輪氏の旅行、河上氏の義父死去、大臣旅行（信州方面、四日ごろ歸京とのこと）等でまだ行ってゐないが、四日か五日行くとのことです。その結果は小生三輪氏をお訪ねして本部とあなたの方へ御知らせ致します。

先便で申し忘れましたが、香川へは三十円たしかに送っておきました。

あすまた埼玉は來ますが、長野と共に、貴方の諸活動に感じてゐるので相当動くだらうと思ひます。

しばらく酷暑の折柄は大事のほどを――。

④松本治一郎宛葉書（一九三三年一〇月三〇日消印）

けふ岩尾君と会ひました。やはり福岡の方のも公判に附されるさうです。豫審判事は福岡地方裁判所の谷本豫審判事です。たしか一、二ケ月のうちにその方が先に開かれるかも知れぬよしにつき、その方の辨護士について御配慮下さいませんか。豫審調書は三十枚位の簡単なものゝよし。公判の際身柄は福岡行とのことです。東京の辨護士はまたこちらで御相談申上げたく存じます。高丘稔氏にもこれと同様、ハガキを出しておきました。

⑤松本治一郎宛葉書（一九三四年三月二八日消印）

（活字印刷）

御禮

謹呈　時下向春の候貴家御一同様益々御健勝の御事　御慶び申し上げます
陳者小生今回の選挙（淺草區會議員）に就いては多大なる御援助を賜はり且つ又
　御陣中御見舞　澤山（手書）　深川印
を戴き　寔に有難うございました　選挙の結果は
　得票数　三六三票（當選票数　四二三票）
で　當選迄には六一票の不足でございました
然しながら　これに屈することなく愈々精進修行以て皆様の御厚情に御應へいたしたいと考へます
何卒　倍舊の御指導と御鞭撻の程を御願ひいたします
殘務整理の爲め遅くなりましたが、一言挨拶の言葉に代へます。
　昭和九年三月二十八日

東京市淺草區今戸一丁目九番地　深川武

⑥松本治一郎宛葉書（一九三四年五月三〇日）

岩尾君の公判は検事の求刑七年でした。言渡しは六月五日です。福聯事件は豫審免訴です。同君は非常に健康を害し、思想的には完全に轉向を表明、佛教に歸依して居ります。

以上御知らせまで――。

⑦松本治一郎宛封書（一九三四年六月一五日消印）

松本治一郎様

六月十四日

深川武

裏の家のことで家主が度々やって來ますので、その都度、近日福岡から御見えになるからと云っておきましたが、二、三日前　又やって來て「借手もあるので…」といふので福岡へ問い合わせるから　二十日まで御待ちを乞ふと話をしておきました。藤田君から手紙を出して貰おうと思ってゐましたが茨城へ行って　まだ歸って來ませんので　私からこの手紙を差上げます。

いかがいたしませう？　御返事を御待ちして居ります。

×

岩尾君の判決は六年（未決通算五百日）でした。多分控訴するだらうと思ひます。身体が弱ってゐるので保釋運動もやってゐますので――。

⑧松本治一郎宛封書（一九三四年八月二二日消印）

冠省

昨日、岩尾君から面会したしの電報に接し行ってみましたところ「福聯事件の方を明瞭にしたいから、ぜひ松本氏から記録を借りて辨護士にみて貰って下さい」とのことでした。御考慮の上御差支へなかったら至急（來月四日が控訴公判です）送って下さいませんか。こんどはいつか御話した門司出身の梅若辨護士です。中本氏の係辨護士であった人です。

八月二十二日

深川武

松本治一郎様

⑨松本治一郎宛葉書（一九三四年九月二七日）

御手紙ありがたく拝見いたしました。東京、埼玉、その他、茨城、岐阜等も大したことございませんでした。却って見舞を受けたほどでして、これまた無事だった方です。長野からは消息がありませんが、新聞でみると東京よりまだよかったやうです。関西がひどいやうです。東京では所々方々で義捐金を募ってゐます。震災のときのことが偲ばれて――。

右御返事まで――。

⑩松本治一郎宛封書（一九三五年一〇月一七日）

縣議選では御多忙且つ御疲れでしたでせう。

陳者、今夏來の上京の件は、こんどはいつごろになるでせうか？

井元氏に問い合わせたところ『自分としては十五日ごろ（今月）を希望してゐる』旨返事に接しましたが、

こちらでは実は神社合祀に潜む差別問題を　諸氏上京を契機に演説会を開催、いよ〳〵火蓋を切る豫定で待ってゐるわけですが、勿論、御都合の有之こと萬々承知いたして居りますが　出來るだけ早いことを希望して居ります。例の問題については百方平和裡解決を期して居りましたが、水平社を知らざる不逞の差別漢奴等「水平社何ものぞ！」と高を括り、又兄弟側やゝもすれば消極的になる傾きあり、一日も早く一行の激勵と示威を必要として居ります。九州から、本部から應援に來るゾ〳〵の声が宣傳されてから数十日を經過して居りますから「なんだウソではないか！」「オドカシではないか？」等敵味方に傳はって具合が悪いので御都合つき次第　御上京を待って居ります。

差別問題たるの確證歴然として來り、輿論の支持を受くること又エチオピアの如くでありながら、生じっか半解消的形態がワザワヒして歯がゆひ狀態です。作戰の都合上、御上京の日取御一報賜はれば幸甚に存じます。小泉君も「まだ來ないか？」と会ふ度にきいて居ります。

関東の部落はみな白山神社（淺草の白山神社が元祖です）ですから、場合に依っては全関東部落民大会の開催等考へて居ります。

十月十七日

深川武

松本治一郎様

⑪松本治一郎宛封書（一九三六年一月四日消印）

前略

川端君が前に居った浅草の經師屋にセッ盗に入ったといふ嫌疑で警察に探されてゐます。

といふのは二日の夕方川端君が右の經師屋に來て

〝今、熱海から歸ったが遊びすぎて二十銭しか残りがない。今戸に行くのに困るから金を貸して貰ひたい〟㊟（アタミに行くときうちから五十銭カリて行ってゐます）といふので右店で五十銭かり出て行って右店の人々が揃って活動写真を観に行って歸ったらノミでコヂあけ衣類数点持って行って了ってあるといふのです。その際、〝活動に家中行くから君も行かぬか〟とすゝめたが川端君は断はり、同家が留守になることを知って居り、カギを開ける勝手を知って居る点等から同君に嫌疑がかゝって居るのださうです。二日の夜中（三日午前二時ごろ）うちに警官が來て始めて知り驚いてゐます。警察は三日の朝もやって來ました。二日も三日もけふも遂に川端君はうちに姿を見せません。右の店の話では川端君は非常に酒癖の悪い人だといってゐました。右の犯人が他人であれかしと祈って居ます。御参考までに右の事実をお知らせしておきます。

一月四日

深川武

⑫松本治一郎宛葉書（一九三六年二月二九日消印）

二十七日午後四時四十分無事着京いたしました。市内は平日と何等変ることなく、殊に私のうちの近所はさうです。然し二十八日からは警戒も嚴重になり、けふ二十九日は交通停止ださうです。ラヂオが活溌に放送するやうになったので、そちらでも多分御聞きでせうが、けふか、明日あたり解決するやうな空気です。中野氏も外務大臣になるだろうの評有。

広島に山本君と下車しましたが、同君の公判にあなたが御出るとのことで郡部の兄弟が沢山來て失望してゐました（來ないといふので）。事変で急に來られなくなったと挨拶しやうと高橋君はいってゐました。

⑬松本治一郎宛葉書（一九三六年三月六日消印）

＊印刷の「部會開催御通知」の上から墨書。

靜かなるうちにも郵便物に「戒嚴令司令部査閲済」のスタンプ押捺を見れば流石に重大時局を確認いたし候

二男こと腎臓炎にて病臥、大分快方に向ひ候も一時は閉口いたし候。

⑭松本治一郎宛封書（一九三六年四月九日）

松本治一郎様　　　　　　　　　　在京　深川武

あちらこちらの御活動にて定めし御疲れのこと、御察し致します。

陳者昨日御返電に引き續き激勵の御電報たしかに拝見いたしました。その後のこちらの經過を報告いたしますと

御一行退京後、今月に至り總本部より準備の為め上京有るもの（当時打ち合せの通り）と思って居りましたところ、どなたも御出でがなく、日時は迫るまゝ焦って總本部に問合せました。その返事では〝泉野常任からは大丈夫埼玉でやれるとのみで具体的にだれが東京（関東）に行って準備をする等の話は出なかった〟（大意）とあり、こちらでは狼狽して再び森君に縣警察部を訪ねて貰ひ、一方總本部へは御一行在京中の情勢――主として戒嚴令下中は埼玉も取締方針は東京に準ずるから許可しない――を報告し、その指示を待つことゝし、山崎君は埼玉へ出かける一切の準備をして　私のうちに待機して居り、六日總本部並に貴下ヨリ「キテイホウシンニテマイシンセヨ」の電報に依り　同日夜直ちに埼玉へ出かけました。その後、井元君より上京する旨電報あり、七日朝井元君上京、山崎君も歸京（埼玉より）相談の結果森君に電話をかけ縣廳前にて会ふ旨通じ警察部を訪問いたしました。縣警察部の云ふところは森君にも話した通り　埼玉は川一つ隔てゝ東京の戒嚴令域内になり、判乱兵《ママ》の半分を埼玉より出して居るの

で、戒嚴令中は止めて貰ひたい。アナタ方の大会のみでなく既に十八日の全農の縣大会、社大の地方的演説会（浦和市長の糾弾演説会？）も止めて（延期して）貰ったから悪しからず、委員会ていどなら可といふのです。森君は縣廳に來なかったので直ちに三人で森君をたづね熟議しましたが、戒嚴令中の大会は出來なくとも　埼玉の集り、関東の集りはやること（常中の決定を待って）にして、東京に引揚げ、井元君から九日常中召集の手配がしてあるから、私にも是非出席して情勢と今後の打合せに下阪するやうすゝめられたので、貴下に電報を打った次第であります。

更に一方社大の大会も止めになるし、全農の大会を大阪で開くのすら止めになる情勢ですから頑張るにも頑張りやうがなく焦慮して居りますが、事情御諒察を願ひます。然し井元君にも打ち合わせておきましたが、大会に豫定してあった二十六、七、八日ごろ　委員会は是非持ちたいと思って居ります。常中でもこのこと考慮に入れて議すやうたのんでおきました。

以上　その後の經過御知らせまで――。

尚、藤原氏からも問合せの手紙をいただきましたが、御見えになったら此の手紙を御見せ願ひます。泉野氏にも。二葉の出席者名簿は住所を控へてなかった人がいるので目下調整中につき　出來次第御お送りいたします。寫真も近日御送付いたします。

⑮松本治一郎宛葉書（一九三六年七月二九日）

前略

來る八月十四日、十五日、十六日の三日間（旧盆休み）川越の森氏の村主催で夏期講習会が開かれます。午前は九時より十二時までと　午後は二時より五時まで　一日二回ださうですが、何れの日か一回御出講願はれませんでせうか。演題は水平運動に就いて、或は何でも御指定通りで結構です。遠隔の地のこと故、御迷惑とは存じますが、もし御都合つきますれば皆よろこぶだらうと存じます。乍勝手ビラを刷る関係上折返し御一報のほど御待ちして居ります。敬具

小括　戦後の深川と松本の交流の途絶

深川は、一九三八（昭和一三）年に浅草区議会議員に当選、一九四〇（昭和一五）年に大和報国会の常任理事になる。また、戦時下、日本履物表工業組合理事長として、浅草の製靴業者のために奮闘もしている。戦後、社会党に参加、公職追放処分反対運動を経て、全日本借地借家人組合委員長となり、浅草区議会議員としても、浅草地区の復興に尽力して、一九六二（昭和三七）年に病没する。

不思議なことに、深川が戦後の部落解放全国委員会や部落解放同盟に参加した形跡がない。深川とほぼ同世代で、長野の活動家に朝倉重吉がいる。朝倉は、深川と同じようにアナ派から社会民主主義へという軌跡をたどり、長野県水平社委員長や全国水平社中央委員を歴任し、戦後の一九四八（昭和二三）年には長野県連合会委員長となり、全国委員会の中央委員・常任中央委員を歴任している。なぜ、朝倉と異なって、深川は戦後の部落解放運動に参加していないのか。実は、東京の戦後部落解放運動の立ち上がりも遅く、部落解放同盟東京都連合会の結成は一九六〇年であり、明らかに戦前の水平社運動と断絶している。*10 深川の戦後の動向、深川と松本の関係、東京都連の結成が遅れたことなど、これらのことについては、今後の検討課題としたい。

なお、次男の不二夫は、「（深川は）晩年はさみしく死んじゃった」「（松本との間に）行き違いみたいなものはあった」と述懐している。松本が深川の霊前に線香をあげに来た時、「仏壇の前に座って三十分位、下を向いてね、目頭をおさえて、やっぱり何十年かよろこび、悲しみを分け合った仲だからそういう気持も当然なのかなと思って後ろから見てた」とのエピソードを語っている。

注

＊1　「思い出の深川武とその友人たち―深川不二夫さんに聞く―」、聞き手・東京都部落解放研究会歴史部会、『東京部落解放研究』二九、一九八二年、東京部落解放研究編集委員会。

＊2　北原泰作『賤民の後裔―わが屈辱と抵抗の半生―』、一九七四年、筑摩書房。

＊3　大串夏身「人物を中心にみた東京の水平運動」、『東京部落解放研究』七九・八〇号、一九九二年、東京部落解放研究会。なお、大串には東京水平社や深川武にかかわって、多数の論考がある。『いばらと鎖からの解放―東京水平社と皮革産業労働者』、一九七八年、明石書店。「水平社運動の指導者としての深川武」、西順蔵編『東京の被差別部落』、一九八一年、明石書店、その他。

＊4　平野小剣「水平運動に走るまで」、『同愛』第三五号、一九二六年、『東京部落解放研究』八・九合併号、「東京水平社関係史料集」、一九七七年。

＊5　大串夏身『いばらと鎖からの解放』、一九七八年、明石書店、その他。

＊6　＊2に同じ。

＊7　部落解放同盟中央本部編『松本治一郎伝』、一九八七年、解放出版社。

＊8　＊7に同じ。イアン・ニアリー『部落問題と近現代日本　松本治一郎の生涯』、二〇一六年、明石書店。

＊9　山本利平・高橋貞雄については、割石忠典氏のご教示による。

＊10　部落解放同盟東京都連合会編『東京の部落解放運動　一〇〇年の歩み』、二〇二二年、解放出版社。

北原泰作

高松闘争への意気込みと獄中での苦悩

手島一雄

1 松本治一郎旧蔵資料(仮)に見る北原泰作

北原泰作(一九〇六〜一九八一年)は、岐阜県稲葉郡黒野村(現岐阜市)の被差別部落の小作貧農の家に生まれた。戦前は、一九二七年に軍隊内差別の現実を天皇の観兵式にて直訴した天皇直訴事件や、一九三一年に階級闘争重視から「全国水平社解消意見」を記したこと。一九三三年に日本共産党に入党したが、逮捕後の獄中で転向を表明したことなどで知られる。戦後では、一九六〇年の部落解放同盟新綱領の草案を書き、一九六五年の同和対策審議会「答申」では解放同盟選出委員として「答申」の作成に努力したこと。一九七〇年以降は朝田善之助ら解放同盟主流派と決別し、国民融合論を提唱したことなどが知られている。

戦前・戦後とも、部落解放運動のエポックとされる時期に、ある中心軸に立つ、そういう運動家であるといえると思う。北原を通して部落解放運動史を再検討すれば、さまざまな問題が見えてくるのではないか、そんな問題意識で筆者は近年、北原泰作の研究を続けている。*1

北原関連の史料は、北原が自宅に保存していた「北原旧蔵史料」が部落問題研究所にあり、同研究所によ

大阪朝日新聞
夕刊
大観兵式御閲兵中の
大元帥陛下に直訴を企つ
歩兵第六十八聯隊の二等卒
列中から驅出し御前近く進む
【本日午後一時記事掲載解禁さる】
師團長以下進退伺ひ
何ら不敬の意味なし
軍隊内の差別待遇を批難
請願令違反として軍法會議へ【陸軍省發表】
北原二等卒の訴狀内容
直訴犯人北原泰作

写真１　北原泰作の天皇直訴事件記事　1927 年 11 月 19 日、名古屋練兵場での天皇観兵式で北原泰作が軍隊内差別を直訴。事件を報じる 1927 年 11 月 22 日付の『大阪朝日新聞』夕刊。

る長年の共同研究で整理がなされ、その一部は『部落問題解決過程の研究』全五巻に収録された。[*2] 膨大な史料群であるが、戦後が圧倒的に多く、戦前のものは限られている。一昨年、福岡県人権研究所の関儀久さんから、全九州水平社一〇〇周年記念出版として、松本治一郎に宛てられた書簡を「全国水平社を支えた人々との交流」という観点から検討したいという旨のお話を聞き、北原の戦前（昭和八～一〇年）書簡一〇点を同時に送っていただいた。戦前の史料は少ないなか、興味深いものが多いと感じた。

　書簡の中から七点を選び、史料1は高松差別裁判闘争に関するもの、史料2は北原が刑務所内から送った書簡、史料3～史料7は北原の父・作蔵及び北原泰作による書簡数点に分けて、考察を行った。史料1は全国水平社の運動そのものに関する史料で、朝治武氏がすでに論文で紹介している。[*3] 史料2以降は北原の経歴や家庭環境など北原研究に欠かせない史料になると思われる。

　史料の時期は、北原の逮捕と拘留、その北原を支えた松本治一郎や建築業「松本組」の支配人・山田本蔵との関わり、山田の妹との結婚、その後は松本衆議院議員の秘書時代につながるなど、松本や全九州水平社との関係が圧倒的に強い時期のものである。筆者は、以前、戦後北原の解放運動論の基底に地元岐阜県での彼の活動があったことを実証した。いま、戦前の書簡を検討して、松本の反ファシズム統一戦線や社会民主主義の路線、共産党との共闘も含め、北原の戦後の運動論に与えた影響は大きいように感じている。

2 高松差別裁判闘争での香川県部落民大会はこうして開催された

史料1は一九三三(昭和八)年、高松差別裁判闘争で、八月二六日の香川県部落民大会がどのような経緯で開催されたかを示す史料である。この書簡によれば、八日前の八月一八日の時点で大会が開催される予定はまだ立っていなかった。

大会開催の要請は地元「香川の方より」提案され、現地入りしていた本部役員の北原がこれに賛同し、大会を行えば松本委員長も参加できるか、「大至急」の返答を求めている。現地水平社員の意見として、「若し出席不能なれば、香川県のことでもあるから淋しい大会はやれないから取止めねばならぬ」との状況が述べられ、北原は、四国入りしている北原・泉野利喜蔵・吉竹浩太郎・井元麟之らが即座に準備に掛かれるので、委員長が参加できれば「盛大な大会演説会が持てる」と述べ決断を求めている。これらの背景に、香川県水平社内での、差別裁判闘争をめぐる穏健派と強硬派の対立があることは明らかであろう。

対立について。相手が国家権力で謝罪は求められないので「差別撤廃講演会」の実施程度に要求をとどめようとする香川県水平社の幹部ら穏健派と、あくまで差別裁判を糾弾し「差別裁判の取り消し」や関係司法官の免職、被告人の即時解放を求める馬場支部の強硬派との、両者の対立はこの時期ピークを迎えていた。北原ら総本部は馬場支部を支援し、後者の路線を部落委員会活動にも位置づけ全国運動を展開しようとした。八月二八日に、大阪で全国部落代表者会議が開催されることは決定している。北原らは、その直前に、穏健派が実権を握っていた香川県で大々的な闘争の烽火を上げられないか、と松本に問うているわけである。「淋しい大会はやれない」との懸念は、対立する幹部穏健派やそれとも結びつく融和団体・讃岐昭和会を意識しての言葉と読み取れる。

この書簡に松本委員長が賛同して、急きょ八月二六日に香川県部落民大会が行われたということだろう。山下隆章氏が紹介した地元紙「香川新報」(八月二七日)によれば、[*4]当日は「二千の大衆」が県公会堂を埋め尽くし、「本部から松本治一郎氏を始め九州全農委員長田原春次氏が出席し県下殆ど各町村から女子供まで も集まり午前十時には已に千名以上集つた」と記される。特高課長や高松署長も顔を見せ厳重な取り締まりが行われるなか、全国からの激励文紹介、決議文の朗読、田原・北原らの演説があり、最後に松本委員長が「約二十分に亘つて熱弁」をふるい「水平社万歳を叫んで無事終了解散した」とされる。大会は成功したように見える。

この地元香川県での部落民大会は、高松差別裁判闘争においてどのような意味を持つのか。留意せねばならないことは、一一月に入って警察による弾圧が強まるなかで一二月には馬場支部が「声明書」を発表して水平社を離脱、県内各支部も次々と脱退して融和団体を作ることとの関連である。弾圧は、全国請願運動隊の報告演説会が鷺田村馬場公会堂で一一月二四日に開かれた際、北原が演壇に立ったのを機に聴衆と警察官が衝突し、「火鉢」を投げつけられた警察官が負傷したとする事件を理由に、水平社運動員の大規模な逮捕がなされたことに始まる。

闘争を通して沈滞していた水平運動が全国的に再燃した積極面と、同時に地元香川県では水平運動が終結してしまった側面と、両方を踏まえて、高松差別裁判闘争とは何であったのかが改めて問われている。その際、北原書簡は、水平社総本部と現地状況をつなぐ重要な史料と位置づけられるだろう。

史料1　松本治一郎宛北原泰作封書（一九三三年八月一八日）

拝啓。八月十六日附にて発信の書面御入手下さいましたか。ついては本日香川の方より、廿五日頃に香川県部落民大会を開催したいが、それには議長、泉野君、北原等出席して頂きたい。若し出席不能なれば、香川県のことでもあるから淋しい大会はやれないから取止めねばならぬ（止めた方がいゝ）との意見でありましたが、貴殿の都合は如何ですか。

廿四日が山口県宇部市の演説会ですから、それに出席されて、それからずっと香川へお廻り下されるなら、香川の方へその旨を打電して大会をやらせてもいゝと考へます。泉野君は無論出席できますから、そして井元君もいま四国に居り、吉竹君もゐますから、大丈夫盛大な大会及演説会が持てると考へます。要するに議長の御都合で、それを決定していゝと思ひますので、大至急に若し行けたら或ひは行けなかったら、その旨を香川県香川郡鷺田村馬場、堀上政一《ホリカミマサ》内井元へ、また一通は大阪の本部宛に、二通電報にて御知らせ下さい。日時が切迫してゐるから、準ビ等の都合もあり急ぎますから大至急おねがひします。それから、吾々は議長が一日も早く来阪されることを希望します。

尚最後に、斗争は全国的に益々拡大されつゝあります。洩れ聞くところによれば、白水、三浦等判検事は辞表を呈出したとか、だがそれは誰かの手に握られてゐる模様です。然しどの点までこの噂が確実であるかは保証出来ません。

支配階級は彼等を辞職させることで、ケリにしようとしてゐるのかも知れないとも考へられます。

総本部にて　一同

—以上—

松本治一郎殿

3 「転向」と孤独　福岡刑務所の手紙から

北原は一九三三（昭和八）年四月に日本共産党に入党し、党中央委員の大泉兼蔵の指示で同年一二月に『水平運動の身分闘争に関するテーゼ草案』を執筆した。これを元に党フラクションを確立するため北原は九州への旅を命じられ、福岡へ入る。ところが指導役の大泉は特高警察のスパイで、共産党員の活動は特高に筒抜けであり、北原自身も翌年一月に福岡で逮捕されてしまう。

史料2は、逮捕された北原が、六月に治安維持法違反で起訴され、福岡県警察署の留置場から福岡刑務所に移送された後、八月四日付で刑務所内から山田本蔵に送った書簡である（消印は八月一六日）。山田本蔵は、松本治一郎が経営していた土木建築業「松本組」の支配人で、山田の妻は松本治一郎の姪にあたる。北原の自伝『賤民の後裔』によれば[*5]、山田は北原の「非合法活動を知っていた」上で、北原の「生一本な性格」に好意を示し、支援するとともに自身の妹三津との結婚を斡旋したとされる（一九三五年一〇月結婚）。この時期の北原を考察する上で、松本とのつながりも含め、山田本蔵は外せない人物である。

北原の回想によれば、留置場から刑務所への移送は六月一八日で、「未決監に移って二カ月ばかりたったころ、私は『転向手記』を書いた」とされる。この記述が正しいとすれば、八月四日付の山田本蔵宛書簡は、「転向」が表明される、少し前に書かれたことになる。やや長文となるが、北原の率直な心情がうかがえる貴重な史料と思われるので全文を採録した。

「転向」に直接関わりそうな部分は、書簡最後の「この頃、国文学の古典を研究してゐます。古事記、日本書紀、などとても面白いデス。貴兄にも少々お願ひがあるけれど、また次にします」という一節である。「転向手記」を推し進めて予審判事に提出された「上申書」には、「日共が主張するように天皇制打倒によって部落差別は解消されるのではなく、一君の下万民平等の国体精神の徹底によってのみ部落解放は実現する」と記されており、刑務所内での記紀をはじめとする「国文学の古典」研究とどうつながったのかが注目される。その点で山田本蔵に「少々お願ひがある」と記された内容は何だったのかは気になる。一一月一七日にも北原は山田に書簡を送っているが、そこには「天皇制」や「国文学の古典」に関する記述はない。

この書簡全体で伝わってくるのは、北原の孤独感（孤立感）であろう。文頭「山田兄、こんな処から手紙を差上げることを御ゆるし下さい」には、北原と山田の距離感や緊張感も感じられるが、文章を読み進めると、「山田兄」に頼るほかないという北原の思いが伝わってくる。「浩ちゃんや重ちゃんは駄目だから止むを得ず貴兄に御願ひする」とは、全国水平社九州連合会の吉竹浩太郎や岩田重蔵を指してであろう。前年の高松差別裁判闘争をともに闘った吉竹浩太郎も、この年治安維持法違反で逮捕されるから、そうした事情を何らか察して連絡ができる状態にはないと判断したのだろうか。いずれにしても「五月頃から」大阪の水平社総本部・井元麟之にお願いするよう伝えていた「着物や書籍」の送付は八月になっても実現しないという。刑務所内の人間は「外事なく」一つのことを考え、「娑婆の者」は仕事が忙しくて「忘れ勝ち」になるのも無理はないが、「不平」も述べたくなると記す。あらためて「井元君」に送ってもらうものを記し、「いま迄遅れた理由等、一切明瞭に一々について」知らせるよう、手紙を書いてほしいと山田本蔵に懇願するのである。

北原の『賤民の後裔』では、「転向」の契機として、日本共産党をめぐるスパイ事件や当時公表された「リンチ事件」をひも解き、「党は壊滅して再建の希望も失われた」という敗北感が語られていた。[*6]「逮捕された場合のもっとも力強い精神の支えは、何よりも党が健全だということである」、その希望が持てなかったというのであろう。

全国水平社についてはどうか。事情は異なるが、前年に高松差別裁判闘争を共に闘った井元や吉竹と連絡も取れない、相手がどんな状況かも分からず、自分は放置されているとする孤立感がかなり前面に表された書簡である。

史料2　山田本蔵宛北原泰作封書（一九三四年八月四日）

山田兄、こんな処から手紙を差上げることを御ゆるし下さい。実は、差入□□他の件に就て浩ちゃんへ手紙したのですが一向埒が明かぬのでどうなってゐるのかと思ってゐたところ、そのわけもわかったので、浩ちゃんや重ちゃんは駄目だから止むを得ず貴兄へ御願ひする訳です。五月頃から浩ちゃんを通じて大阪の井元君へ僕の着物と書籍を送って呉れるやうに云ってあるのですが、それが今日に到るまで果されずにゐるのです。着物といふのは白地の絣ですから、こゝ一ヶ月も経たらもう不用になります。この調子だと今から冬の袷物を頼んで置いても間に合ふか心配なのです。なる程、こゝに居る者と外の者とは立場が違ひ、此処の者は外事なくそのことのみを考へてゐるに反して娑婆の者であって見れば種々の仕事が多くて忘れ勝ちになるのは当然です。そんなことのわからぬ僕ではありませんが、然しちょいと不平も竝べて見る気にもなるでせう。で、大阪の井元君に、次の如く手紙して頂きたいのです。

一、僕の着物（白地の絣、白服、久留米絣の袷と羽織、冬の襦袢、その他）

一、本部の二階の棚のグリコの空箱の中に入ってゐる筈の書物（統計学、心理学、社会学、西洋倫理、哲学概論、その他）

一、山口恒郎君に差入れてやったエスペラントの書物一切を山口君から返済して貰って（エスペラント独習書、エス和辞典、アンデルセンの□べーロイ、その他）

右全部を大至急送ってくれるやう、それが事情があって不可能なれば、その事情、いま迄遅れた理由等、一切明瞭に一々について知らせてくれ、と云って手紙して下さい。その返信は貴兄の方で取って下さい（こちらは通信禁止だから）着物や本もそちらへ送らせて、差入して下さい。次に今度は富田君への伝言を頼みます。

一、先般お願ひして置いた種々の件はどうなってゐるか、毛布は季節柄とも角として、英語研究の書物は大至急欲しい。

一、その節頼んだ三宅氏のことは調査して置いてくれたか。

一、面倒でも一度面会に来て下さい。裁判所で許可を得れば出来ると思ふ。

―以上二人への伝言を至急願ひます。―

それからどなたでもいゝけれど、以上のことをそれ〴〵伝言し、その返事もあった時に、そのことを全部わかる様に用意して面会に来て下さるようにお願ひします。富田君におねがひして下さってもいゝです。肩が凝るお願ひを厚かましく致しました。無遠慮をおゆるし下さい。

皆さん御丈夫ですか、第二世は丈夫で育ちますか。去年の夏は貴兄から香ひ入りの扇子を頂いたが、今年はこゝで金八銭也の白扇を買って使ってゐます。去年の夏が想ひ出されます。ハーゲンベックを見せて上げたことを覚へてゐますか？　この頃は半麦のもっそうめしが舌に馴れました。体はどうかこうか無事です。でも時折ニゴー*のスキヤキを思ひ出します。食ひしん棒の様ですが、食慾はなんと云っても第一義的ですからネ。

この頃、国文学の古典を研究してゐます。古事記、日本書紀、などとても面白いデス。貴兄にも少々お願ひがあるけれど、また次にします。

どうか、先のおねがひの件を大至急頼みます。

ではみな様によろしく。

八月四日　　北原泰作

最後に僕宛に来た郵便物があったら、大切に保管して置いて下さい。貴兄に特にお願ひします。

＊ニゴーは隠語。博多ではホルモン（もつ）を2号といった（引用者注）。

4 父母の愛　父・北原作蔵の手紙から

史料3～史料7は、史料6を除いて、北原泰作の父・北原作蔵が松本治一郎委員長に送った昭和一〇（一九三五）年次の書簡である。一九三四年一月に福岡市で逮捕された北原泰作は、一九三五年六月一〇日、松本治一郎が二〇円の保証金を出して福岡刑務所から保釈された。史料3、史料4は北原が刑務所に服役中の時期、史料5～史料7は保釈されて以降のものである。保釈後の北原は居住地を福岡の松本方に制限され、松本が用意した果樹園の番小屋で生活する。

北原は一九〇六年一月、岐阜県稲葉郡黒野村（現岐阜市）の被差別部落に、小作貧農の父作蔵（一八六四年生まれ）と母琴（一八七一年生まれ）の三男、姉五人の末子として生まれた。兄二人は生後すぐに死亡しているので泰作は事実上の一人息子で、父四二歳の時の子である。『賤民の後裔』では、「父は、私が生まれたので跡取り息子ができたといって、たいそうよろこんだ」と記される。ただし北原は地元での農業を継がず上京し、各地で水平運動に取り組むことになるのだが。

北原の部落解放運動を考えるにあたって、彼が岐阜県の農村部落出身で、どのような家庭環境で育ったかを踏まえておくことは重要であろう。ここに掲げた書簡には、北原と両親との関係、父母の思いが生々しく語られており興味深い。いずれも一九三五（昭和一〇）年、父作蔵は七一歳、北原泰作は二九歳の年のことである。

史料3で父作蔵は、泰作から手紙で松本治一郎には大変お世話になっているので「厚く〳〵御礼を父母より」も伝えるよう言われていること。「終い御無礼勝」になっていることを謝ったうえで、息子が「九州で病に罹ってゐるとの風聞」があるが何かご存じないかと心配し尋ねている。九日後の史料4では、返事がないことから、再度「毎日〳〵両親は心配致し居り候」とされる。命に関わる病気ではないかと心配しており、「大至急」の通知を懇願している。風聞の内容は分からないが、相当な心配をかけていたようだ。

史料5は松本が二〇円の保釈金を出して北原が保釈されたすぐ後に、父作蔵から松本に送られた感謝の書簡である。「愚息泰作の為に一時ならぬ御骨折り下さいまして年老いし両親は誠に感謝の涙にたへぬ次第」だと語られる。「母《ツマ》は毎日西の空をば遙るかに伏し拝み」、私共は「御貴殿を生の神佛の様に神かけては感謝してゐる」と記された。

史料6は八月一日の日付で、北原泰作から松本に送られた書簡だが、年次が書かれておらず切手の消印も見えづらい（写真2）。文中、「井元君の手紙」で「八月廿日前後に中委が開かれる由」を知ったとあるから、井元麟之が中央委員になった一九三四年以降と予想され、松本や北原が獄中でない時期、父が存命中である（一九三六年二月に死去）ことなども踏まえ、一九三五年の八月だと考えられる。文頭「父母や姉妹は私の帰省を大変よろこんでくれました」とあるのは、六月に保釈された北原が岐阜へ帰省したことを語っているのだろう。

書簡では、中央委員会での「御上阪」に合わせて「御上京」も

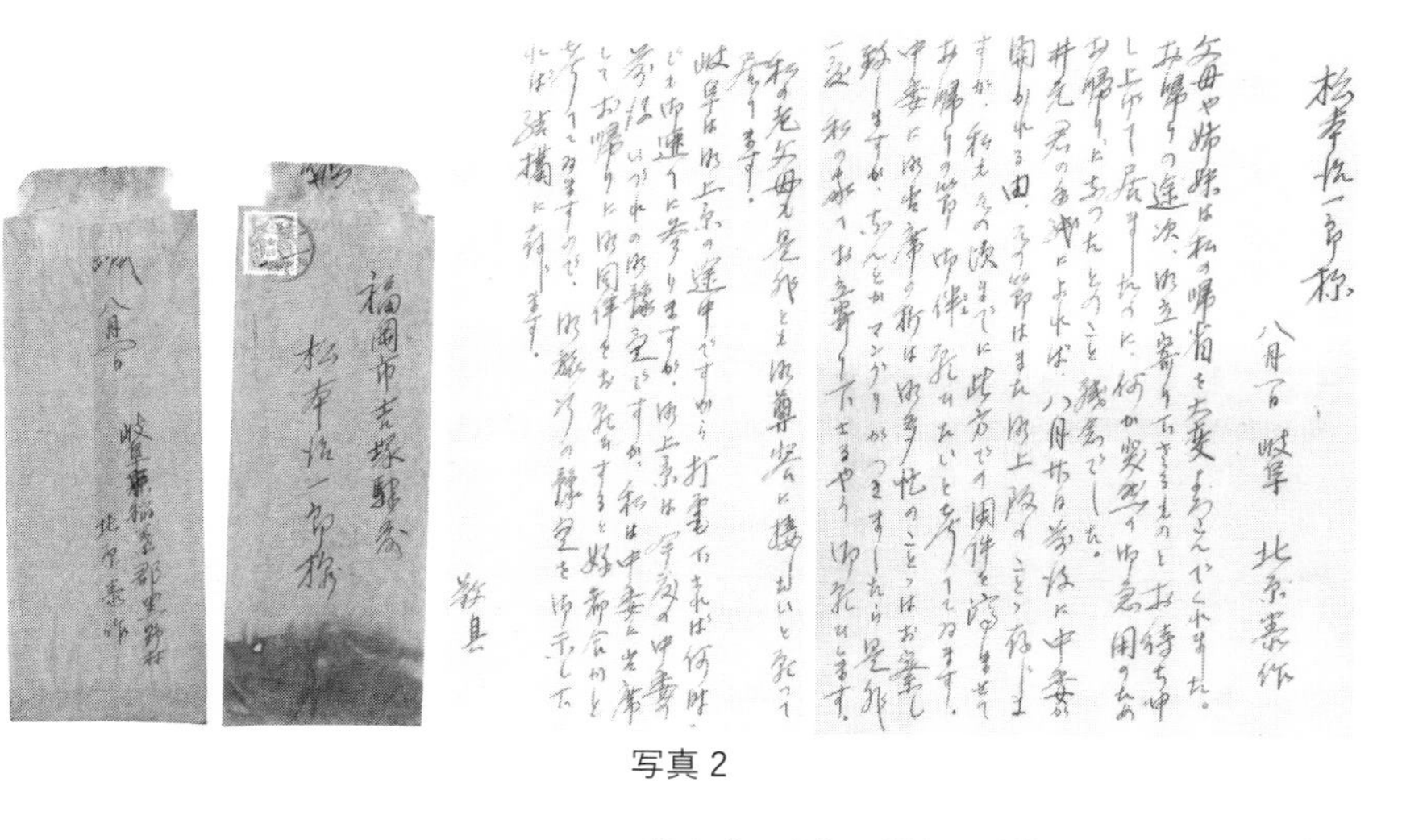

写真2

予想されるので、岐阜県はその途上だから「是非一度私の家へお立寄り下さるやうお願ひします」と述べられる。「私の老父母も是非とも御尊容に接したいと願って居ります」というのが一番の理由だろう。高齢の父母が、松本に大きな感謝を抱いていることは史料5で見たとおりで、その願いを叶えたいとする北原の思いが表された手紙といえよう。

北原は同年一〇月、先に述べた山田本蔵の妹三津と福岡市で結婚した。内輪による簡素な披露宴が三津の実家で行われたという。史料7は、そのことを泰作から聞いた父作蔵がお世話になった松本に、「尊き御方と遠くはなれた此方より伏し拝み感謝の涙に堪えへぬ次第」と感謝の気持ちを記したものである。本来は直接福岡に行き御礼申し上げるべきだが、年老いた身で遠方のことゆえ「御言葉にあまへ」大変失礼しますと結んでいる。

一九三六（昭和一一）年二月の衆議院選挙に向け、松本の選挙活動を助けていた北原に「父危篤」の報が届く。『賤民の後裔』によれば、北原は妻三津と帰省し「三日三晩」父を看病したが、父は枕元で二人に会えたから「これで満足した」、「松本さんにはお世話になった…選挙のお手伝いがだいじだ」と述べ、泰作を福岡へ帰らせたと記される。[*7] 北原は、「私はこのときほど父の愛情を強く感じたことはなかった」と記している。

ここで紹介した一九三五年次の書簡を見れば、父作蔵が最期に右のように語ったことも理解できるように思える。北原の記憶によれば、投票日の三日前に「父の訃報」が届き、松本は前回総選挙の敗北を乗りこえ初当選した。二月二一日松本当選の記念撮影に北原が写っていないのは、[*8] 訃報を受け取った北原が急きょ折り返し岐阜へ戻ったためであろう。

史料3　松本治一郎宛北原作蔵封書（一九三五年三月一六日）

謹啓

梅の盛りも早や過ぎ此頃は大変に暖く成って来まして年老いた私共には大層体の持様が宜しく成ってまいりました。其の後久しくご無沙汰致しましたが御貴殿様には何の御変りも無く御過しの事と御察し致します。私方二人も老いた身体にも似合はず仕極達者で働いて居りますれば何卒御休心成しくださいませ。

就きましては私方の泰作の事に付何かと御厄介に相成り実に恐れ入ります。私方の泰作がよく家へ便りを呉れる時にきっと御貴殿様には厚く〳〵御礼を父母より――――の御言葉□老いた父母には終い御無礼勝で誠に相済みません。

只今乱筆にて厚く御礼申し上げ候。

又々只今当方では家の泰作が九州で病に罹ってゐるとの風聞ありしかば此の父母は非常に心配して居る様な次第、御貴殿様方は何とかの御話承はりは致しませぬか、一寸御伺ひした様な次第で有り候。

先は右御伺ひ方々御礼迄

草々

作三拝

松本治一郎様

史料4　松本治一郎宛北原作三（作蔵）封書（一九三五年三月二五日）

北原作三より

松本様

拝啓春霞と申せ共寒さきびしく御座候。御貴傳様には御壮健之事と存じ候。私方無事御安心下され度く候。附ては一寸御伺ひ致しますが私方（せがれ）北原泰作事只今病気と風之たよりにて聞き毎日〳〵両親は非常に心配致し居り候。□ゐかに病気にても命年とあきらめ居り候。□正直なる所にて大至急御手数様に候共御通知下され度、先般も御伺ひ致したれ共只今にても返事も之無き次第故又御伺ひ致す次第故、誠に相すみませんが四六四（マヽ）九御返事願ひ度存じ候。先付願ひ迄

史料5　松本治一郎宛北原作蔵封書（一九三五年六月二五日）

拝啓初夏之候と相成り誠にすが〳〵しい時節となりました。皆々様には何の御変りも無く御過しの事と御察し致します。降って私方も日々何の変事も無く暮し居ります故多事乍ら御安心下さいませ。

就きましては愚息泰作の為に一時ならぬ御骨折り下さいまして年老いし両親は誠に感謝の涙にたへぬ次第で有ります。母（ツマ）は毎日西の空をば遙るかに伏し拝み御祈り致して居ります。母が此所暫く気分が悪しく又勝手乍ら田植時にて忙しくて御礼の御言葉も終い御無礼致した様な次第です。

何分遠方の事とて思ふ様にもゆかずどうしても貴方様方の御世話に相成らねば成りませぬ故今後共に宜しく御願ひ致します。父母は御貴殿を生の神佛の様に神かけては感謝してゐる次第です。

母も御貴殿の御蔭又愚息の為日頃氏神様へ日参致し居る様な仕末です。

先は取敢へず乱筆にて御礼方々御願ひ迄

敬具

作蔵

治一郎様

史料6　松本治一郎宛北原泰作封書（一九三五年カ、八月一日）

松本治一郎様

八月一日　岐阜　北原泰作

父母や姉妹は私の帰省を大変よろこんでくれました。お帰りの途次、御立寄り下さるものとお待ち申し上げて居りましたのに、何か突然の御急用のためお帰りになったとのこと残念でした。井元君の手紙によれば、八月廿日前後に中委が開かれる由、その節はまた御上阪のこと、存じますが、私もその頃までに此方での用件を済ませてお帰りの節御伴願ひたいと考へてゐます。中委に御出席の折は御多忙のこと、はお察し致しますが、なんとかマングリがつきましたら是非一度私の家へお立寄り下さるやう御願ひします。私の老父母も是非とも御尊容に接したいと願って居ります。岐阜は御上京の途中ですから打電下されば何時でも御迎へに参りますが、御上京は今度の中委の前後いづれの御予定ですか。私は中委に出席してお帰りに御同伴をお願ひすると好都合かと考へてゐますので、御旅行の予定を御示し下されば結構に存じます。

敬具

史料7　松本治一郎宛北原作造（作蔵）封書（一九三五年一一月四日）

謹啓

本格的の秋が訪れました。御尊家皆々様には何の御変りは御座いませんか御尋ね致します。降而私方二人は御蔭様にて豆で暮し居ります故多事乍ら御安心下されませ。

就きましては此の度息子泰作の結婚披露に就きまして一方ならぬ御世話に相成りました事を泰より聞きました。老いし父母は両親より一層に御骨折り下されし尊き御方と遠くはなれた此方より伏し拝み感謝の涙に堪えへぬ次第で有ります。一度参上の上厚く〳〵御礼申す可本意なれ共年老いし身に遠方の事とて甚だ勝手がましい事では御座いますが、今乱筆愚書を以って厚く〳〵〳〵御礼申し上げ候。御言葉にあまへ何しろ遠方の事とて今後共宜しく御依頼申し上げます。

先は右御礼方と御願迄　　　　　　　　　　　　　　　　　　　　　敬具

北原作造

松本様

注

＊1　拙稿「北原泰作と岐阜県民主同和促進協議会―『国民融合論』創出への地域的実践―」（『部落史研究』第三号、二〇一八年三月）。及び拙稿「国民融合論と北原泰作」（『近現代日本の部落問題』第三巻、解放出版社、二〇二二年三月）。

＊2　『部落問題解決過程の研究』全五巻、部落問題研究所刊、二〇一〇年一一月〜二〇一六年一一月。

＊3　朝治武「松本治一郎に宛てた礼状を読み解く―高松結婚差別裁判闘争と関連して―」（『リベラシオン―人権ふくおか―』第一七五号、二〇一九年九月）。

＊4　山下隆章「香川における高松差別裁判闘争―香川水平社は如何に闘ったか―」（『しこく部落史』第五号、二〇〇三年八月）。

＊5　北原泰作『賤民の後裔―わが屈辱と抵抗の半生―』（筑摩書房、一九七四年一〇月）、引用ページは二七三ページ。

＊6　同前、二七五ページ。

＊7　同前、二八九〜二九〇ページ。

＊8　同前、二八九ページ。

米田 富

九州でも活躍した全国水平社の創立者

駒井忠之

1 松本治一郎との出会い

米田富は、一九〇一年二月三日、奈良県宇智郡五條町（現五條市）大島で、父千崎富之助、母ソヨノの長男として生まれた。全国水平社創立者のひとりで、本名は千崎富一郎。後に母方の姓を選択し、米田富（以下原則として米田と書く）を名乗った。

全国水平社創立者のひとりである米田は、水平社を結成したものの、官憲の不当な干渉と融和団体の策動によって運動は必ずしも思いどおりには進まず、演説会の会場をひとつ借りるのにも苦労する状態だったと、当時を思い出しながら、松本治一郎（一八八七～一九六六年　以下原則として松本と書く）を紹介された時のことを次のように振り返っている。

運動に専従するわれわれ数名の同志は、堺市の故泉野利喜蔵君の宅に根城をかまえてよく話しあう日々があった。

そのころ同じく水平社の創立に参画した東京の平野小剣および私の同郷人で早稲田大学の暁民会に籍のあった人の紹介で、福岡県鳥栖の鳥居重樹が、九州と東京への行き帰りに堺に立ち寄って語り合うことがあった。この鳥居氏から「九州博多に松本治一郎という人がおり、水平社のことを話したら必ず積極的に運動に参加するに相違ないから、だれか九州に行ってはどうか」とすすめられていた。

（『部落解放運動と米田富』奈良県部落解放研究所）

写真1　左から花山清、松本治一郎、米田富。松本が出獄した1923年夏に福岡で撮影したものか。

「同郷人で早稲田大学の暁民会に籍のあった人」とはおそらく楠川由久のことであろう。楠川は、水平社の機関誌『水平』の編集などに携わった人物で「輪池越智」のペンネームでも活躍した。また、「福岡県鳥栖」とあるのは佐賀県の間違いで、回想という性質上、多少の思い違いがあるようだ。

米田は、すでに名前は知っていたもののまだ見ぬ松本とはどんな人だろうと想像しながら連絡船で門司に渡ったという。松本とのはじめての出会いを米田は感動をもって思い出すといい、「あの日、福岡署から徒歩で大名町の拘置所に手錠編笠姿で連行される私を追って、多くの部落の兄弟がともに歩いた。そしてつめたい麦茶を、手錠で動けない私の口にビンから注いでくれた。あの麦茶のうまかったこと、あの感動とともに、私にとっては生涯忘れることのできない思い出」だと振り返っている。

本稿で紹介する米田から松本への手紙はいずれも一九三四年のものである。時代的には、一九二八年の三・一五事件や全国水平社第七回大会での運動方針をめぐる混乱で水平社運動が沈滞していくなか、一九三一年の全国水平社第一〇回大会で全国水平社解消論の衝撃が走り、その後の高松結婚差別裁判糺弾闘争で再び運動が盛り上がる時代である。また、阪本清一郎や西光万吉といった水平社旧幹部派が、水平社運動とは距離を置いていく時代でもある。

米田の三つの書簡には、松本へのよびかけに「貴君」「貴殿」という変化もみられ、こうした変化には、阪本や西光と親しい関係にあった米田の心の機微が表れているのではないだろうか。

2 全国水平社と米田富

米田の父は靴直しだった。教育を十分に受けられず不自由な経験をしてきた父は、侮辱や差別を受けるような生き方をさせてはならないと米田に勉強を勧めた。恥ずかしい思いをしてきたことやそれに対する怒り、また自分への父の愛情や期待がそうさせたのだろうと米田は振り返っている。しかしそうした父への反抗心から、旧制中学への進学をめぐって衝突もしたという。

母は米田が一五歳の時に病気で他界した。「米田」は母の姓で、のちに「米田」を名乗るようになった。

尋常小学校時代、米田は学業も優秀で、郡長などから表彰を受けることもあり、学級委員長のような役割をまかされていたという。米田の成績を裏付ける表彰状などの資料が、奈良県の水平社博物館には多数残されている。

三年生になり分教場から本校に通うようになると、他の子どもから被差別部落の出身者を侮辱する蔑称でからかわれることもあり、学校の教員も露骨に差別はしなかったが、子どもたちの差別的な言動を注意することもなく、見逃しているように米田は感じていた。しかし、なかには自分たちに理解を示す教員もいて、米田はこの教員には反感を抱いたことはなく、忘れられない先生だと振り返っている。

また、虐められても守ってくれない上級生に対しても、米田は不満や反感を持っていた。その後差別に対する反抗心が一層強まり、高等科にすすむようになると実力で差別に対するようになった。学校へ向かう時の気持ちを米田は、「敵国へのりこむような気持ち」だったという。進学を勧めていた父への反発の背景には、小学校で受けていた部落差別があり、そうした苦しい体験をした米田は、進学すればますますひどい差別を受けるだろうと考えるようになり、旧制中学への進学を断念した。

尋常高等小学校を卒業した米田は青年団活動に熱を入れるようになり、各地で開催されていた雄弁大会にも出演するようになった。

水平社発祥の地となる奈良県の柏原では、一九二〇年五月、阪本清一郎、西光万吉、駒井喜作ら（以下、原則として西光、阪本、駒井と書く）が結成した燕会が低利金融や消費組合などの活動を展開していた。さらに燕会のなかには部落問題研究部が組織され、部落差別撤廃に向けた活発な活動も展開されていた。

一九二一年一一月二〇日、高田町青年団主催の雄弁大会に出場した米田は、その演説会で外来思想危険説を唱える弁士に反論しようと批判的な口調で「今日の日本の文化をもたらしたものはほとんどが外来思想ではないのか。仏教といいキリスト教といい、すべて外来思想でないものはない」「何人かの弁士が一概に外来思想は危険だというが、無条件の外来思想排斥論こそ危険ではないか」と演説した。このとき米田は臨検の巡査から「弁士注意」を受けそうになったが、「そうだ。在来思想必ずしも安全にあらず」と間髪入れずに援護する者があった。この「在来」を「外来」と聞き間違えて野次られたと勘違いした米田は、「だから必ずしもと言ったではないか」と反論した。米田がその時に深い印象を持ったというその人物こそ西光万吉だった。

その後日、所用で五條駅へ向かう途中で背の高い男とすれ違った米田は、なんとなく妙な感じを覚え、振り返った。すると、その男も同時に振り返った。その長身の男は西光の意を受けて米田を訪ねてきた駒井だった。雄弁大会で「在来」「外来」というやりとりがあった人物が西光万吉で、柏原の青年たちで組織を立ち上げて自主的な部落解放運動をすすめようとしていると駒井から聴いた米田は、眼から鱗が落ちたような気持になり、この運動に身を捧げて、生涯をかけようと誓った。

駒井の用件はもう一つあり、米田らが進めていた五條町須恵青年団主催の紀和青年雄弁大会での西光の演説時間を延ばしてほしいというものだった。米田はこれを承知し、一九二一年一一月二七日に紀和青年雄弁大会は開催された。西光は「金穀を脱ぐ」、駒井は「二つの経済組織」と題して演説し、米田も登壇した。

米田が西光と会ったのは柏原の西光寺だった。高田の雄弁大会での出来事や駒井からその人柄などについて聞いていたこともあり、初対面とは思えず、なんとも言えない「血のぬくもりを覚えた」という。こうして米田は水平社の創立に参画することになった。

西光が執筆した全国水平社創立趣意書『よき日の為めに』が発行され、水平社創立も間近に迫った一九二二年二月二一日、大阪市中央公会堂（中之島公会堂）で大日本同胞差別撤廃大会が開催された。西光万吉や駒井喜作などが演壇に立ち部落解放を訴えた。

そして米田と大阪の石田正治が、「京都へ！京都へ‼」と水平社創立大会への参加を呼び掛けるビラを二階席から撒いた。そのビラには、「そして、いかにも彼等――即ち吾々の社会群――が集合する事は当然であると思はれた時、そこからも、差別の氷を溶かす暖かさが流れるでせう／皆んなしてもつと暖い人の世をつくり度いものです。／京都へも御集り下さい」と、書かれていた。

平野小剣の回顧によると、水平社創立大会を目前に控えた二月二八日、米田、南梅吉、阪本、西光、駒井、桜田規矩三、近藤光、平野小剣の八人が京都駅近くの宮本旅館の二階に集まった。南と阪本が創立大会の進行、駒井は内外との交渉、桜田は来訪する部落民との懇談、西光と平野は関係文書の作成と、それぞれ個性を生かした役割を果たした。ここで米田は新聞記者への応対を担当した。この対応がよかったのか、翌日以降、全国水平社創立大会を報じる記事が相次いだ。

一九二二年三月三日、京都市公会堂において全国水平社の創立大会が開催された。公会堂の正面には「三百万人の絶対解放、特殊部落民の大同団結、全国水平社創立大会、午後一時より」と大書された垂れ幕が下げられ、会場には「解放、団結、自由」と書かれた幟《のぼり》も翻っていた。南梅吉が開会の辞を述べて座長席につき、阪本清一郎が経過を報告、桜田規矩三が「綱領」を読み上げた。そして「人の世に熱あれ、人間に光あれ」と駒井が全国水平社創立宣言を朗読し終えると、会場は大拍手と歓呼となった。その後米田が、「吾々ニ対シ穢多及ヒ特殊部落民等ノ言行ニヨツテ侮辱ノ意志ヲ表示シタル時ハ徹底的糺弾ヲ為ス」など、三項目から成る決議を提案し、綱領、宣言、決議のすべてが可決された。

大会後、別館に移動して開催された代表者協議会で、南梅吉が中央執行委員長に選ばれ、その南の指名によって米田は、阪本、西光、駒井、桜田規矩三、近藤光、平野小剣、泉野利喜蔵とともに中央執行委員に就任し、また出版部の責任者となった。

3 全九州水平社と米田富

松本は、一九二三年一月、嘉穂郡出身の柴田啓蔵との出会いを通じて水平社運動に加わることになった。

一九二三年五月一日、博多座で全九州水平社が創立され、大会で松本は執行委員長に選出されたが、この時その身柄は獄中にあった。松本が営んでいた土木・建築業の受注をめぐる他の業者との対立から、相手側のひとりが死亡する乱闘事件が同年三月に起こっていた。この事件で松本組から一六人が逮捕され、松本は福岡警察署から呼び出しを受けた。そこで松本は全九州水平社創立の延期を持ちかけられたが、当然断った。

すると今度は、「裁判所へ行くなら、身柄を引き受けるという条件で、拘留中の一六人を釈放する」と松本は誘いかけられた。この言葉を信じて福岡地方裁判所に向かった松本はそこで拘留され、同構内にあった福岡刑務所土手町支所に収監された。松本が釈放されたのは六月二五日だった。

一九二三年三月の全国水平社第二回大会の後、奈良では差別事件をきっかけに水平社と国粋会が対峙する水国争闘事件が起こっていた。

米田は、五月一日の全九州水平社創立の応援に駆けつけ、福岡県筑豊の花山清宅（全九水本部）に滞在していたが、急遽五月六日に開催された鞍手郡西部水平社大会に出席した。そして、島本信二代議士による差別事件が飯塚で起きた。「わが党が普選実施に反対の意を表した理由は民度いまだそこまでに到達していないと存ずるからである、もし、いまのような情勢でこれを実施するとなれば、それこそエタにも乞食にも選挙権を与えなければなりません」などと演説した島本代議士を、米田は徹底的に糾弾した。この事件に関連して米田は熊本の演説会などで熱弁をふるったという。

その後六月二〇日、米田は「治安警察法違反」で福岡刑務所土手町支所に収監されることとなる。『九州日報』はその時の模様を、「福岡市外堅粕町松園に於て開かれた水平社演説会の際演説中止を命ぜられ之に応じなかつたとて治安警察法に依り福岡検事局長谷川検事の拘引状を執行され福岡刑務所土手町支所に収監」と報じている。

同じ刑務所でひょっとしたら松本に会えるかもしれないと米田は少し期待もしたが、ふたりが顔を合わせるのはともに出所した後のことだった。

4 総本部派と旧幹部派の動向

一九二八年の三・一五事件で西光をはじめとする多数の水平社幹部が検挙され、その後五月に開催された全国水平社第七回大会は運動方針をめぐる論争から混乱に陥り、不成功に終わっていた。翌一九二九年一一月に開催された第八回大会で運動の統一と団結が回復したものの、警察がデッチ上げた「福岡連隊爆破陰謀事件」によって有罪が確定した松本が一九二九年五月から一九三一年一二月まで獄中生活をおくることになり、水平社運動は停滞した。さらに一九三一年九月の「柳条湖事件」を契機とした「満州事変」は社会運動全体に深刻な影響を与え、水平社も例外ではなかった。その年の一二月に奈良県で開催された全国水平社第一〇回大会で、全国水平社解消論をめぐって激しい論争が巻き起こったのである。共産主義思想に立つ朝田善之助や北原泰作らが作成し、九州連合会の井元麟之が提起した「水平社解消意見」の骨子は、全国水平社の労働者は労働組合に、農民は農民組合に組織されるべきだというものであった。しかし、全国水平社総本部で主導権を握る社会民主主義思想に立つ非解消派はそれを否定し、両者が激しく対立する大会となった。

一九三二年三月に解消派が結成した全国水平社解消闘争中央準備委員会は、一九三三年の全国水平社第一一回大会を前に、水平社員だけではなく未組織の部落民も含めた大衆闘争が重要であるとし、水平社が前面に出るのではなく、大衆のなかから実行委員を選出してさまざまな交渉にあたる部落民委員会活動の展開を呼びかけた。

全国水平社解消意見は、「福岡連隊爆破陰謀事件」による刑期を終えて出獄した松本治一郎が反対意見を示したことで衰退したが、部落民委員会活動の闘争形態は高松差別裁判糺弾闘争で生かされることとなった。さらに一九三四年七月一日には井元麟之が中心となり、米田、朝田善之助、泉野利喜蔵も加わって作成した『部落委員会活動に就いて—全国水平社運動を如何に展開するか』（全国水平社常任中央委員会編）が発行された。

この頃、獄中で共産主義から転向し一九三三年二月に仮釈放された西光は、水平社運動に復帰することなく、一九三四年三月に大日本国家社会党に入党し中央常務委員となった。水平社創立の中心人物だった阪本も、一九三四年四月の全国水平社第一二回大会を最後に水平社運動の表舞台からは姿を消し、同年九月には『街頭新聞』創刊号を西光、米田とともに発刊することになる。水平社創立時から二人と親交の深かった米田も、一九三五年五月に開催された全国水平社第一三回大会で高松差別裁判糾弾闘争が成功ではなかったと暗に批判し、水平社運動から退いていくのである。

5　松本治一郎への手紙

香川県鷺田村馬場の青年が、部落民であることを告げずに結婚したことが結婚誘拐罪に問われる事件が起こった。一九三三年五月二五日、高松地方裁判所で初公判が開かれた。公判で白水勝起検事が「特殊部落民でありながら自己の身分を秘し」と差別論告をおこない、六月三日、二人に有罪判決が下された。この差別裁判を発端として、全国水平社は全国的な糾弾闘争を展開した。

この闘争で、松本は自由法曹団と労農弁護士団の協力を取り付け、全国水平社中央委員会議長として糾弾闘争の指揮を執り、また、米田は糾弾闘争委員会常任全国委員を務めるとともに請願隊団長として司法大臣や検事総長らと会い、ともに闘争を勝利に導いた。

高松地方裁判所での差別裁判に対する全国水平社香川県連合会の対応は早かった。全国水平社も六月二四日から現地に乗り込んで闘争を指揮し、全国水平社の松本議長らと弁護団が司法大臣に抗議し、事件の真相調査を約束させ、差別裁判の取り消しを求めて署名活動を全国的に展開して世論を盛り上げた。さらに米田を団長とする請願隊は一〇月一日から一九日まで、博多から東京に向けて列車で移動しながら差別裁判取消請願行進を行った。東京に到着した翌日一〇月二〇日、全国水平社は司法大臣と会見し、裁判の差別性を指摘し厳しく抗議したが、大臣は誠実に対応しようとはしなかった。この時の法相の態度を米田は「追及に行き詰ると、調査中であるとか見解の相違であるという言葉を連発し、誠意どころか全く権力の象徴であるが如き態度」だったと振り返っている。

さらに全国水平社は一一月八日に林頼三郎検事総長とも会見し、非常上告を要求した。しかし林は、判決中には法律に背くような点はないと回答し、全国水平社がいくら追及しても姿勢を変えようとしなかった。それでも二人は刑期より早く仮釈放され、一二月二六日には、白水検事が京都の福知山区検事局に転任になった。こうした一連の措置は司法省がこの闘争の収束を図ろうとするものだった。

高松結婚差別裁判糺弾闘争の展開で、東京に到着した請願隊の糺弾闘争を支えるための宿舎は、東京の深川武が用意した。高松結婚差別裁判糺弾闘争は一九三三年一二月に一定の成果を獲得したことで一応の収束をみた。当然東京での請願隊の任務も終了となったはずであるが、史料1からはそののちも家主の厚意に預かっていたことがうかがえる。全国水平社にとっては、東京における活動の拠点としてその宿舎が果たす役割や機能が大きく、水平社運動で全国を駆け回っていた活動家にとっては重要な足場となっていたのではないだろうか。

史料1は、米田が松本に送った一九三四年六月二六日の手紙である。高松結婚差別裁判糺弾闘争の展開で、東京に到着した請願隊の宿舎について米田は、「東京では、浅草の今戸に住んでいた深川武君が近所の空家を二軒借りてくれた」と振り返っている。この手紙には、請願隊が使用したこの宿舎をめぐっての相談事が記されている。

手紙からは、宿舎の貸借をめぐって「定額を決定して借入れるなり又は明渡すなりハッキリとするから今暫く猶予して呉れ」とお願いする米田に対して、家主の側の管理人は「十二月からそんな話ばかり聞いて居る」と返答していることがわかる。

しびれを切らした管理人が、深川や米田と家主との間で板挟みになって困っていると言ったり、また、宿舎を手配した深川の立場が悪くなるような噂を立てたり、言葉巧みに、あの手この手で深川や米田に返答を

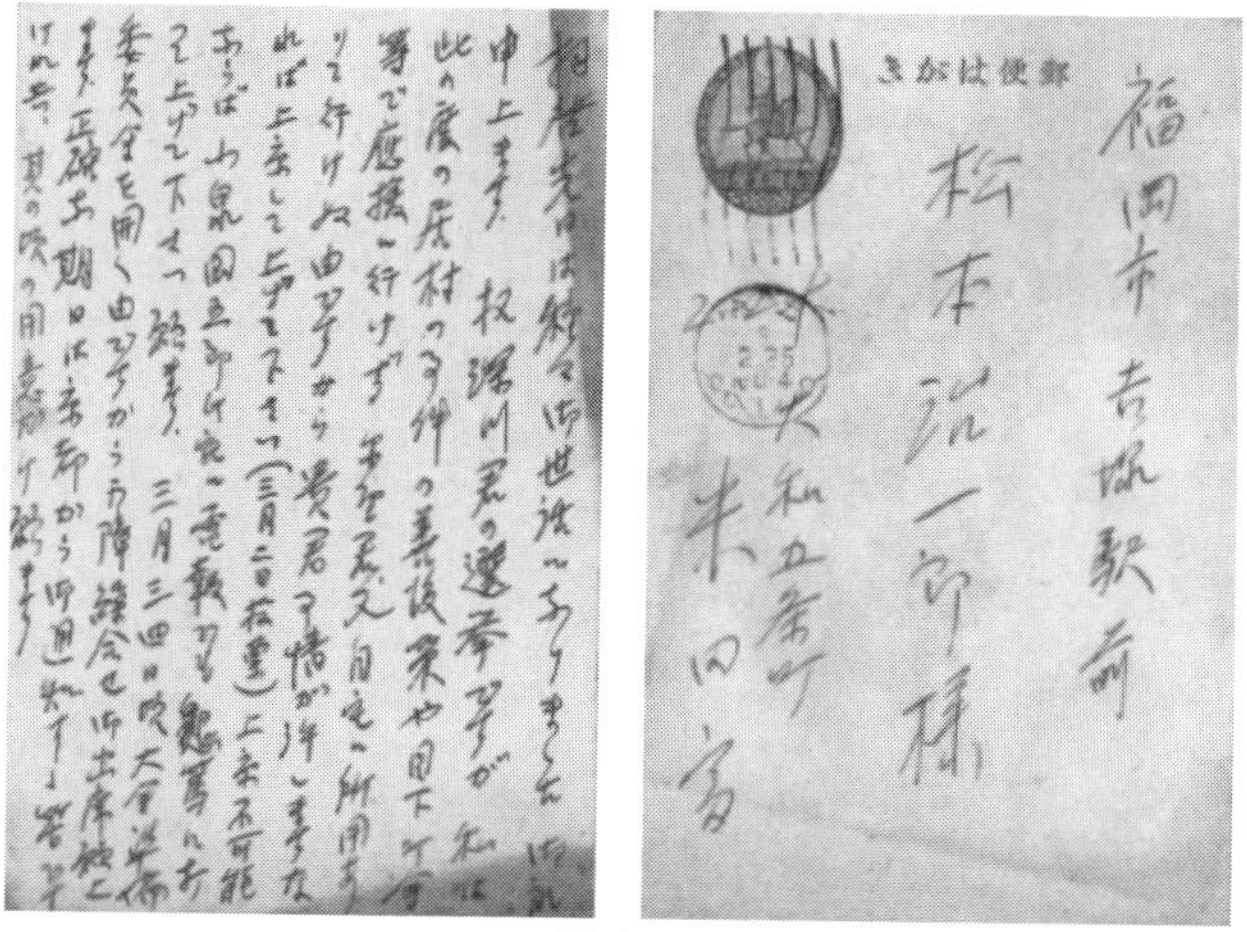

写真2

迫る様子が目に浮かぶように叙述され、切羽詰まったこの状況の打開を求めて米田が松本に懇願している手紙の描写が興味を引く。

高松結婚差別裁判糺弾闘争はその後、白水検事が何ら反省の意思を示すことなく赴任してきたため、この問題は一九三四年四月の全国水平社第一二回大会でも取り上げられ、糺弾闘争の推進が決定された。これを受けて米田、朝田、井元ら中央委員と地元の代表らが福知山区裁判所で白水検事に、自身で態度を決する「自決要求書」を直接突き付けた。その後も展開された一連の闘いにより、一二月、白水検事は福島地方裁判所平支部兼平区裁判所に再び転任となり、高松結婚差別裁判糺弾闘争は実質的に終息した。この高松結婚差別裁判糺弾闘争は、全国水平社史上における最大の、また、水平社運動を象徴する糺弾闘争であり、この闘争を通して全国水平社は、差別糺弾闘争の重要性を再認識することになった。

史料2は、東京での糺弾闘争を終えた後の一九三四年二月の葉書（写真2）である。史料1の手紙の四カ月前に出されたもので、浅草区議会議員選挙に立候補した深川武の選挙応援を、米田が熱心に松本に求めている。松本がこの米田の手紙に呼応したのかどうかはわからないが、残念な結果に終わった深川が選挙の結果とともに、「多大なる御援助を賜はり且つ又御陣中御見舞」をいただいたと、その謝辞を述べた手紙を松本に送っている。深川は一九三八年、浅草区議会選挙に三度目の立候補で初当選を果たした。

史料3に登場する難波英夫は一八八八年岡山県生まれで、一九二一年に大阪時事新報社の社会部長となり、一九二二年に米田らの訪問を受けて全国水平社創立に協力したことで知られる。その後は一九二八年に日本共産党に入党、一九二八年の三・一五事件では逮捕を逃れてソ連にわたったが、一九二九年に治安維持法違反で逮捕された。釈放後は細々とした生活をおくることになるが、そんな生活のなかでも西光万吉などと交流を続けた。手紙は一九三四年のもので、松本への依頼事について難波が米田にその仲介を頼んでいるが、「福岡縣の産業等の出版物」の入手は口実で、生活に余裕のない自身の窮状を察してもらいたいとの一縷《いちる》の思いもそこには込められていたのかもしれない。米田の「生活補助のための内職」などの表現も、難波のおかれている状況や心情をほのめかしているのではないだろうか。

本稿で取り上げた書簡はこうした状況や経過のなかで米田が松本に送っているのであるが、米田は松本のことを「貴君」、「貴殿」と記している。使い分けられているのかどうか定かではなく、その推察も困難であるが、「貴君」は書簡などで対等以下の相手に対して尊敬の気持ちを込めて用いる言葉で、「貴殿」は尊敬の二人称で、対等もしくは目上の相手を高めて指し示す語とされている。松本は一八八七年六月生まれ、一九三四年時点では四六、七歳、米田は一九〇一年二月生まれで同じく三二、三歳。水平社運動でいえば米田は創立者で当時は中央委員(一九三四年四月の全国水平社第一二回大会からは常任中央委員)、松本は当時全国水平社の中央委員会議長(同じく第一二回大会からは中央委員長)である。

呼び方には相手との人間関係やその距離感、また親密さが少なからず影響を及ぼすことは言うまでもない。今回紹介する書簡だけでみると西光が大日本国家社会党に入党し、阪本が水平社運動と距離を置くようになる第一二回大会前まで、米田は松本を「貴君」(史料2)と呼び、その後は「貴殿」(史料1)と呼んでいる。無理を承知でこの表現の違いについて推察するのであれば、米田としては、松本は年上で役職も議長を務めているが、水平社運動をけん引する同志だとの思いから敬愛を込めて「貴君」と表現していたのではないだろうか。それが、創立時から親交が深い阪本や西光が水平社運動と距離を置くようになると、より近しい関係で盟友ともいえる阪本や西光との関係性を重視し、徐々に自身も全国水平社とは距離をおくようになったことから、少しよそよそしさのある「貴殿」との表記になったのであろうか。さらなる史料の調査と解明が必要である。

全体的に見れば、米田から松本への手紙はいずれも、自身も関係しているその相手の窮状を解決するための救済や支援を求める内容となっている。米田富の手紙は救済や支援が利己的ではないという点に特徴がみられる。

史料1　松本治一郎宛米田富封書（一九三四年六月二六日消印）

拝啓其の後ご無沙汰して居ますお変わり御座いませんかお伺い申上ます。

私党の委員会で一昨日こちらに参りました。本月十日以後堺の演説会に御出席の様な御話でしたから或はこちらへも御越しになつてるかも知れぬと思って居ましたが遂にその事なく残念でした。

所で例の請願隊宿舎の事ですが最近白旗氏と差配人とが屢来て家の事を喧しく言ふ相ですが、昨日も私の居る時に二人で着ての話に、引続きご使用になるならばそれでも宜しいからハッキリ決定して家主に報告の出来る様にして欲しいとの事でしたが、此の意味は家借料を定めてキチン〻（キチン）と普通の借家の如くに支払って貰いたいと言ふ事です。

それで私も運動が継続して居て打切る機会が摑めなかったのでツイ其のまゝになっては居るが最近に松本氏も上京される筈だから其の上で定額を決定して借入れるなり又は明渡すなりハッキリとするから今暫く猶予して呉れと頼みましたが先方は十二月からそんな話ばかり聞いて居るので家主の方へは其の話が決定してから報告する考でそのまゝにして放任して来たので家主の方では家が空いて居る事になって居てそれに借家希

望者が多数行くので家主から私等へ照会があるが其の返事に窮して居るのだとの口実で相当強硬に主張しますので一寸持余し気味で居ました。結局最近貴殿が御上京される筈との理由で一時的に引取らせましたが深川氏の話では右の白旗氏等は深川氏を恰も計画的に家を占領しようとした如き謀叛人の如く吹聴して廻られて誠に迷惑して居るので前記の事情を書いて何とか解決方を御願すべく貴殿へ手紙を出したのだが一度も御返事がないので困って居るから私にも『偶然家主側の談判に居合せて実情を知ってるのだから真の様子を書いて貴殿に訴へて呉れ』と言われますので本書を差出す次第ですが、失費多端の折柄何とも恐縮の至ですが此の際至急に何とか決定して深川氏の立場を作って上げて下さい。先方は都会人で人情希薄ですからこちらの気持を汲取る雅量はありませんから永引けば後でウヤムヤにされるものと思って喧しく言って来るものと考ます。深川氏の話では明日頃又来るだらうと言って嘆息して居ますから本書着次第何とか御返事を是非して上げて下さい。呉れ〻（呉れ）も御願申上ます私今夜出発帰郷致します

先は右御願迄

六．二六

深川方米田富

松本委員長殿

白砂君は大会に帰郷したま〻上京しません

藤田君は数日前千葉へ行って不在ですが両君共二月上旬から深川氏方で食事をして居たとの事です。

史料2　松本治一郎宛米田富葉書（一九三四年二月二四日消印）

拝啓先日は種々御世話になりましたお礼申上ます。扨、深川君の選挙ですが私は此の度の居村の事件の善後策や目下打会等で応援に行けず泉野君又自宅に所用ありて行けぬ由ですから貴君事情が許しますなれば上京して上げて下さい（三月二日投票）上京不可能ならば小泉岡五郎氏宅に電報でも懇篤に打って上げて下さ

い、願います。三月三四日頃大会準備委員会を開く由ですから万障繰合せ御出席願上ます。正確な期日は京都から御周知する筈ですけれ共、其の頃の用意だけ願ます

敬具

史料3　松本治一郎宛米田富葉書（一九三四年八月二三日消印）

暑中御伺申上ます御無沙汰して申訳ありません御変りありませんか。先日の演説会は突然の事であったので失礼しました。扨東京の難波英夫氏から福岡縣の産業等の出版物を手に入れたいから貴殿に御依頼して呉れと言って来ました。同氏からも貴殿へ直接手紙が届きますが出来るだけ便宜を計って上げて下さい。生活補助のための内職です同氏へ早速御返事を上げて下さい

参考文献

『部落解放運動と米田富』奈良県部落解放研究所　一九七七年

師岡佑行『米田富と水平社のこころ』阿吽社　二〇〇一年

『西日本人物誌〔一六〕松本治一郎』福岡県人権研究所　二〇〇三年

朝治武『全国水平社1922-1942』ちくま新書　二〇〇二年

泉野利喜蔵

全国水平社総本部を預かる自負と煩悶

渡辺俊雄

1 泉野利喜蔵の人となり

戦前の水平運動を支えた幹部活動家の一人に、泉野利喜蔵《いずのりきぞう》がいる。筆者は泉野について、かなり以前のことになるが「泉野利喜蔵の足跡」[*1]で初めて言及し、その後もいくつかコメントしたが[*2]、近年は筆者の怠慢のために深められていない。

最近になり、福岡県人権研究所のご厚意により、同研究所に寄託されている松本治一郎旧蔵資料（仮）のうち、泉野利喜蔵が松本治一郎等に宛てた書簡を見る機会を得た。まずもって、同研究所にお礼を申し上げる。松本治一郎等宛の書簡は計三四点にのぼるといい、そのうちの五通はすでに『リベラシオン』で紹介されている[*3]。泉野が生まれ育った地元には水平運動関係史料がほとんど残存していないことを考えると、これらの書簡は泉野の個人史のみならず水平運動史研究の上でも極めて重要な史料となるものである。

本稿では、まだ紹介されていないものを含めて松本治一郎等宛の書簡からうかがうことができる一九三〇年代前半から半ばの泉野利喜蔵の姿を、泉野と松本治一郎との距離感などを意識しながら探ってみたい。

泉野利喜蔵は一九〇二年四月九日、大阪府泉北郡舳松《へのまつ》村（現在の堺市）の被差別部落に生まれた。若い時からムラの青年たちを集めて一誠会を組織して勉強会を始め、大日本同胞差別撤廃大会への参加を経て、全国水平社の創立に関わることになる。地元では舳松水平社を組織したが、舳松村には泉野を慕って水平社の活動家がしばしば集った。水平社創立後の比較的早い時期に舳松村で撮影されたと思われる写真[*4]には泉野やその父・熊太郎をはじめ、中西千代子・篠崎蓮乗・西光万吉・平野小剣・近藤光・米田富・駒井喜作・楠川由久・石田正治・山田孝野次郎など多彩な活動家がくつろいだ表情で収まっており、当時の泉野を取りまく人間模様や初期水平運動の雰囲気を伝える写真として印象的である。

泉野はしばしば「巨軀雄弁の人」と称された。巨体を揺らしながらの演説はうまく、聞く人を唸らせたらしい。しかも泉野は社会科学を勉強し、理論家でもあった。全国水平社の機関誌『水平』創刊号に「虐げに飽いた吾等の運動」を、第二号には巻頭言「謎を解く勇者」と「階級制度の犠牲者であった部落民の運動」を掲載した。一九二四年六月に創刊された『水平新聞』では、その冒頭に「第二期運動の意義」を書いている。そして泉野は水平社の組織を拡大するために、各地を飛び回ることになる。

ところで、泉野が松本治一郎と初めて会ったのはいつなのか。髙山文彦は『水平記』のなかで、一九二三年に泉野が阪本清一郎とともに福岡を訪れて松本に会ったことを紹介している[*5]。それが事実であれば、泉野が松本と最初に出会ったのは一九二三年の二月頃ということになる。そして一九二四年末には泉野はいわゆる遠島スパイ事件のあおりを受ける形で、いったん中央執行委員（理事）を辞任するが、各地へのオルグ活動は続く。

一九二五年五月に予定されていた全国水平社第四回大会を前にして、泉野は阪本清一郎、西光万吉、米田富、田中佐武郎とともに長文のビラ「第四回大会に当面して」を作成・配布して、組織の統一と団結を訴えた。その第四回大会で松本治一郎は議長に就任した。同大会以降、組織内では一九二四年一二月に結成された全国水平社青年同盟などボル派が影響力を増すが、泉野は引き続き全国水平社の中央委員として名を連ね、西光万吉を部長とする教育部の専門委員に高橋貞樹とともに選出された。

しかし一九二六年のほぼ一年間、泉野は水平運動の表舞台から姿を消す。一九二三年に奈良県で起きた水平社と国粋会との争闘事件の被告となり、一九二五年一二月に駒井喜作とともに懲役一年の実刑判決が確定し（上告棄却）、翌二六年一月に奈良刑務所に下獄したからである。いつ泉野が出獄したのか確認できないが、出獄後の一九二七年二月、泉野は関西水平社暴圧反対協議会の常任委員に選出されるなど、ボル派に近い立場で活動していたように見受けられるが、同年末に予定されていた全国水平社第六回大会直前の『水平新聞』第一九号（一九二七年一一月）では「大会を前にして／一切の差別を無くするために全国の部落民団結せよ」と呼びかけた。

そして一九二八年、三・一五事件でボル派の主要な活動家が検挙された後には、泉野は第七回大会の準備委員の一人に選任され、それまでのアナ・ボル対立を越えた新しい運動方針の提起と組織の再建に他の旧幹部とともに奔走し、以後の全国大会では運動方針の提案などに当たることになる。松本治一郎は一九二九年から三一年まで福岡聯隊爆破陰謀事件で下獄しており、泉野は全国水平社のなかで中心となる幹部活動家として次第に重要な位置を占めていくようになる。

泉野は、若い活動家からの信頼も厚かった。泉野と同じ舳松村に生まれた卒田正直は後に、青年たちは西光万吉を教祖のようにあがめ、阪本清一郎を理事長のように信頼し、泉野利喜蔵を司令官のように尊敬したと述懐している。[*6] なお泉野は一九二九年に堺市会議員選挙に立候補して当選するが、この時には日本大衆党から立候補していた。

一九三一年、全国水平社第一〇回大会で水平社解消論が提起されたときには、その反対論の矢面に立つ。髙山文彦は北原泰作の自伝『賤民の後裔』から「泉野は心配のあまり朝田と私の真意をたしかめた。私たち

写真１　第11回大会記念写真　２列目中央に松本治一郎、その右に泉野利喜蔵、朝田善之助、北原泰作、泉野の前は井元麟之、松本の左に布施辰治、上田音市。上田の後ろに米田富、その左に山本利平。看板の前に立っているのは深川武。全水九州連合会本部の前で。

は、水平社の即時解消を主張するのではなく（中略）と説明した。泉野はそれを聞いて安心した[7]」という北原の言を紹介しているが[8]、「安心した」とは泉野が水平社解消論に理解を示し賛成したという意味ではないだろう。泉野としては解消論を唱える活動家を切り捨てるのは容易なことだが、どうにかして解消派を抱き込み離反を防ぎながら、組織の統一と団結を維持しようとした言葉だったと考えられる。

そうした解消派と非解消派との対立をはらみながら、翌年には全国大会を開催することができず、一九三三年の第一一回大会と高松結婚差別裁判糾弾闘争を迎えることとなる。『写真記録 部落解放運動史』[9]に掲載されている当時の集合写真1などをみると、泉野が松本治一郎の傍らに座る写真が多くみられる。泉野はすでにこの頃には全国水平社のなかで、松本と並んで欠かせない中心人物として多くの人びとに認知されていたように思われる。

2　泉野利喜蔵関係書簡等の概略

このほど筆者が見る機会を得た松本治一郎等宛の書簡は三七通にのぼる。形式は封書（三銭）・封緘葉書（三銭）・葉書（一銭五厘）など、多様である。封緘葉書とは現在の郵便書簡で、当時は封書と同じ値段だったようだが、あらかじめ封筒や便箋、切手を買い求めて用意しなくてもよかったから、旅先などから郵送するのには便利だった。

時期は一九三三年から一九三六年のもので、泉野利喜蔵は三〇歳をわずかに越えたばかりの頃である。その内容は多岐にわたる。その主なものは泉野自身が松本治一郎宛に書いた書簡で（二一通）、本稿が主に取り上げたのはこれらの書簡である。それ以外に泉野が米田富や建設業松本組の支配人である山田本蔵に宛てた書簡（四通）、泉野利喜蔵の弟である三男三《みおぞう》などが松本等に宛てて書いたもののうち文面で泉野について触れている書簡（一〇通）、それ以外には水平運動に関するチラシなどの史料（二通）も含まれている。史料としては例えば、一九三三年五月に泉野の父・熊太郎が死去したが、その際に全国水平社総本部が九州聯合会宛に送った告別式の案内状などがある。

泉野が松本治一郎宛に送った書簡の宛先は、手元にある書簡ではすべて福岡市吉塚駅前となっており、宛名は松本治一郎殿または松本治一郎様となっている。なかには封筒の表に「至急」あるいは「大至急」と書かれた書簡もある。

書簡のなかには、赤字で「航空」と書かれたものがあり、一八銭分の切手が貼られている（一九三五年八月三一日）。この書簡は恐らく井元麟之が書いたものと推測されるが、書簡本文の冒頭には井元の名前と並んで泉野の署名がなされている。書簡を書いたのは井元だが、その内容については自分（泉野）も了解している、ということだろう。

差出人（泉野）の住所の多くは堺市の自宅になっているが、ほかに「大阪駅にて」とした葉書もある（一九三五年一月二八日）。東京出張中に送った書簡には、「在東京」あるいは「在京」とある。「東京市麹町区内幸町壱ノ五（日比谷公園南側）」の住所が印刷された旭館という旅館の便箋と封筒を利用した書簡もある（一九三五年三月一九日）。東京出張中の定宿だったのだろうか。

松本治一郎宛の書簡を読み進めて気づくことは、かなり頻繁に「被下度候《くだされたくそろ》」といった候文で書かれた書簡があることだろう。そこには一五歳年長者であり、全国水平社の重鎮である松本に対する泉野独特の距離感が表れているように思える。『リベラシオン』[*10]には泉野以外の人びとから松本宛の書簡も紹介されており、このうち藤原権太郎からの書簡や花山清からの書簡[*11]にも候文で書かれたものが見られる。藤原権太郎は一八九三年生まれ、花山清は一八九六年生まれで、それぞれ泉野より年長であるという。

泉野が書いた直筆の史料としては、一九二六年に獄中にあった時期に書いたと思われる奈良の岩崎水平社宛の葉書が、泉野の地元・堺市にある舳松人権歴史館に残されている。これも毛筆でかつ候文で書かれており、そのことは泉野が若い時期から候文を書くことに馴染んでいたことを示している。一九〇二年生まれだった泉野が日常的に読んだり書いたりする文体が候文だったとは考えられず、どこかでそうした読み書きの素養を身につけていったと思われるが、詳細はわからない。

また書簡はおおむねインク（ペン）で、時に鉛筆で書かれている。筆跡を見るとインクの色もいろいろあり、文字の太さもまちまちだ。これは恐らく筆記具の違い、ペン先の硬さの違いによるものだろう。泉野が一つの万年筆を愛用していたということもなさそうだが、これ以上の推測は筆者の能力を超える。

毛筆で書いた書簡も二通残されている（一九三五年一月七日＝写真2、同年四月一六日）。また書簡のほぼすべてが楷書ではなく、自己流ながらくずし字を多用した文面になっている。そのことがそれを判読する者を苦しめているのだが、毛筆で、しかもくずし字を使った候文で書簡を書くこと、そしてそうした書簡を読んで内容を理解することができたことは、泉野や松本など活動家の、当時の読み書き能力の高さを示しているのかも知れない。

これと関連して当時総本部で書記をしていた草香一介が、一九三〇年代に大阪の総本部に掲げられていた看板「全国水平社総本部」の文字は泉野が書いたものだと語っている。[*12] 前掲『写真記録 部落解放運動史』に掲載されている写真[*13]に写っているのが、その看板だと推測される。

泉野と松本との距離感を示すもう一つの例は、書簡本文の末尾にしばしば使用されている「松本治一郎殿　侍史」という結語だろう。一九三五年に書かれた書簡等に多く出てくる。「侍史」は「大兄」などよりもさらに強く相手に対する尊敬の念を示す言葉であり、泉野が松本に対して全幅の信頼を置いていた心情を表していると読み取れる。この点は、『リベラシオン』に紹介されている泉野以外から松本に宛てた書簡を見るかぎり、ほかには見られない泉野の書簡の特徴と考えられる。その一方で、本文末に「サヨナラ」とカタカナで書くといった砕けた表現も見受けられる。

3 闘いの渦中から

さて、松本治一郎宛の泉野利喜蔵の書簡からまずうかがえることは、泉野利喜蔵がさまざまな闘いに奔走し、その渦中から闘いの経過や感触を松本治一郎に書き送っていることである。こうして諸闘争の

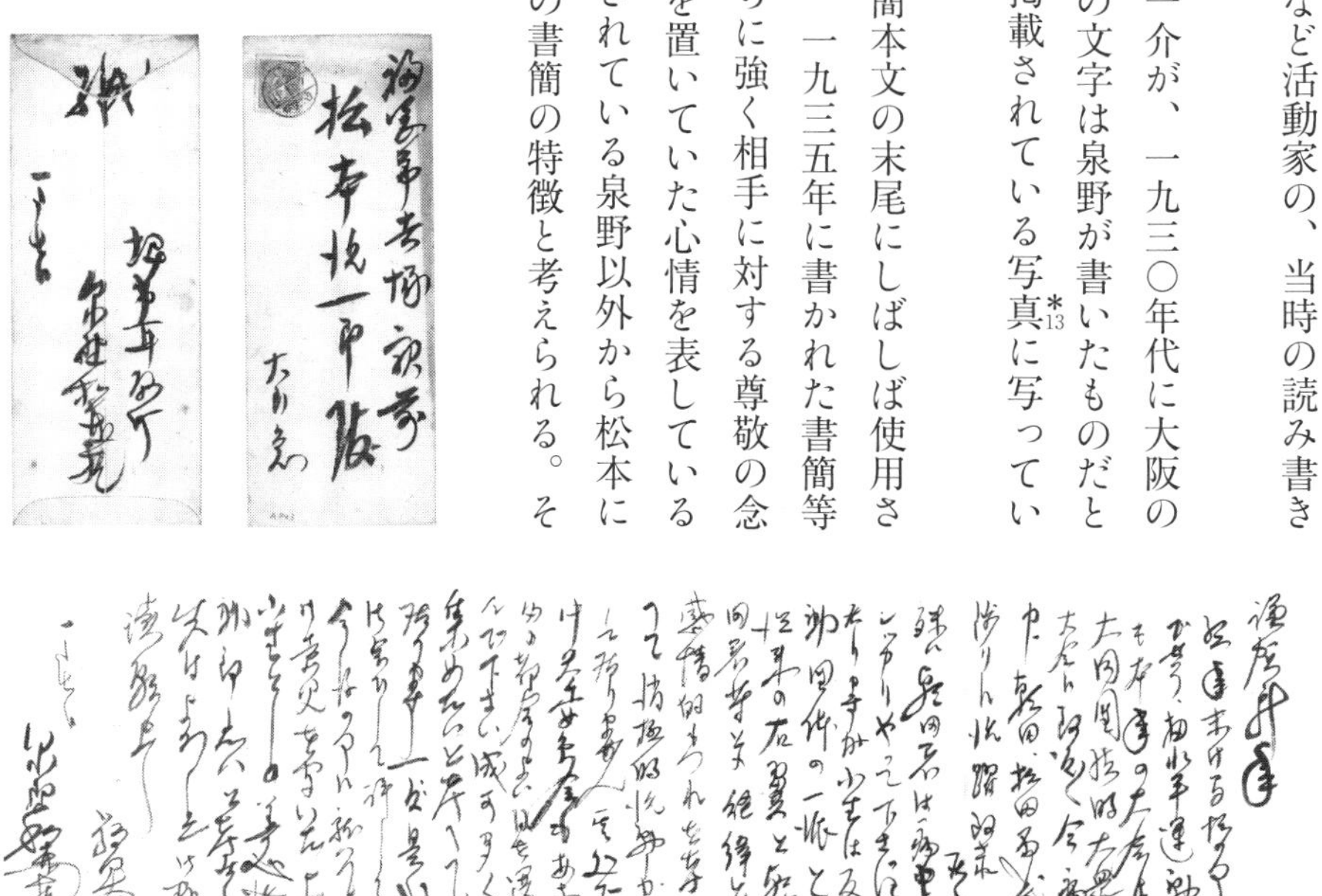

写真2

現状やその受け止めを松本に報告し、時に了解を得、あるいは時に方針の提起を松本に促すことは、全国水平社の総本部を預かる者としての責務であり、自負でもあったのではないだろうか。

例えば一九三三年、高松結婚差別裁判糾弾闘争の時期の書簡が二通残されている。八月一六日の書簡は東京から、八月一八日の書簡は長野から投函されているが、この二通はすでに『リベラシオン』で紹介されているので多言を要しないだろう。

この年三月には全国水平社の第一一回大会が開催され、「部落民委員会活動」が提起されたものの、議案の大半が抹消されたために審議不能となり、第一〇回大会での水平社解消論をめぐる組織内の意見の分岐を克服できないまま、対立を抱えていた。そうした状況のもとで、高松闘争に突入していくことになる。

高松闘争全体のなかでの泉野の位置は、山下隆章が指摘するとおり総本部の指導者的立場であるとともに、活動の舞台は東京が中心だったように思われるが、[*14] 書簡によれば奈良・京都・三重などにも出向くとともに、八月二八日に予定されていた全国部落代表者会議の成功がこの闘争の正念場と考え、松本治一郎にも九州の活動家を率いて参加するように必死に訴えた。そして行く先々では、この闘争に相当の手ごたえを得ていたと思われる。その感触をもとに、泉野は各地水平社の再組織の必要性と可能性も感じていただろう。

一九三四年の葉書（一二月九日）では、女人曼荼羅差別事件について触れている。女人曼荼羅差別事件とは、大阪朝日新聞に一九三三年から三四年にかけて連載された吉川英治の小説が日活で映画化され、そのタイトルに「士・農・工・商、その下に人間に非ざるもの」とあるほか、随所に差別的表現があることが問題になった事件で、泉野は先の葉書でその前日（八日）に大阪朝日新聞社で作者の吉川英治、同社の編集局長、政治・社会・文芸各部長と約五時間会見した結果解決したと松本に報告しているが、その解決内容や映画化した日活との交渉に触れた書簡は残っていない。

一九三五年には、佐藤中将差別事件に関して三通の書簡が残されている。佐藤中将差別事件とは、予備役陸軍中将の佐藤清勝が『萬朝報』紙に「貴人と穢多」と題する記事を投稿し、「自分の罪を敝わんとするその心事の陋劣汚穢は到底穢多以下」などと記した事件で、大きな糾弾闘争となった。

同事件の報を受けて上京したと思われる泉野は、東京の深川武、長野の朝倉重吉と協議して、まず萬朝報社長と佐藤中将に会見を申し入れ（一月二四日の書簡「深川武方」）、会見は二五日に実現した（一月二五日の書簡「在京」）。同書簡によれば、佐藤中将は「大体こちらの要求を是認」したとあるが、我々は佐藤中将個人の責任ではなく、頻々と軍隊内で差別問題が起きているにもかかわらず、何等積極的な方針を立てていない軍部当局の責任を問題にしているのだと述べたという。その際に泉野は、かつて軍隊内では「福岡聯隊事件というデッチ上げ的事件」まで起こしていたではないかと述べたと記しているのが興味深い。他方、萬朝報社長の態度は「独善的」で、誠意を認められなかったとしている。

また同日の書簡では、この時期に頻発する出版物や映画など文化面における差別表現が内務省の検閲にもかかわらず見過ごされていることに抗議するために、内務大臣や陸軍大臣との会見を目論んでいると記していることが注目される。これは朝治武が指摘する一九三七年の全国水平社第一四回大会で提起される「出版、映画、演劇差別糺弾に関する件」で内務省の検閲制度を問題とし「権力の強制力によって差別事件を防止する方向[*15]」に糾弾闘争を転換する流れに通じるように思われる。

そして翌二六日の書簡（「在東京」）では、「内務大臣の検閲の事は全国支部に檄を飛ばし、総ゆる出版物の中の差別記事ある書物一切を集めて自動車に乗せて内務省へ行く事が有利であるとの事」と記し、取り敢えずは陸軍大臣と面会して帰郷する予定だとしたうえで、本格的な糾弾闘争を展開するにあたっては、全国の在郷軍人も動員するために委員会で協議すると松本に伝えた。

一九三六年には、ラジオ差別放送事件に言及した書簡が二通ある。ラジオ差別放送事件とは、東京中央放送局が講談「中江兆民」を放送した際に、「大阪の渡辺村という特殊部落」など、地元の西浜町民を侮蔑する多くの表現が含まれていたことを問題視した事件である。

同事件について泉野は草香一介や総本部書記の井元麟之が活動していることや、舞台となった西浜町全体の問題であり、地元には沼田（嘉一郎）派・栗須（七郎）派・松田（喜一）派などいろいろな勢力が存在しているが、そうしたグループにすべて連絡をつけて地域ぐるみの闘争にする意欲を示し（一月一四日）、その次の書簡（三月六日）では糾弾闘争演説会が成功裏に終わったことを伝えている。

この三月六日の書簡もすでに『リベラシオン』でも紹介されているので多くは触れないが、冒頭で松本治一郎が衆議院議員選挙に当選したことへの祝意を伝える一方、二・二六事件直後であり、緊迫した情勢と全国水平社として難しいかじ取りを迫られている緊張感に溢れた文面になっている。

なお同年一月一八日付で大阪の全水総本部から松本宛に送られた書簡には、以下の三点の史料が同封されている。

・「咄！ラヂオで全国に差別放送―熱火の糺弾闘争をアビセカケロ！」（『水平新聞』第一五号附録、一月五日）
・「西浜・栄町町内有志／差別放送問題につき、西浜・栄町の皆さんへ」（一月、日不詳）
・「案内状／ラヂオ差別放送事件に関する地元有志懇談会」（年月日不詳）

4　組織人として

ところで松本治一郎宛の書簡を貫いているのは、組織人として泉野利喜蔵が水平社内部の意見の対立にたえず気を配り、松本とともになんとか「大同団結」すなわち組織の統一を守ろうと努力する姿である。

一九三四年三月二七日の書簡では、四月に予定されていた全国水平社の第一二回大会を前にして、「今度の大会は決して青年達の考へて居る様な単純なものではありません、実に大きな指導精神の相違の問題も出る空気が」あると指摘し、「大兄と特（篤）と相談して何んとか善処して輝ける大会を守りたいと思ってゐます」と書いている。指導精神の相違とは、第一〇回大会から引きずっている水平社解消論をめぐる対立を意味しているだろう。その対立は高松結婚差別裁判糾弾闘争を経た後でも、なお組織内にくすぶっていた。

そして同年九月、西光万吉・阪本清一郎・米田富など、水平社創立以来の盟友が国家主義の立場から『街頭新聞』を創刊したことは、泉野にも大きな衝撃を与えたに違いない。すでに『リベラシオン』で紹介されている書簡（一〇月一六日）だが、泉野はその衝撃を「何んといっても西光、阪本、米田の三君が小生を裏切って新聞紙を発行致しファッショに参加した」と表現している。だが泉野は同時に、「然し三君と小生とは不和ではありません」とも書き、「今少し水平社の立場を静観が必要」と、関係修復への期待も示していた。

一一月一九日の書簡では松本に対して、「水平運動の正しい発展の為めと維持強化する為めに努力するのであって、決して内部のどの派にも属するのでないと云ふ従来の態度にゐて下さい」と念を押した。同日の書簡では小山紋太郎についても触れ、「これも総本部の仕事をすると言ってゐます。部落民すべての団結を見出すべき正統派です。これらによって総本部を守りたいものです」と、大きな期待を寄せている。

同様の立場は別の書簡でも「何んとか大同団結的組織を持ちたいと思ひます、この際自重が必要と思ひます（中略）時機を見て大同団結的組織を水平社としたいと考へます」と書いている。この書簡には封筒がなく、日付の記載もなく、他の書簡とは違って鉛筆書きであり、「堺市舳松尋常小学校」と書かれた便箋に書かれていることから、何かの下書きとでもいえるものだが、一九三四年九月二一日に関西地方を襲った室戸台風について触れているから、その直後のものと思われる。

一九三五年に入っても、組織の統一を維持しようとする努力は続く。この頃『水平新聞』の編集は主に朝田善之助と松田喜一が担当していたらしく、一月七日の書簡では「朝田、松田両君渉（頻）りに活躍致され居候」と評価も高い。そして「本年の大会は大同団結的大衆大会に致度候」としながらも、「小生は反動団体の一派と従来の右翼と朝田君等との経緯と感情的もつれを考へて、消極的活動しかして居りません」と記している。「反動団体の一派」や「従来の右翼」が具体的に誰を意味するのかは判然としないが、三月一九日の書簡（「在東京」）でも「今度の全国大会には何んとか大同団結的意義深い大会を執行致度勇居候」と繰り返した。

四月一六日の書簡では「例の対立問題はまだ晴れやかにはなりません」としつつも「大体方針に就而は朝田君の顔をたて、議案の分半分は井元君と朝田君、大会の準備事務一切は井元君の担当する事、会計は大阪府聯の山口君と決定いたしました」「小生さへ出て行ってやれば何とかしたいと思ひます」と、第一三回大会を乗り切る自信ものぞかせていた。実際、第一三回大会では井元麟之が一般情勢報告を行い、かつて水平社解消論を主張していた朝田善之助も総本部の一人として大会参加者からの質問に答えるなど、[*16]総本部としての陣容を整えつつあるように見受けられる。なお、大阪府聯の山口とは、同大会で財政部長（常任中央委員）となる山口賢次のことだろう。

この当時、泉野を煩わせていたのは組織の統一を守ることだけではなく、全国水平社の活動費の不足をなんとかすることに腐心し、それを補うためにたえず松本治一郎に送金を督促することであった。

水平社の活動費捻出にあたって井元麟之がいかに苦心していたかについては、髙山文彦が『水平記』で興味深い事実を紹介しているが、[*17]「金策に走りまわるのはいつも井元ひとり」としているのは正確ではない。一時期大阪の総本部に詰めていた吉竹浩太郎からの書簡にも、総本部の窮状を松本に訴える書簡が残されている。[*18]

泉野もまた活動費の捻出に追われていた。泉野の書簡から主な日付と松本への依頼事項（または報告内容）を列記すれば、次の通りである。

一九三四年

・5月5日　井元麟之が百円借用に来たので三〇円だけ渡す、残りを至急に
・5月13日　先便の件、首を長くして返事を待つ
・5月30日（山田本蔵宛て）新聞紙の保証金（千円）大至急納付を願う
・6月2日（山田本蔵宛て）先便の事、大至急で

一九三五年

・1月26日　本部書記の旅費などの活動費三〇円を大至急
・4月16日　大会議案・ポスターなど作成のため百円、大至急で
・9月29日　水平新聞印刷に百円、送金を
・10月1日　泉野の姉から百円借用、融通を
・（月日不詳）台風で総本部も被災、金を取りに来たので渡す（金額不詳）

一九三六年

・1月14日　ビラの印刷費など百円ほど総本部へ大至急

書簡からも読み取れるように、総本部に詰めていた井元からも活動費に窮して直接泉野に借用に来ていた。東京などへ出向けば食費は一人一日三〇銭に切り詰め、「殆んど宿では朝以外食ひません」と記す（一九三五年一月二六日書簡）。泉野としても自分に金銭の余裕があるわけではなく、姉やその他の親戚などに無理を言って工面していた。*19 泉野の活動そして全国水平社の運動は、多くの運動史では語られることのないこうした人びとによって支えられていた。

5　もう一人の泉野利喜蔵

最後に、一連の松本治一郎宛の書簡から知り得たのは、一九三三年から三五年にかけての時期、泉野利喜蔵が自分の家庭に関わるなんらかの問題を抱えて、水平運動に十分に専念できずに煩悶していたことである。その詳しい内容や状況はわからないが、どうも一九三三年五月末に父・熊太郎が亡くなった後に深刻になっていったであろうことが、八月一六日の書簡（「在東京」）に「父死去後の家問題も種々複雑になって起ってゐます」という書きぶりからうかがえる。それは裁判にもなっていたらしく、一九三五年三月一九日の書簡（「在東京」）には「家庭上親族間の紛争は益々悪化し訴訟につぐに訴訟と云ふ状態」であるが、「素より同族解放の為めに捧げし生命に候へ共今漸次整理するまで御待ち被下度、伏して御願申上候」とあった。泉野にとって不甲斐なく思うのは、家庭の問題そのものではなく、そのことが原因で運動に十分に専念できないことであり、そのような状況に対して組織のなかからも批判が生じていたことだった。一九三四年三月二七日の書簡全文を紹介しておこう。

再三の御手紙に接し、実に今までにない不信用を博し驚入候、小生それは良心的に実に悩み居る次第に候、不活動の段、然も大会を前にしてのこの「サボ」振り、然し四月一日より京都へズット詰切ります、それまで御恕しを願ひます、重なる御無理と小生がこの際の行動階級的良心を責められますが、種々と煩悶いたしてゐます、今度の大会は決して青年達の考へて居る様な単純なものではありません、実に大きな指導精神の相違の問題も出る空気があって、小生として実に苦しい立場に候、然し大兄と特と相談して何んとか善処して輝ける大会を守りたいと思ってゐます、小生の家庭の問題は生活の実体の経験のない青年達には断じて判りません、何卒小生の生活上（一生の）実に重大なる事であって、決して階級的良心と「サボ」からではありません、ドウカ小生の一生の生活の苦衷を御察し下され今漸次の御猶予下され度、伏して御懇願申上候
四月一日より総本部へ詰切ります、小生の立場重々御賢察を乞ふ
生活に基礎なく親族共に御世話になってゐる小生の意気地なさです
笑って下さい
二十七日
泉野生
松本議長殿

こうした事情を松本治一郎に訴える書簡はほかにも見られるが、当時の泉野が秘めていた心情を吐露できるのは、水平運動の活動家は数多いといえども松本以外にはいなかったのだろう。

決して運動をサボっているわけではない、「階級的良心」に誓って近々活動に復帰する、若い青年たちには理解できないかも知れないが、それもこれも「小生の意気地なさです、笑って下さい」と切々と松本に理解を求める泉野。そこには、壇上で演説してそれを聞く聴衆を唸らせた、恰幅のいい指導者のイメージとは違う、筆者の知らなかったもう一人の泉野利喜蔵がいる。

一九三六年に松本治一郎が国会議員になった後、泉野はしばらく東京で松本と行動をともにしていたようで、四月には衆議院無産議員招待会に出席したり、松本事務所で朝倉重吉・田中松月・北原泰作などと来るべき議会について協議している。しかし一九三七年九月に全国水平社が「非常時に於ける運動方針」を決定して戦争政策への支持を明らかにした後は、松本がなんとしても全国水平社の組織を維持しようとしていたのに対して、泉野は西光万吉などを全国水平社に引き入れたうえで全国水平社を解消し、新たな国民運動を

展開することを模索していたようだ。[*20]

泉野は一九四〇年一二月の紀元二千六百年奉祝全国融和団体連合大会には大阪府公道会堺市支部参与として出席して「肇国精神の発揚、大政翼賛、臣道実践、公益優先した、我々の生活態度、今後の進むべき方向は明らかにされたのであります」と発言し、また一九四一年一一月の同和奉公会第一回中央協議会では「国民一体化による同和問題一挙解決策に関する件」を提出し、同和問題解決の国策審議機関設置の必要性などを訴えた。戦時期における泉野の動向や松本との関係などについては、朝治武の前掲書『アジア・太平洋戦争と全国水平社』に詳しい。

泉野利喜蔵は、一九四四年五月一日に没した。肺結核であったと聞く。葬儀は地元の町内聯合会で執り行われたが、一〇月には阪本清一郎・西光万吉・駒井喜作・米田富・中野次夫を世話人として追悼会を開催することとなった。[*21]世話人のうち中野次夫は泉野の地元に近い南王子水平社の活動家であったが、泉野は阪本などと立場や主義・主張は違いながら終生連絡を取りあっていたのだろう。

戦後、大阪の部落解放運動が再出発した際に部落解放委員会の堺支部はその拠点の一つになったが、これも泉野利喜蔵の遺産と言える。そして後に水平運動の活動家たちが集まって荊冠友の会が結成されたが、一九六五年一一月には中野が発起人の一人となって「故泉野同志を偲ぶ会」が開かれ、松本治一郎ほか出席者一同が泉野の墓に参ったという。[*22]

［付記1］書簡の翻刻にあたり奈良大学の木下光生さんにお世話になった。ここにお礼を申し上げる。

［付記2］筆者が展示委員をしている舳松人権歴史館では、二〇二二年三月〜九月に企画展「舳松水平社創立一〇〇年—泉野利喜蔵生誕一二〇年を記念して」を開催した。同企画展では福岡県人権研究所のご厚意により、泉野の松本治一郎宛の書簡五通を展示させていただいたことを、あわせて記しておく。

注

＊1　拙稿「泉野利喜蔵の足跡―略年譜と解説」（『部落解放研究』第二六号、一九八一年六月）。

＊2　拙稿「水平運動とマルクス主義―泉野利喜蔵を追って」（部落解放研究所編『水平社運動史論』解放出版社、一九八六年八月）、「泉野利喜蔵―思い出された活動家」（水平社博物館編『全国水平社を支えた人びと』解放出版社、二〇〇二年四月）。

＊3　塚本博和「松本治一郎旧蔵資料（仮）紹介（一）泉野利喜蔵からの書簡」（『リベラシオン』第一八〇号、二〇二〇年一二月）。

＊4　部落解放同盟中央本部編『写真記録　部落解放運動史―全国水平社創立一〇〇年』（解放出版社、二〇二二年）四六頁。

＊5　高山文彦『水平記』（新潮社、二〇〇五年）一三九～一四〇頁。

＊6　卒田正直「中川喜之助さんの憶い出」（六）（『荊冠の友』第四〇号、一九六九年一〇月）。

＊7　北原泰作『賤民の後裔―わが屈辱と抵抗の半生』（筑摩書房、一九七四年）二三四～二三五頁。

＊8　高山前掲書、三二五頁。

＊9　例えば、第一一回全国水平社大会の記念写真（前掲『写真記録 部落解放運動史』一〇四頁）など。

＊10　関儀久「資料紹介／松本治一郎旧蔵資料（仮）紹介（二）藤原権太郎から松本治一郎への書簡」（『リベラシオン』第一八一号、二〇二一年三月）。

＊11　関儀久「資料紹介／松本治一郎旧蔵資料（仮）紹介（五）花山清から松本治一郎への書簡」（『リベラシオン』第一八四号、二〇二一年一二月）。

＊12　草香一介「この人にきく（46）全水の本部をまもって」（『解放新聞大阪版』第四九九号、一九八二年四月）。

＊13　前掲『写真記録　部落解放運動史』一一三頁。

＊14　山下隆章「史料紹介／高松地方裁判所検事局差別事件／闘争日誌」（『水平社博物館研究紀要』第二二号、二〇二〇年三月）。

＊15　朝治武『アジア・太平洋戦争と全国水平社』（解放出版社、二〇〇八年）二四頁。

＊16　『水平新聞』第八号、一九三五年六月五日。

＊17　高山前掲書、三五五～三六八頁。

＊18　塚本博和「資料紹介／松本治一郎旧蔵資料（仮）紹介（四）吉竹浩太郎から松本治一郎への書簡」（『リベラシオン』第一八三号、二〇二一年九月）。

＊19　卒田正直『少年の日の水平社―舳松村の仲間たち』（解放出版社、一九八七年）九七頁など。
＊20　朝治武『水平社論争の群像』（解放出版社、二〇一八年）二九五頁。
＊21　追悼会の案内文は、大阪の部落史委員会編『大阪の部落史』第六巻（二〇〇四年）四六〇頁。
＊22　卒田正直「中川喜之助さんの憶い出」（七）（『荊冠の友』第四一号、一九六九年一一月）。

第2章

中国・四国地方からの手紙

広島県水平社の人びと

白砂健・髙橋貞雄・玖島三一・小森武雄・中野繁一

割石忠典

広島県水平社創立大会は、一九二三年七月三〇日に広島市の広島劇場で開催された。初代委員長には、桝井寛一（一八九七〜一九五七）が選出された。この大会には、全国水平社からは中央執行委員長南梅吉（京都・一八七七〜一九四七）や栗須七郎（和歌山・一八八二〜一九五〇）・阪本清一郎（奈良・一八九二〜一九八七）・平野小剣（福島・一八九一〜一九四〇）・駒井喜作（奈良・一八九七〜一九四五）・楠川由久（東京・生没年不詳）・泉野利喜蔵（大阪・一九〇二〜一九四四）・前田平一（兵庫・一八九八〜一九八七）・下枝主税（山口・生没年不詳）・松波彦四郎（愛媛・一八九五〜一九八六）・山田孝野次郎（奈良・一九〇六〜一九三一）などが参加している。

広島県水平社は、創立時から全国水平社の中心的な活動家と連携が取れる状況であった。けれども、広島県水平社創立時に全九州水平社と連携があったことは確認できない。しかし、松本治一郎が水平運動のリーダーとして登場してくる過程で、広島県水平社の人びとは「我らの議長」として、たびたび広島に「来られる」ことを要請している。

以後、広島県水平社の人びとが松本治一郎へ宛てた封書・葉書を通じて、松本治一郎とどのような交流がなされていたのかを考えてみる。

1　白砂健について

白砂健は、一九〇六年一〇月七日に広島県安芸郡坂村（現・坂町）に生まれ、一九四六年七月八日に死去した。本名は春一。無政府主義者・八太舟三（三重・一八八六〜一九三四）の指導を受け、広島県水平社創立大会に参加。一九二六年には「横領・恐喝・脅迫罪」の名目で一〇カ月の受刑。一九二七年七月一六日の広島県水平社解放連盟創立大会では、白砂が司会を務めている。

山木茂『広島県社会運動史』（労働旬報社、一九七〇年）には、「県下の水平社の思想分布は大別して次のようである」と書いている。つまり、アナ系「白砂健、和佐田芳雄、高橋貞雄《ママ》、森分忠孝、岡田光春など」、ボル系「堀川俊市、枡井《ママ》盛之、六岡島一、佐藤一夫、玖島三一、吉田登、菊岡英雄、竹内義雄ほか」、その他（現状維持か改良思想）「枡井《ママ》寛一、新長力松、土岡喜代一、山口新一ほか」。

白砂は、一九三三年の高松差別裁判糾弾闘争で、差別判決取消請願隊の広島代表（二人）として活動をしている。請願隊は、一〇月一日に博多駅を出発して、一〇月一九日に東京駅に到着した。『請願隊は如何に闘ったか？』（全国水平社静岡県連合会、一九三四年七月）には、その闘いの記録が書かれている。

さて、一九三四年三月七日と三月一四日、および三月三一日消印

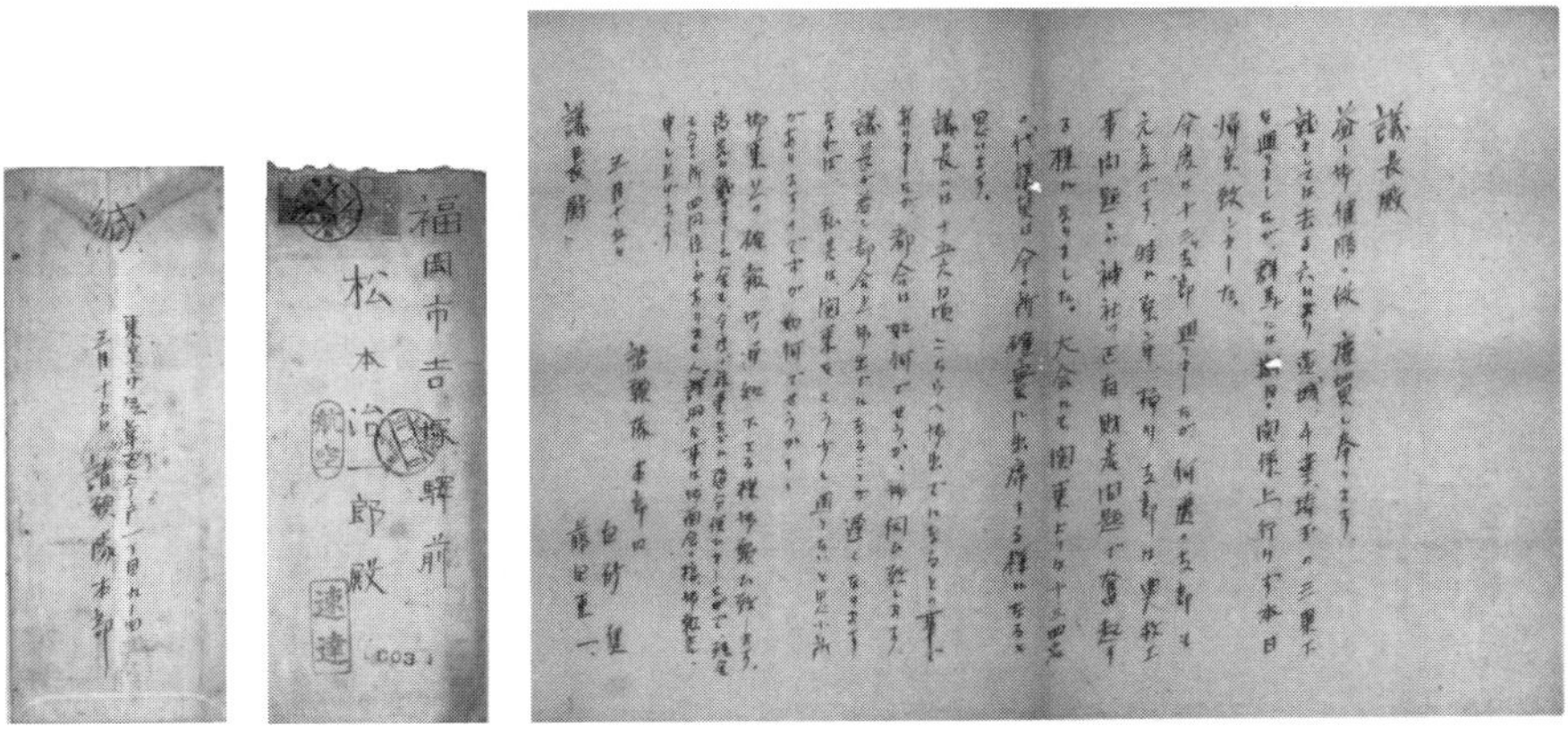

写真1

の白砂健と藤田東一から「松本治一郎殿」宛の手紙（写真1）について見てみよう。三月七日の手紙は、茨城県猿島郡新郷村の田並廉蔵方から出されたものである。田並は、請願代表者名簿では「田並鹿藏《ママ》」「茨城縣猿島郡新郷村」とあり、峯仙之助と共に茨城県の代表であった。彼らは、請願隊での活動により知り合いである。また、藤田東一の住所は「福岡縣粕谷郡中原村」となっているが、大分県代表となっている。三月七日の内容は「関東地方（茨城、千葉、埼玉、群馬）」を廻ることなどが書かれたものである。三月一五日では「茨城、千葉、埼玉、を廻り」帰京したこと、議長が「御東上」するときには、「面会」したいこと。末尾には「先日戴きました金も」「残金も今の所四円しかありません」とある。三月三一日は、群馬県に出向いていたので議長に「面会」できなかったことが書かれている。

ここでは、①請願隊活動を通じて全国の仲間の人的な交流が深まったこと、②松本からの金銭的な援助が、白砂らの活動を支えていたことがわかる。茨城県の田並は全水第一二回大会（一九三四年四月）・全水第一三回大会（一九三五年五月）で、中央委員に選出されている。

白砂は、全水第一六回大会（一九四〇年八月）で中央委員になる。松本は、一八八七年に生まれているので、白砂と一九歳の年齢差がある。さらに、白砂は戦後もアナキスト団体に参加するので、松本とは意見が違っていたであろう。

2　髙橋貞雄について

髙橋貞雄は、一八九八年八月一日に広島市で生まれた。別名は貞夫。一九二〇年に創立され日本社会主義者同盟の名簿（堺利彦旧蔵名簿）には、「髙橋貞雄　広島市／広島県水平社」の名前がある。「広島県水平社」と書かれているので、一九二三年以後にこの名簿に「広島県水平社」が加筆されたと考えられる。髙橋は広島県水平社の結成に参加し、活動を続けた。そして、白砂らと一緒に一九二七年七月一六日の広島県水平社解放連盟創立大会に参加している。

同年一二月三日・四日には広島市で全国水平社第六回大会が開かれた。翌日の一二月五日には広島県水平社第五回大会が開催され、髙橋は委員長に選ばれる。そして、第六回（一九二八年四月）・第七回大会（一九二九年一一月）でも委員長に選ばれた。この間、一九二八年二月二〇日投票の松本治一郎（福岡一区）が立候補した衆議院選挙に、広島県水平社の代表として応援に行っている。同年には、髙橋はアナ派から離れていく。第六回全国大会では、松本中央委員会議長と髙橋は協力して大会運営にあたっていたであろう。

さて、一九三四年三月一〇日に記した髙橋から「我等の議長殿」と書かれた「全水中央委員長松本治一郎殿」への封書がある。内容は三月三一日に広島県東部地区大会を開催するので「是非共、議長と藤原權太郎氏とに、御来臨を」要請するものである。東部地区委員会の連絡先を小森武雄としている。この時には、髙橋貞雄が全水広島県連委員長である。藤原権太郎（福岡［佐賀］・一八九三〜一九八九）は、被差別部落出身ではないが、高松差別裁判糾弾闘争を展開していた一九三三年の五月か六月頃に水平運動に参加している。一九三四年三月一五日には「大会通知」が出され、「日時　三月三十一日午前十時ヨリ　一、場所　府中栄目倶楽部」、記念大演説会は「三月三十一日夜」「場所　府中町稲荷座」「辯士　松本治一郎氏　藤原權太郎氏外数名」と書かれている。けれども、創立大会への参加を呼びかけるチラシでは、記念大演説会の場所が「府中朝日座」と印刷されている。

そして、三月二〇日に「松本議長を迎えての座談会」が「日取が早くわからなかった」が、松本と藤原権太郎を迎えて広島市の被差別部落で開かれた。

三月三一日の『差別糾弾闘争　広島県東部地区創立大会！』で配布された資料（福岡県人権研究所所蔵）には、大会宣言・大会決議・大会議案が記されている。この時に、松本治一郎および藤原権太郎らが両備鉄道府中駅前で撮影した集合写真が残されている（部落解放同盟中央本部編『写真記録 部落解放運動史 全国水平社創立一〇〇年』解放出版社、二〇二二年)。

翌日の四月一日には、広島市で全国水平社広島県連合会第一一回再建大会が開催され、祝辞演説を総本部常任・請願隊長である米田富(奈良・一九〇一〜一九八八)がおこない、夜の記念演説会では松本や藤原が熱弁、聴衆は五〇〇人と記録されている(「水平社広島県大会ニュース」)。続いて四月一三日・一四日には京都市で全国水平社第一二回大会が開催され、髙橋が中央委員に選ばれた。広島からの中央委員の選出は、初めてであった。髙橋は、次の大会では中央委員を交代している。その後、髙橋は一九三八年の全水第一五回大会で再び中央委員に選出されているが、次の大会では交代している。髙橋も松本と交流する機会がある立場にあった。

さて続いて、一九三四年五月七日の髙橋から松本に送付された封書(写真2)を見てみよう。封書には「第二《(ママ)》高等小学校糺彈斗争ニュース」が同封されていた。広島市立の小学校での差別事件である。「一三日の夜二高糺彈演説会」を開催するので松本に「来られれば、此の上ない嬉こびですが」と書いている。髙橋の松本に対する信頼と期待が伝わってくる。そのような中で、五月一三日の県連執行委員会で、髙橋から土岡喜代一に委員長が交代した。

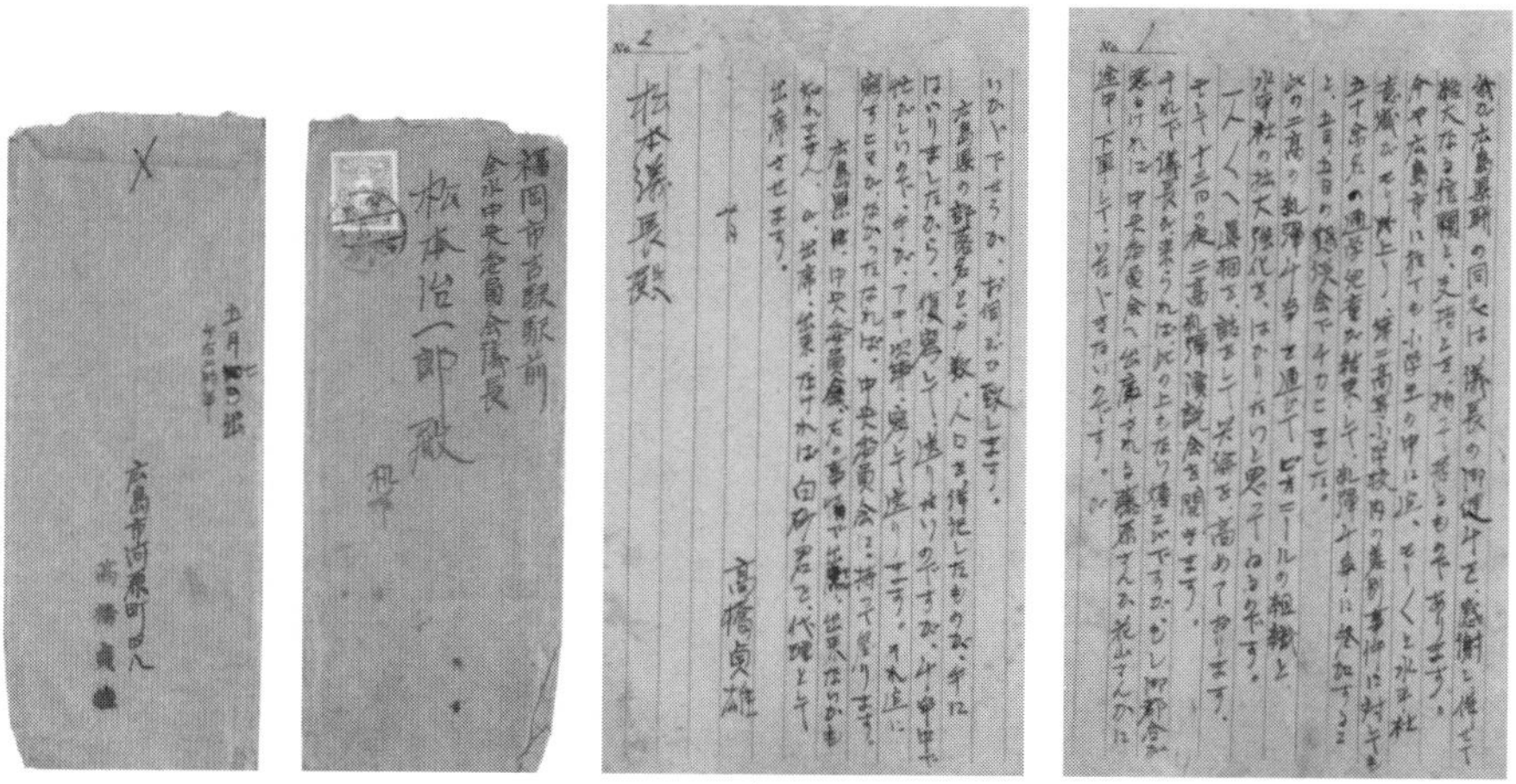

写真2

一九三四年一一月一五日の封書は「永らく御無沙汰いたしまして誠に、申し訳けありません。何卒貧乏、ヒマなしですから、お許し下さるやうに、願います」からはじまっている。この時に松本は四七歳、髙橋は三六歳である。水平社の活動家は生活苦に対応しながらの活動であった。手紙では本願寺の布教師の結婚拒絶問題についての取り扱いの件、部落施設要求闘争の件などが記され、「藤原氏も、御同道の上、御来広下されば」と願っている。

その後、髙橋は一九三五年八月二二日に、全水九州連合会の吉竹浩太郎（福岡・一九〇六～一九六三）に対して講師の要請をしている。総本部からは堺市会議員でもあった泉野利喜蔵が講師として参加することが決定していたが、吉竹に追加の講師派遣を要請し、田中松月（福岡・一九〇〇～一九九三）と藤原権太郎が参加した。その講演会は一九三五年八月二七日に能美島中村の徳正寺で開催され、聴衆は約六〇〇人、盆踊りの歌詞に差別言辞があり糾弾し「歌詞を禁止」「差別撤廃リーフレットの発行」「融和促進啓蒙委員会の設置」、そして「融和講演会の開催、講師は総本部より選ぶこと、旅費・宿泊は村費の支出」を約束していた。髙橋は、全水九州連合会常任理事である吉竹と知人であったことがわかる。吉竹は全水第一一回大会（一九三三年）で常任委員に選出され、約一年間だけ務めた。部落差別を撤廃するためには、被差別当事者のつながりが大切であったことを感じる。

髙橋は一九六九年四月二一日に、七〇歳で死去した。

3　玖島三一について

玖島三一は、一九〇五年一〇月二〇日に広島県山県郡八重村に生まれ、養子縁組で広島市に来て春日姓から玖島姓となる。広島県水平社の結成に参加、全国水平社青年同盟広島県支部などで活動、一九二八年の三・一五事件や一九二九年にも治安維持法違反で検挙され、実刑三年の判決、刑期を終え出獄したのは一九三三年の夏だった。そして一九三三年秋の高松差別判決取消請願隊には、前記した白砂と共に広島県代表として参加している。ここでも、松本との接点があったであろう。

前記したが、一九三四年四月一日に第一一回全国水平社広島県大会が広島市で開催された。玖島は、二五日後の一九三四年四月二六日に第五次共産党事件で逮捕される。

一九三四年七月一日の松本への封書（写真3）には、「私は六十六日ブリに出ました」とある。そして「貴兄様には私の事でお金までいただき」と書いている。この年に、松本は四七歳、玖島は二九歳になった。ここでは松本が、将来ある若者に対して接していた姿が示されている。

広島で被爆し体調が乱れる病身であったが、戦後は日本共産党に入党し、部落解放委員会でも活動、日本共産党から衆議院選挙に立候補したが落選。一九五二年三月九日に死去した。

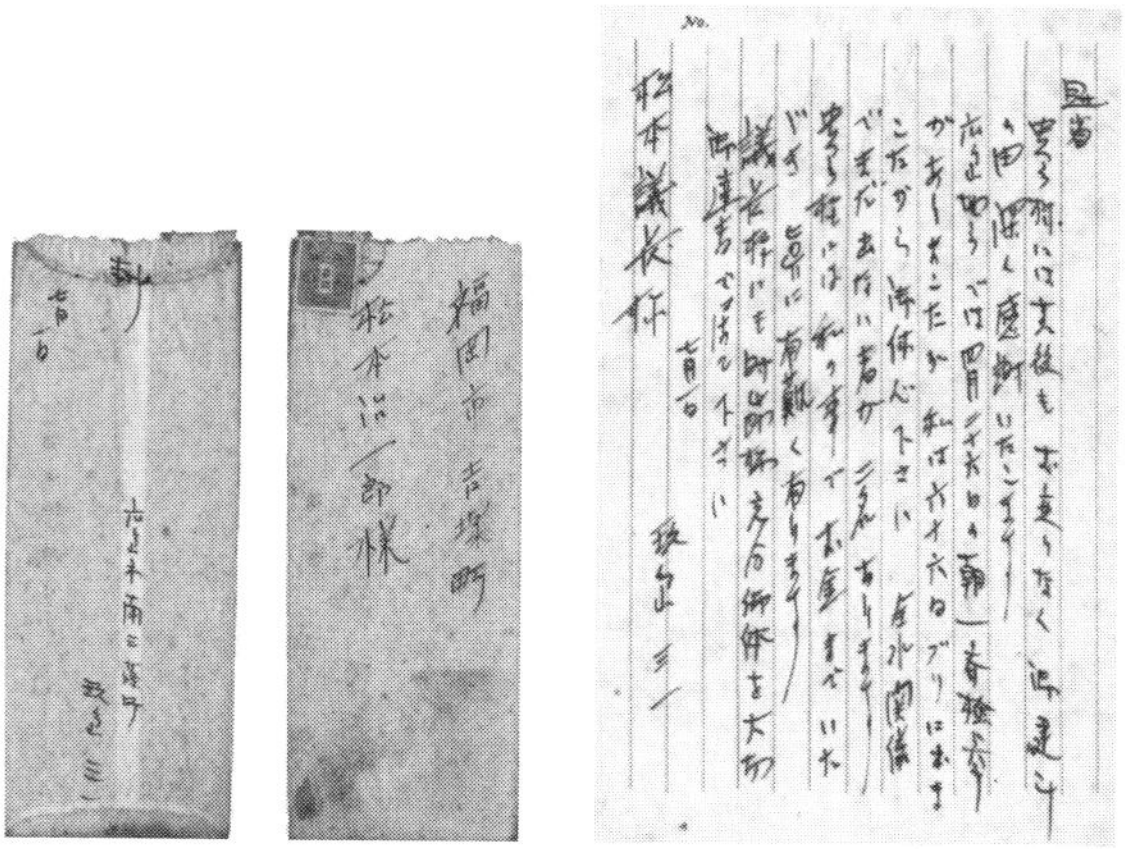
写真3

4　小森武雄について

小森武雄は一九〇三年六月二五日に広島県芦品郡岩谷村（現・府中市）に生まれた。別名は武夫。米騒動の際には検挙され弾圧を受ける。一九二三年には近在の山林解放闘争に参加、一九二五年には群馬県で起きた世良田村事件の残虐性を青年弁論大会で訴えた。一九二七年一二月に広島市で開催された全水第六回大会に参加した小森ら三人が、府中水平社としての活動をはじめた。小森が積極的に水平運動に関与するのは、一九三三年の高松差別裁判糾弾闘争の頃からである。

一九三四年三月一四日に、小森は松本に封書を出している。これは、前記した高橋が松本に三月一〇日に送付した手紙と関係している。つまり、三月三一日に「広島県東部地区大会」へ松本と藤原の出席を高橋が依頼していたが、両人が出席するとの返事が、「広島市の県委員会より通知」があったので、「何卒御来府間違無き様祈ります」と連絡したのである。

この大会は、広島県東部地区の水平運動を活性化させることになる。続いて四月一日には全水広島県連第一一回再建大会、四月一三日と一四日に全水第一二回大会が開催されている。

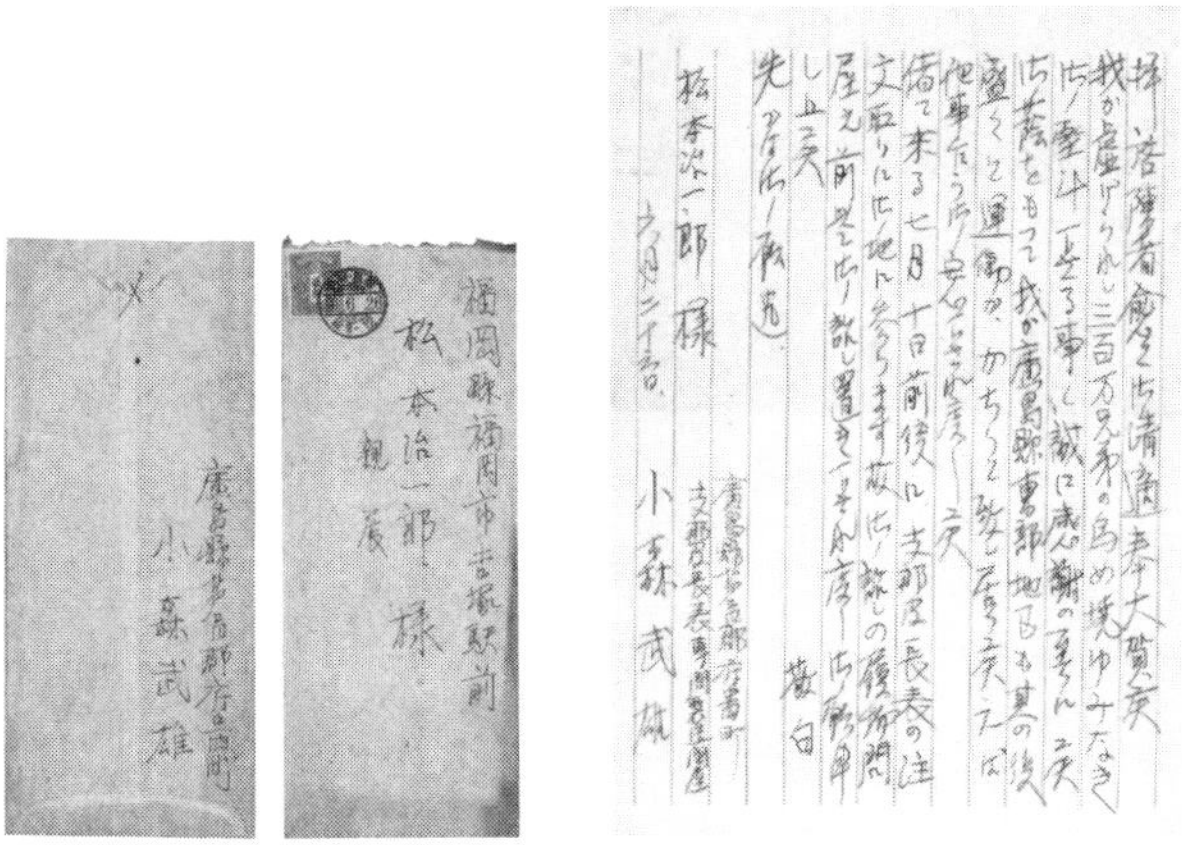

写真４

次に一九三四年六月二六日の封書（写真４）、七月一日の葉書、九月一四日の封書の内容は、主に小森から松本に対する商売上の願い事に関するものである。小森は「支那皮長表専門製造問屋」「支那皮南部表製造問屋」として、松本の地元の「履物問屋」へ「前以て御話し置き下され度く」と書いている。九月一四日の文面からは代金の送金を督促しているが「帳面の整理もありますので御話し下され度」とも書いている。

水平運動を通じて知り合った人々が、この事例にあるような商売の関係での交流が存在していたこともあったであろう。松本は各地の人びとから頼られる存在であり、特に被差別部落の人びとには差別に負けてはならないとのパワーをもたらしたであろう。会えるだけでパワーと生きる勇気を感じさせたのではないだろうか。さらに、松本は松本組からの援助もあり、水平運動への金銭的な支援をしていた。松本の水平運動における存在と役割は大きかった。

一九三六年二月一日、松本に「小森武雄外東部地区一同」が封書を出している。「兄弟の為めに石にかじり附いても勝て下さい」「慈父の御健斗を祈る」と書かれている。一九三六年二月二〇日に衆議院選挙の投票がおこなわれ、福岡一区で松本治一郎が初当選する。「慈父」は当選した。『水平新聞』（一九三六年三月五日付）は、一面に「松本委員長が当選した！この報が一度伝はるや、全国に散在する兄弟達はどれだけ熱狂したかわからない」と書き出している。だが二面には「二・二六（帝都の反乱）事件の展望」の記事が掲載されている。衆議院選挙投票日から六日後に二・二六事件は起きた、国内外ではファシズムが抬頭してきていた。

小森は一九三五年の全水第一三回大会で中央委員に選出され、第一四回大会（一九三七年）、第一五回大会（一九三八年）、第一六回大会（一九四〇年）でも中央委員を務めている。

小森は、一九三七年に社会大衆党公認候補として府中町会議員選挙に立候補し、当選する。戦後も日本社会党から府中市議会議員（三期）に当選している。また広島県部落解放委員会や部落解放同盟広島県連合会役員としても活動していたので、松本の参議院選挙では特に広島県東部地区で重要な役割を果たした。

小森は一九七七年一月四日に、七三歳で死去した。

5 中野繁一について

中野繁一は、一八九九年四月一日に広島市で生まれ、一九四五年八月六日の原爆投下で死去した。広島県水平社創立大会では創立宣言を朗読し、開会の辞では「明治天皇祭を卜して創立大会を開く此の最もよき日我々虐げられるものを祝福するの日」（『芸備日日新聞』一九二三年七月三一日付）と述べている。

中野は、桝井委員長が入獄したため一九二六年五月から委員長に就任したが、二カ月後の広島県水平社第四回大会で新長力松と交代している。

中野が執筆し一九三〇年に『広島縣水平運動史』を発刊したが、発売禁止処分を受ける（国立国会図書館ＨＰのデジタルライブラリーで検索可）。この著書により一九三〇年までの広島県水平運動の活動について、水平運動の側から知ることができる。

さて、三年後の一九三三年八月二五日に広島市で、全水広島県連主催の高松差別裁判糾弾大演説会が松本治一郎と田中松月を迎えて開催されている。この時の県連委員長は髙橋貞雄である。髙橋が連絡をしたのであろう。そして一九三三年一〇月一日に博多駅を出発した高松差別裁判取消請願隊は、四日に広島市の国鉄已斐駅に到着し中野、土岡喜代一、髙橋貞雄、新長力松、山口新一、白砂健、桝井寛一が歓迎委員になり市内の二つの部落で演説会を開催、五日には已斐駅から福山駅に出発し、夜には福山で演説会が開催された。請願隊には広島県代表として玖島三一と白砂健が参加、請願隊員として各地で活動、東京駅には一〇月一九日に到着している。

さらに三年後、中野は継続して広島県の水平運動の中核部分にいた。小森武雄は衆議院選挙投票日前の一九三六年二月一日激励の封書を出したが、中野は当選後の二月二九日に松本へ封書（写真5）

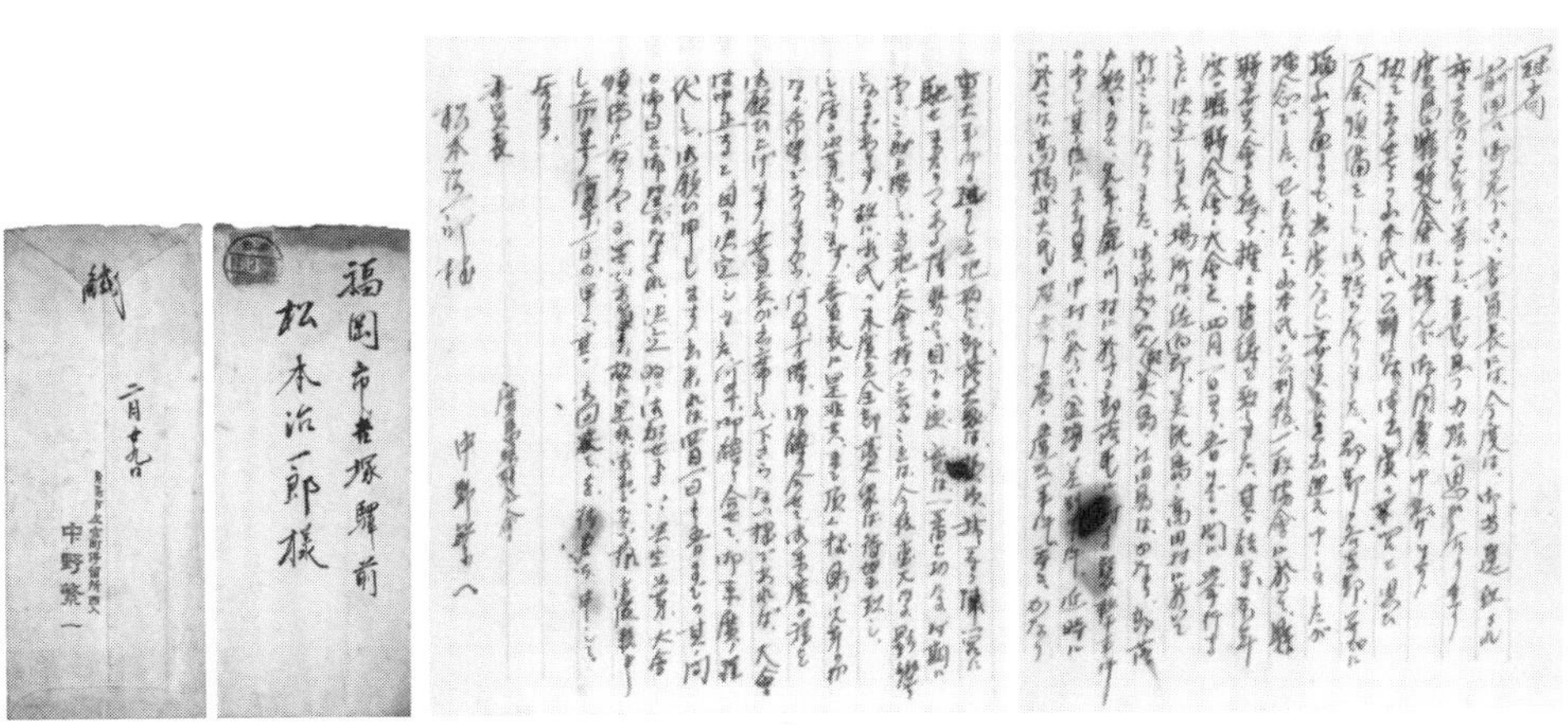

写真５

を出している。「委員長には、この度は、御当選致され我々三百万の兄弟は等しく、喜び且つ力強く思ひ居ります」との言葉で書きはじめ、「廿七日の山本氏の公判」後に県連委員会をおこない、「四月一日ヨリ、五日までの間に」佐伯郡の能美島高田村で県連合会大会を開催する予定なので、「委員長に是非共、来て頂く様島の兄弟の切なる、希望であります」と来広を願っている。

ここにある「山本氏」とは、全水山口県連の山本利平（凡児／山口・一九〇三～一九八六）のことである。一九三六年二月二七日の県連委員会には土岡喜代一（議長）、中野繁一、髙橋貞雄、小森武雄、玖島三一（以上常任委員）、白砂健（書記）、県北協議会から二人、江・能地協から三人、備後地協から一人、廿日市支部から一人、広島市内から六人、そして山本凡児（傍聴・山口県連）が出席している（『全国水平社広島県聯合會ニュース　昭和十一年三月十七日』広島市北榎町三四四　責任者髙橋貞雄）。全国水平社広島県連合会第一三回大会は一九三六年四月一日午後一時から佐伯郡能美島の高田村で開催され、午後六時からは記念大演説会がおこなわれた。弁士は「我等が委員長　新代議士　松本治一郎氏」「中央常任委員　井元林之氏」「山口県連　山本凡児氏」「其の他多数　闘士来援」らであった。大会に参加した井元麟之（福岡・一九〇五～一九八四）は、大会議案を保存していた［井元旧蔵資料・福岡県人権研究所］。

中野は、全国的には一九三七年の全水第一四回大会で、小森と一緒に中央委員に選出されている。

6　全国水平社広島県連合会からの封書

「全国水平社広島県連合会執行委員一同差出松本治一郎宛封書」についてであるが、封筒の表には住所が書かれていないが、「松本治一郎殿」とある。切手もない。裏には「全水廣島縣聯合会」と書かれ印が押されている。日時の記載はない。

内容は「酷寒の候」、中央委員会に県連から「髙橋貞夫」が参加することができなくなり全水広島県連委員長「天本喜代一」が「広島県製靴工業組合認可申請」で上京しての帰りに参加する予定であったが、「廿日後まで上京している電報あり」、これも困難になり「白砂建《ママ》君代理として、上京せしめました」、議長が帰路の途中に広島県連に「御立寄りを乞う」と、「広島県連合会執行委員一同」の名前で書かれている。

髙橋が中央委員の時期は、一九三四年四月の全水第一二回大会から一九三五年五月の全水第一三回大会までの約一年である。この間、「酷寒」の中央委員会は一九三五年一月二〇日に大阪で開催されたものが該当する。同時期に広島県連も取り組んでいた佐藤（清勝）中将差別事件も、中央委員会で議論されている。そして「廿日後まで上京」との「廿日」の文言にも合致している。『水平新聞』（一九三五年二月五日）には、「白砂健（廣島・髙橋代理）」とある。この封書は、一九三五年一月二〇日の中央委員会で白砂が直接、松本に渡した封書であると考えられる。

そして一九三五年二月一〇日に佐藤中将糾弾大演説会が広島市で開催され、松本委員長、井元麟之、藤原権太郎、小山紋太郎（静岡・一九〇三〜一九七九）、田村定一（山口・一九〇二〜一九六六）が参加している。

一九三五年四月五日に福山市で開催された第一二回県連大会にも、松本、井元麟之、泉野利喜蔵らが出席している［大会議案／松本旧蔵資料・福岡県人権研究所］。

ここに書かれている天本喜代一は、土岡喜代一（一八九

写真6　広島県連の活動家たち　左から丸林隆、髙橋貞雄、山口新一、桝井寛一、土岡喜代一、中野繁一、山崎主巳。

九〜一九八一）のことである。土岡は部落解放委員会広島県連合会委員長を務めていたが、一九五四年に除名される。その後、土岡は一九六〇年五月一〇日の全日本同和会結成大会で常任理事、同年八月二日の全日本同和会広島県連合会結成大会で会長になる。一九四七年から広島市議会議員（四期）を務めた。

小括

今回は、松本治一郎宅に残されていた封書や葉書を通じて、私人間の様子を垣間見ることができた。ただし、一九三四年から一九三六年までの短い期間のものであり、その前後に互いが交換した封書や葉書は未見なので私人間の交流については一部しか知ることができない。

最後に、封書や葉書から感じた松本治一郎の姿について簡単に述べてみる。

①松本は、部落差別からの解放を願う被差別部落の人びとから「我らの議長」と呼ばれていた。特に一九三六年に衆議院議員選挙で初当選したことは「我らが委員長」「新代議士」などの言葉に喜びと希望が滲み出ている。松本治一郎は水平運動の指導者として、被差別部落の代表として慕われていた。

②松本は、金銭的な面で、各地の水平運動を担っている人たち、官憲が不当に逮捕し弾圧された人の家族を

写真7　1934年3月31日の広島県東部地区創立大会に来訪した松本治一郎。広島・府中駅。

支援している。活動するには金銭が必要であるが、松本組の経営を背景とした松本の水平運動に対する金銭的な支援は、水平運動の拡大に貢献していたと考える。それは白砂健や玖島三一からの封書で推察することができる。水平社内部の「アナ派・ボル派・社民派」などにかかわらず、松本は部落差別からの解放を願い闘う人と人との関係を大切にしていた。

③職業や仕事については、小森武雄からの「履物問屋」の件にあるような依頼にも対応していたのであろう。いろいろな相談に接することがあったであろう。また、水平社の活動家も日常的には仕事をしているので、土岡喜代一の件にある「製靴工業組合認可申請」などの取り組みもしていた。

④差別を受けた苦しみや怒りが共通感情として沸き起こり、高松差別裁判糾弾は全国的に展開され、被差別部落大衆が結集した。請願隊は四分隊で組織され、各分隊は一〇人か一一人であった。そして請願隊員間の友情や交流は、都府県をこえた人的交流を生んだといえる。全国各地の被差別部落の現状と課題を体験として把握することは、いつの時代でも必要なことである。水平運動の指導者は、官憲からの弾圧に抗し、差別糾弾闘争を展開していることが封書・葉書から伝わってくる。そして、被差別部落大衆の交流と連帯、さらには差別撤廃を願う仲間意識が感じられる。

—封書や葉書の文字を見ると、書いた人の姿を身近に感じる。

史料紹介

史料1　松本治一郎宛白砂健・藤田東一封書（一九三四年三月六日）

議長殿
本日（六日）より一週間の豫定にて融和デー反対斗争並びに、全国大会準備斗争のため関東地方（茨城、千葉、埼玉、群馬）を廻る様にしました。

本日は茨城の田並氏の方に来て居ます。今晩委員会を開催して、大会についての、協議をする様にしました。

茨城県下では田並氏の活動によつて、大体大会準備の活動は着々進捗してゐます。

史料2　松本治一郎宛白砂健・藤田東一封書（一九三四年三月一五日）

議長殿
益々御健勝の段　慶賀し奉ります。就ましては去る六日より茨城、千葉、埼玉の三県下を廻りましたが、群馬には期日の関係上行けず本日帰京致しました。

今度は十三ケ支部廻りましたが、何處の支部も元気です。特に、原市、桶川支部は農救工事問題とか神社の区有財産問題で奮起する様になりました。大会にも、関東よりは十、三四名の代議員は今の所確實に出席する様になると思います。

議長には十五六日頃こちらへ御出でになるとの事でありましたが、都合は如何でせうか、御伺ひ致します。

議長が若し都合上御出でになることが遅くなりますならば、私共は、関東を、もう少し廻りたいと思ふ所がありますのですが如何でせうか？御東上の確報御通知下さる様御願ひ致します。

尚先日戴きました金も、今度の旅費などに、随分使ひましたので、残金も今の所四円しかありません。詳細な事は、御面会の接、御報告、申し上げます。

請願隊本部
白砂健
藤田東一
三月十五日
議長殿

史料3　松本治一郎宛白砂健・藤田東一封書（一九三四年三月三一日）

議長殿
御変わりなく御健在の事と拝察致します。先日御東上相成ったとの事承りましたが恰度群馬県方面に出向ひて居りましたため御面会も出来ず残念に存じました。

就きましては群馬県聯合会第二回大会を来る四月六日午前十時より前橋臨江閣に於て開催する様決定致しました。甚だ御多忙の事と存じますが御都合如何でせうか？　御伺ひ申上げます。

四月三日九州拡大委員会御開催の由何より嬉しく存じます。

九聯本部吉竹君の出所承りました。北原君は如何でせうか。

広島縣聯合会大会は如何だったでせうか？

群馬県聯大会には総本部からも誰か一人派遣下さる様にと依頼して来てゐます。

右御伺ひ申上げます。

寒暖不順の折柄御身御自愛の程御祈り致します。

三月卅一日

請願隊本部　白砂　藤田

史料4　松本治一郎宛髙橋貞雄封書（一九三四年三月一〇日）

先日は、色々と、御世話になって有難う御座います。皆も非常に、喜んでおりますので、厚く、御礼を、申してくれとの事で御座います。

つきましては、三月廿日頃に、議長が、再度、廣島に、来られるやうに、聞きましたので、大会宣傳を、かねて、懇談会を、開いてはと、思いますが、議長の御都合は、如何でせうか。御伺がひ申上げます。

廣島県大会に、先立って参月三十一日に（福山市、尾道市、芦品郡、御調郡、深安郡、豊田郡一円）廣島県東部

地区大会を開催いたしますから、是非共、議長と藤原權太郎氏とに、御来臨を、願ってくれるやうにとの事で、すでに、準備に、取りかかっておるのですから、御多用で、無理では、ある事は、よっく知っては、おりますけれ共、是非〳〵御出で下さる様に、願います。

東部地区は、熱心なる青年が中心となって、おりまして、非常に、有望な土地で、請願隊の送迎でも実に、盛大でしたし今後広島県としても、重要なる役割を、してくれるものと、私は、期待を、かけておる土地です。是非、三月卅一日の東部地区大会には、御臨席を、呉れ〴〵もお願ひ申し上げます。

東部地区は、左記の所ですから御臨席の通知を出して貰へれば、嬉こぶと思ひます。

東部地区委員会は、「廣島県芦品郡府中西町　小森武雄」方です。

三月一〇日

廣島市河原町四八
髙橋貞雄

我等の議長殿

史料5　松本治一郎宛髙橋貞雄封書（一九三四年五月七日）

我が広島県聯の同志は議長の御健斗を、感謝し、併せて絶大なる信頼と、支持とを、持って居るものであります。今や広島市に於ても小学生の中に迠、モリ〳〵と水平社意識がモリ上り、第二高等小学校内の差別事件に対しても五十余名の通学児童が結集して、糺彈斗争に参加すること、五月五日にチカイました。

此の二高の糺彈斗争を通じてピオニールの組織と、水平社の拡大強化を、はかりたいと思ってゐるのです。

一人〳〵へ、眞相を、話をして世論を、高めております。

そして十三日の夜二高糾彈演説会を開きます。それで議長が、来られれば、此の上ない嬉こびですが、もし御都合が悪ければ中央委員会へ出席される藤原さんか花山さんかに途中下車していたゞきたいのです。がいかゞでしょうか、お伺がひ致します。

広島県の部落名と戸数、人口を、併記したものが、手にはいりましたから、複写して送りたいのですが、斗争中で忙しいので、手が、アキ次第、寫して送ります。それ迠に寫すヒマが、なかったなれば、中央委員会に、持って參ります。広島県、中央委員、右の事情で出席、出来ないかも知れませんが、出席、出来なければ白砂君を、代理として出席させます。

七日

高橋貞雄

松本議長

史料6　松本治一郎宛髙橋貞雄封書（一九三四年一一月一五日）

永らく御無沙汰いたしまして誠に、申し訳けありません。何卒貧乏、ヒマなしですから、お許し下さるやうに、願います。

さて、昨年、高松地方裁判所に於いて起こりし、差別判決が、いまだ、取り消さざるに、今度は、本願寺の布教師の結婚について、部落民であることをかくして、結婚せんとは、不都合である、と、結婚する事を、拒絶して、来たとの事ですから、目下調査に着手しております。

差別判決は、政府へ、結婚拒絶は本願寺へ!!

県会が、十一月廿一日より開かれるのです。

ついては、部落施設要求斗争週間として、十一月廿八日より十二月八日迄を、斗ひ抜く考へで御座いますから、御多用中の議長に御来広を、お願しにくいのですが、布教師の結婚拒絶問題について、其の取り扱ひ方法（調査及證□書類入手の上）について、是非共、議長の、御指図を願ひたく、曲げて、御出で下さる様に、伏して、お願ひ申しあげます。
部落施設要求週間中に、演説会を、開いて、県会と、臨時議会へ、決議文とを、付きつける予定ですから、出来得れば、藤原氏も、御同道の上、御来広下されば、どんなに、皆が、よろこぶかも判りません。議長の御都合鶴首して、待っております。

十一月十五日

髙橋貞雄

松本議長殿

史料7　吉竹浩太郎宛髙橋貞雄封書（一九三五年八月二二日）

九聠の堪へまなき御健斗を、我々は、うらやましく感じ、亦、敬服も、しておるものです。總本部の井元君よりお聞きでせうが、広島県佐伯郡中村に、盆踊りの合の手に、差別言辞を使ひ乍ら唄ひ、はやした事を、知り糾彈いたしました處、

一、融和講演会の開催。講師三名。内　一名は、県社会課ゟ、二名は全水より

講師の旅費、食費は、村費支出

一、啓蒙委員会設置　八月廿七日午前十時ゟ

融和講演会　八月廿七日午后一時ゟ

右の如く、決定いたしましたので總本部へお願ひした。結果一名は、泉野利喜蔵君が来てくれるとの事ですから、済みませんが九聠から田中松月君か、藤原權太郎君の内どちらかを、およこしくだされば幸甚ですが、如何でせうか、勝手乍ら、御交渉の上御返事下さる様に願います。

西天満町三九六

髙橋貞雄

吉竹洪《（ママ）》太郎　様

史料8　松本治一郎宛玖島三一封書（一九三四年七月一日）

冠省
貴方様には其後もお変りなく御健斗の由深く感謝いたします広島地方では四月二十六日の朝一斉檢擧がありましたが、私は六十六日ブリに出ましたから御休心下さい。全水関係でまだ出ない者が二名あります。貴方様には私の事でお金までいただき眞に有難く有ります。議長様にも時節柄充分御体を大切御達者で居てください。

七月一日
玖島三一
松本議長様

史料9　松本治一郎宛小森武雄封書（一九三四年三月一四日）

拝啓
早速乍ら、広島市の県委員会より通知に接し、當東部地区の兄弟は非常なるセンセーションを捲き起して居る状態ですが、貴殿及藤原氏が、来府し下（欠字・さる？）との事にて、今や東部地区は大童の宣傳に立ち上がって居ます。

就ては、御両所様には間違い無く御来府下さる様御願い致します。

尚ほ、御出發の際には、打電下さる様御頼み致します。

では何卒御来府間違い無き様祈ります。

御健闘を祈り上げます。

敬白

三月十四日
廣島縣東部地區委員會
廣島縣芦品郡府中西町　小森武雄

松本様

史料10　松本治一郎宛小森武雄封書（一九三四年六月二六日）

拝啓陳者愈々御清適奉大賀候
我が虚《（ママ）》げられし三百万の為や墝ゆみなき御堅斗下さる事と誠に感謝の至りに候
御蔭をもつて我が廣島縣東部地区も其の後盛々と運働《（ママ）》かちりと致し居り候
之は他事乍ら御安心下され度く候
偖て来る七月十日前後に支那皮長表注文取りに御地に参ります故御話の履物問屋え前似て御話し置き下され度く御願申上げ候
先づは御願迠

敬白

六月二十六日

廣島県芦品郡府中西町
支那皮長表専門製造問屋　小森武雄

松本治一郎様

史料11　松本治一郎宛小森武雄葉書（一九三四年七月一日）

拝啓　先日は突然参上致し一方ならぬ御配慮に附り誠に有難御礼申し上候
御蔭様にて古池、ハリマ、福富、様に取引の可能性之有り
ハリマ、福富様方に御便に御照會致し置き下され度く御願申し上候
先づは取り急ぎ御回答迄

敬白

史料12　松本治一郎宛小森武雄封書（一九三四年九月一四日）

拝啓長々御無音様打過ぎ侯
議長殿には御変りも無く我ら虚《(ママ)》げられし三百万解放の為に御健斗の由し誠に深く感謝申し上侯
偖て我が東部地区水平社主催にて演説會を本月中か十月中に開催致し度く日時が決定致しましたら電報で御報告申しますが御出席下されます裁御都合御伺申上げ侯
次に七月には御伺致し小生の商業上の事に付き一方ならぬ御世話様に附り有難御礼申し上げ侯
其の際七月十日御地松園町の古池吉松様方え注文にて見本的に百貳拾足代金五拾参円御送附申上げ侯に、代金御送金下さる様二三回葉書にてとく促申し上げ侯に何んの御様子も之無く甚だ申兼ますが當方も帳面の整理もありますので御話し下され度御願い申し侯
終筆乍議長の御健斗を祈ります
敬白

小森武雄

松本治一郎様

九月拾四日

史料13　松本治一郎宛小森武雄封書（一九三六年二月一日）

兄弟の為めに石にかじり附いても勝て下さい。我が東部地区では色々なことを考えましたが選挙法が色々うるさいので其のまゝに成つて居ります
具体的な事とは、法がゆるしませんが東部地区六百ケ参千名の兄弟は心からなる激励を申し上げます
其の後の情政を御通知下さり終筆乍ら慈父の御健斗を祈る

不一

松本議長様

小森武雄外
東部地区一同

史料14　松本治一郎宛中野繁一封書（一九三六年二月二九日）

冠省

前畧御免下さい。委員長には、今度は、御当選致され我々三百万の兄弟は等しく、喜び且つ力強く思ひ居ります。廣島縣聨合会は謹んで御同慶申上げます。

扨て去る廿七日の山本氏の公判は御出廣の□と思ひ万全、準備をして、御待ち居りました。郡部の各支部、参加に福山方面よりも、出廣なし委員長を出迎え申し致したが残念でした。已むなく、山本氏の公判後、一致協会に於いて、縣聨委員会を持ち種々の協議を致しました。其の結果本年度の縣聨合会大會を、四月一日ヨリ五日までの間に挙行することに決定しました。場所は佐伯郡、美能島《（ママ）》ノ高田村に於いて行ふことになりました。御承知の如く能美島、江田島は、かなり、部落戸数が多く、先年、鹿ノ川村に於ける部落民に対する襲撃事件のありし其ノ後に去年夏、中村に於いて盆踊り差別事件、近時に於ては髙橋武夫氏、選挙の為、違反事件等々、かなり重大事件が起こりし土地柄にて、部落大衆は□次我等の陣営に馳せ来たりてある情勢にて、目下の處實は、一番大切な時期にあるこの時に際して、当地に大會を持つと云ふことは、今後重大なる、影響となるのであります。故に。御氏の来廣を全部落大衆は待望致して居る次第であります。委員長に是非共、来て頂く様島の兄弟の切なる、希望でありますから、何卒、万障、御繰り合わせて、御来廣の程を御願ひ上げます。委員長が出席して、下さらない様であれば、大會は中止すると目下決定しました。何卒、御繰り合わせて、御来廣ノ程伏して、御願い申します。出来れば四月一日より五日までの其ノ間の御日を御選びなされ、決定時に御知らせ下さい。決定次第、大会準備に取りか丶る□であります。故に是非、御出て下さる様御依頼申し上げます。何卒、一日も早く、其の御回答を、を待□ち申して居ります。

廣島縣聠合会

委員長　中野繁一

松本治一郎　様

史料15　松本治一郎宛全国水平社広島県連合会執行委員一同封書（一九三五年？）

拝啓　酷寒の候に御座います。議長にはご無事ですか

付いては、今般中央委員会開催に付き、廣島縣聠合会より高橋貞夫君連席する筈の處、突撥的な事情あり、欠席の已むなきに到りました。縣聠合会委員長天本喜代一君は、目下、廣島縣聠合会製靴工業組合認可申請に付いて、上京中、廿日に歸廣途中、中央委員会に出席の豫定の處これ又、廿日後まで上京している電報あり、已むなく、白砂建君《ママ》代理として、上阪せしめました。付いては広聯では目下種々な問題あり、（太田川《ママ》改修問題、尾長地区整理問題、佐藤中将の糾弾問題等　大衆アジに務めつゝあり、議長歸途の途中、是非広聯に御立寄りを乞う、吾、委員連座して、お待ち申して居ります。

何卒、御来廣下され□御依頼申し上げます。

廣島縣聯合会

執行委員一同　印

松本治一郎　様

参考文献

天野卓郎「資料紹介　全国水平社広島県連合会ニュース」（その一）（その二）『史學研究』第一一一號・第一一二號、廣島史學研究会、一九七一年六月・九月。

岩佐寿一編・著『あめとかぜと―広島県戦前左翼運動の手記』あめとかぜと出版委員会、一九八五年。

塩田庄兵衛編集代表『日本社会運動人名辞典』青木書店、一九七九年。

日本アナキズム運動人名事典編集委員会編『増補改訂　日本アナキズム運動人名事典』ぱる出版、二〇一九年。

部落解放・人権研究所編『部落問題・人権事典』解放出版社、二〇〇一年。

広島県部落解放運動史刊行会編『広島県水平運動の人びと』部落問題研究所、一九七三年。

『広島県部落問題年表―広島県立図書館所蔵資料にみる部落問題―』広島県立図書館、一九八六年。

広島県府中市編『部落の実態』広島県府中市、一九六九年。

宮崎晃『差別とアナキズム―水平社運動とアナ・ボル抗争史―』黒色戦線社、一九七五年。

割石忠典「メモ・広島県水平社創立以後の大会の歩み――一九二三～一九八八―」『部落解放ひろしま』第一〇号、部落解放同盟広島県連合会、一九八九年八月。

割石忠典「解説　人の世に熱あれ　人間に光あれ―広島県水平社運動の軌跡―」福山市人権平和資料館編『広島県水平社創立七十五周年企画展「人の世に熱あれ　人間に光あれ」』福山市人権平和資料館、一九九八年。

割石忠典「朝鮮衡平社大会に参加した原口幸一―植民地期朝鮮と広島県北部の部落差別撤廃闘争―」『芸備近現代史研究』第三号、芸備近現代史研究会、二〇一九年一月。

割石忠典「広島県水平社解放連盟の活動家たち」『芸備近現代史研究』第四号、芸備近現代史研究会、二〇二〇年一月。

田村定一

山口県の水平運動・無産運動の活動家

布引敏雄

1 田村定一のプロフィール

田村定一は謎の人物である。とにかく、わからないことが多い。

山口県の水平運動においては、田村定一は山本利平と並んで双璧と呼んでもよい活動家である。だが、史料不足もあって、これまで田村の全体像は描かれたことがなかった。だが、今回、福岡県人権研究所に寄託された松本治一郎旧蔵資料（仮）の中に、田村の書簡がふくまれており、それらを見ることによって田村の人間像についての解像度が高くなった。

田村定一の誕生年月日は、新聞には「明治三十五年十月二十五日生」とある（宇部三一・九・三〇）[*1]。しかし、新聞記事中に散見する田村の年齢には異同があって確定的ではない。本稿ではやむなく田村の生年月日を前記とし、かつ、名前の読みも「じょういち」と暫定しておく[*2]。

学歴は小学校卒らしいが、卒業後は労働者として働き、かつ新聞記者の経験もあるようである（宇部三七・四・一〇）。田村の職業については「商業」と書かれることが多いが、実態は屑鉄商であったようだ。宇部市議会で田村の職業について質問が出たことがあり、そのとき市当局は「小間物商」と答え、さらに親の職業は「古金商」と答えている（宇部三一・八・一三）。なお、戦後の新聞には「印刷業」と書かれたこともある（防長二四・一・八）。

こんな田村定一だが、彼は第二次世界大戦後すぐの衆議院総選挙（一九四六年四月）において当選し、国会議員となった。この総選挙はまだ旧憲法下での選挙で、「総選挙は民主化の出発点」とか「さあ一人残らず新建設の投票へ」と呼びかけられたりした選挙であった。山口県は全県一区で定員九人。立候補者は総数四五人という激戦で、当選したのは、自由党四人、無所属三人、社会党一人、進歩党一人であった。社会党からは七人が立候補したが、当選したのは田村ただ一人であった。水平運動家の山本利平は共産党から立候補したが、落選であった。

水平運動の活動家で国会議員となった人には、周知のように松本治一郎や田中松月、田原春次がいるが、それ以外にはあまり多くいないのではないか。田村定一は数少ない水平運動関係者の国会議員である。田村定一が国会議員に当選した時の『防長新聞』の記事を以下に掲載しよう。この記事には田村の横顔が見事に描き出されているからである。

新代議士のプロフィル　社会党 田村定一

ロイド眼鏡に顎髭の人気者、政治社会運動は三度の飯より好きといふ田村定一氏は、生ツ粋の宇部ツ子だ。政友系の金城湯池、封建的な宇部モンローのなかに育ったこの異端者は、終始一貫、無産大衆のために闘ってきた。もちろんそれは言論のたたかひであった。宇部モンローは労働運動さへ本当のものは育たせなかった。然も彼は脇目も触らず、この試練に挑んできたのだ。時代の転換とはいへ、いま県下唯一人の社会党代議士として、晴れの舞台に躍り出た彼の感慨は果たして如何であらう。

彼の政治的手腕については、廿八歳の第一期市議選挙以来連続四期、十八年間市政に参加してゐることでも判るが、何といってもその取柄は、押しの強さと仁義の強さ、いはば親分肌のところであらう。来るものは拒まず、また頼まれれば何でも引受けて、親身に面倒をみるのが彼の性格である。仁義の厚い点では当選の喜びと□□[*3]に、近く福岡の親分松本治一郎翁を訪問するとのことでも判らう。

彼のあのヤギヒゲは彼を宇部の名物男たらしめた所以でもある。それは決してホメルほどの存在ではないが、彼にとっては大事な存在でもある。こんどの選挙にも、ある男が「田村君がヒゲを延せば、二万票以上の票は増すんだが、惜しいなア」と皮肉をいったが、「政治運動に興味をもつやうになって、一般の人に印象を与えるのは何が一番よいか、いろいろ考へた結果がアゴヒゲである。この特徴を持つとよいことも悪いこともある。しかし自分を□するにはまたよいことだ。ヒゲの徳も多い。ヒゲのため顎を負傷しなかったことも度々だから」とは彼の持論である。

宇部の名物男田村、彼が果たして議会の名物男たり得るかどうかは、今後の勉強如何だが、いづれにしても宇部財閥を圧倒して躍り出た彼の今後は刮目されるものがある。

（防長四六・四・二二）

田村定一の顎鬚《あごひげ》は松本治一郎の真似である。右記事後半にあるようなことも田村は言ったかもしれないが、本当はそんな理屈はいらない。田村は松本が大好きで、かつ尊敬しているのだ。だから、田村は松本の風采の真似をした。写真を見ても、田村は小松本といった感がある。このことは周囲の人たちも気づいていて、おもしろがっていたようだ。[*4]

右記事中にある「宇部モンロー」とは、宇部興産株式会社の企業城下町宇部市の、労資協調主義を基軸にした、政官民一体で、労働運動を抑制しつつ社会政策を実施する指向が、一見モンロー主義に似た排他的雰囲気を漂わせていたことからそう呼ばれた。大正期以後、宇部市では労資の対立はなく、社会事業は充実していると豪語する風もあった。

そんな宇部モンロー主義の下にあって、水平運動は困難を極めた。宇部市長・国吉信義は一九三二（昭和七）年の市議会で、田村市議へ向けて「水平運動にせよ融和運動にせよ、全国中で宇部市ほどよく融和されてゐるところは少ない」、だから「泣かぬ子を泣かし、何も知らぬものにまで今更のように差別観念を植えつける」水平運動のようなものを行うのは「却ってよくない」と指摘し、水平運動は宇部市では「控えねばならぬ」と発言している（宇部三二・三・一）。こうした空気の中での田村の水平運動であり、労働運動、政治活動であった。彼の孤軍奮闘ぶりが大衆の心をつかんだのである。

2 全九州水平社とのつながり

若き気鋭の活動家として田村定一の姿が垣間見えるのは、一九二四（大正一三）年七月一〇日に、船木町の船木劇場で開かれた山口県水平社の臨時大会に於いてである。この大会で、開会を宣言し、また決議を朗読したのは宇部水平社の田村定一であった（『防長水平』一九二四年九月）[*5]。この時田村は満二二歳。

そのころの田村が書いた「解放の白道へ」という一文が、全九州水平社機関紙『水平月報』第六号（一九二四・一二・一発行）に載っている。そこでは田村は、「改善」という考え方は「解放の根本をはきちがえている」と指摘し、それまでなされてきた「改善」は効果が全く無かったこと、また「いつまで待つてゐても決して救ひの手は来るものではない」という認識のもとに、自主的に解放運動を切り拓いていく決意を語っている。

田村の部落改善運動批判は、おそらく宇部モンロー下での「改善」に偽善性を見抜いていたからであろう。この『水平月報』の発行者は田中松月で、右の一文掲載を契機に田村と田中の交流が始まったと思われる。どうして二人が相知ったかは不明であるが、たぶん全九州水平社の松本源太郎葬儀がそのきっかけではなかろうか。

松本源太郎は一九二四（大正一三）年七月に徳川侯爵爵位返上問題で入獄し、九月に獄中で死去した。全九州水平社ではこれを不審死として官憲を糾弾するとともに、一〇月一一日に彼の葬儀を荊冠葬として福岡で挙行した。この荊冠葬に山口県からも幾人かが列席し、これを機に全九州水平社と山口県水平社との交流が始まったようだ。[*6] 田村もこの流れのなかで田中松月との接触があったのだろう。

写真１　中央に松本治一郎、左へ１人おいて田村定一、松本の右が山本利平、右へ１人おいて藤原権太郎（1935 年 11 月、山本利平出獄記念写真）

翌年五月一五日、今度は、宇部水平社員・上田源一が獄死し、その山口県水平社荊冠葬が小郡町の寿座において挙行された。この場に全九州水平社の松本治一郎・田中松月が列席した。松本は沈痛悲壮なる弔辞を述べたという（『防長水平』一九二五年六月号）。同日同地において、荊冠葬に引き続き山口県水平社の第三回記念大会が開かれ、その後で「上田源一追悼大演説会」が開かれた。松本は本部からの急電があって退席したが、田中松月が演説を行った。
昭和という年号の時代に入り、山口県水平社の中心が小郡町・陶村から宇部市へと徐々に移っていく。[*7] 一九二七（昭和二）年三月二七日、宇部倶楽部において福岡連隊事件の批判演説会が開催された。言うまでもなく福岡連隊事件とは松本治一郎にからむ事件であり、水平社は官憲に対して激しく反発していた。宇部水平社主催のこの批判演説会には、中央本部から栗須七郎、西光万吉、山田孝野次郎、全九州水平社から田中松月、花山清が弁士として来宇すると新聞（宇部二七・三・一八）が報じた。

一九二八（昭和三）年九月二三日、宇部水平社は「執行委員会を田村氏宅に開」いた（宇部二八・九・二三）。協議の結果、維持費を払わない者は総会に出席させない、政治的に宇部水平社は「絶対厳正中立」であるが個人は自由、等々を決定した。執行委員会を田村の自宅で開いたということは、田村が宇部水平社の中心的人物となってきたことを示している。

一九二九（昭和四）年三月一日、宇部水平社大会が新川座を会場に開かれた。このとき祝電披露を行ったのは田村定一であった。この大会は盛況で、全国水平社本部から沖田留吉、九州から田中松月、四国から徳永参二らが出席した。

なお、この宇部水平社大会については『水平新聞』第二六号（一九二九・三・一〇）が取り上げ、以下のように山口県水平社運動の質的転換期として注目している。

同地水平社の同人には炭坑の労働者も多く、早くから階級的に結成されるべきであったが、未だ昔式の糺弾一点張りの方針だった為め、排他的精神が増長された傾向であったが、最近どうしても水平社同人の解放は一般無産階級との提携なくしては出来得ないことを痛感し、更に水平社の運動それ自身が、階級的な政治闘争への進出に依って始めて解放されるものである事を感ずるに至った。今度の大会は、実にかかる運動方向の転期を来すものとして意義深かったものである。

司会者田村氏は起って、政治戦線への進出が強調され、全国本部応援の徳永君に依って労働者農民の組合結成の必要と、融和運動の曝露並びに政治的自由獲得闘争への参加が強調され、沖田君、田中君も相ついで水平運動の階級性を強調した。

昭和という年号の初頭、前代大正時代に行われた普通選挙運動の結果としていわゆる普選が実施され、また米騒動、関東大震災から続く慢性的な不況、それに上乗せする世界恐慌は労働運動を活発化させた。こうした状況は無産政党運動の苗床となった。水平運動もこうした時勢に対応して、労働者階級との連携を意識するようになっていた。山口県水平社の中心が宇部市に移って以後は、山口県の水平運動は労働運動・無産政党運動との連携が行われることとなる。

3　労働運動・無産政党との連携

山口県における無産政党の活動はあまり顕著ではない。日本共産党の活動家が多く出たことは世間的にも有名だけれども[*8]、彼等の活動は日本全域に関わるスケールであり、山口県という一地方の共産主義運動の先頭に立つことは少なかった。

また、山口県で最初に実施された普選は、一九二七（昭和二）年の県会議員選挙である。この時、無産政党はまだ結集が進んでおらず、労農党の奥田乙次郎がただ一人大島郡から立候補したが、落選した。なお、戦後一九四九（昭和二四）年に田村定一が衆議院に立候補したときの履歴に「高等小学卒、炭鉱機械工となり労働農民党へ入党」（防長二四・一一・一五）と書かれているが、これが正しければ田村の政党入党は労農党が最初である。

無産政党は離合集散を重ねたので、その動向は確認しづらいが、一九二八（昭和三）年には山口県の労農党は「党員僅に百名許り」（防長二八・四・一二）といった状況であった。

田村定一はこうした状況下で、一九二九（昭和四）年一〇月一九日の宇部市議会議員選挙に、無産大衆党から立候補した。無産大衆党は旧労農党系の政党である。この時、田村定一は二八歳。定員三〇人、立候補者四九人という激戦であったが、田村は二七一票を得て一三位で当選した。新聞は「無産政党の田村氏が中位以上で当選したことも時代の思潮を物語る」と書いた。この田村の当選は『水平新聞』(一九二九・一二・一)でも報道された。

山口県にあって、無産政党を名乗って地方議会に当選した最初の人は、田村定一ではなかろうか。山口県は政友会が圧倒的に強く、普通選挙が実施されても無産政党からの当選者は、県議会はもとより、市町村の議員にあっても困難であった。だから、そうしたなかでの田村の当選は、無産政党の候補者というだけではなく、田村の個人的人気に負うところが大きいと言える。

なお、この選挙では宇部水平社からは中村友一・奥村小四郎の二人も立候補したが、ともに落選した。田村は水平運動の活動家としては中村に比べればまだ駆け出しであるし、文筆では奥村に太刀打ちできない。[*9] 田村の人気は彼のあたたかな人間性、および労働運動と無産政党における活動に原因している。

宇部市議会に登場した田村定一議員は獅子奮迅の活躍を見せる。残念なことに宇部市は第二次世界大戦時に烈しい空襲を受け、そのために市議会議事録は焼失してしまった。そのため田村の活躍を追跡できないが、地元新聞『宇部時報』は市議会の質疑応答をかなり詳細に報じているので、田村の活躍もわずかながら判明する。新聞は「例によって田村議員の質問や意見の発表」(宇部三一・八・一三)と書き、田村の発言がきわめて活発だったことを示している。また、『水平新聞』一九三五(昭和一〇)年五月五日号も、田村の活躍を「一人で宇部市会を占拠」と伝えている。

他方、田村定一は労働運動の指導者としても目立つ存在であった。宇部市合同労組という組合は、おそらく単体では組合を組織しえない弱小労働者グループや失業者を労働組合としてまとめ上げたものであろう。田村はその委員長であった。一九三二(昭和七)年には、隣町小野田の製陶労働者ストライキに、田村は宇部合同労組委員長の肩書で応援に駆けつけたが、この時社主側の代表として田村に対峙したのは融和運動の主導者でもあった姫井伊介である。[*10]

一九三一（昭和六）年三月、宇部合同労組の中に「刷新同盟」を名乗るグループの活動が活発化し、田村定一組合長を「ダラ幹」ときめつけて攻撃した。刷新同盟の中心人物久野五郎は全協（日本労働組合全国協議会）系の活動家であった。結果として田村らは久野五郎を除名している（宇部三一・三・一一）。この騒ぎの焦点は田村が東見初炭鉱と癒着していると刷新同盟から疑われたことにあるらしい。詳しいことはわからないが、久野たちは全協系の活動家であり、共産党の影響下にあったらしいので、組合主導権の争奪でもあったようだ。

同年には田村定一の所属政党は全国労農大衆党と改名した。同党宇部支部は来る県会議員選挙に同党から立候補者を出そうと努力し、最終的に田村を同党の候補者とした。この県議選の中心スローガンは、「㈠無産者にモラトリアムを断行しろ、㈡税金は資本家地主からとれ、㈢官憲の無産階級弾圧絶対反対、㈣知事と金持の専制を打倒せよ、㈤民政・政友打倒、無産者本位の政府擁立、㈥無産者は全国労農大衆党へ」以上であり、これにより同党の主張がうかがわれる（宇部三一・九・二、同九・九）。

この県議選には福岡県から幾人かの応援弁士が来宇した。たとえば、福岡県議の堂本為広、青野武一、九州合同労組の沢井菊松、門司の稲富覚之助、また八幡製鉄大争議で有名な浅原健三、古市春彦が来た（宇部三一・九・二九、同一〇・二）。残念ながら同年一〇月の県議選では、田村は落選であった。

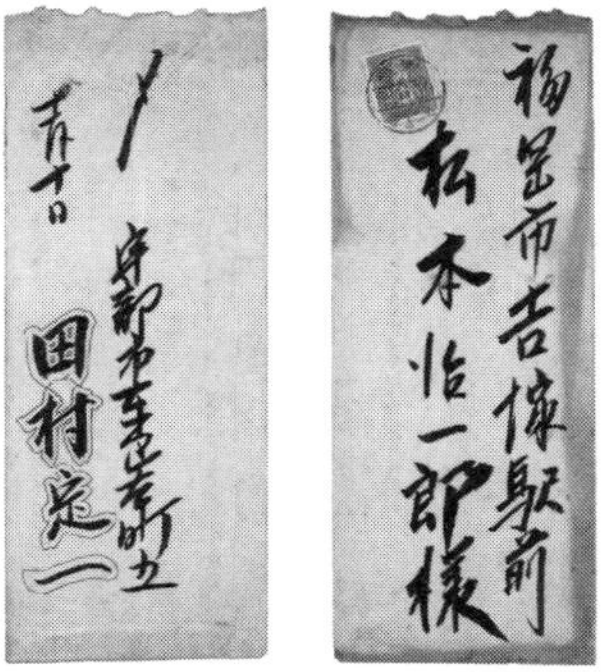

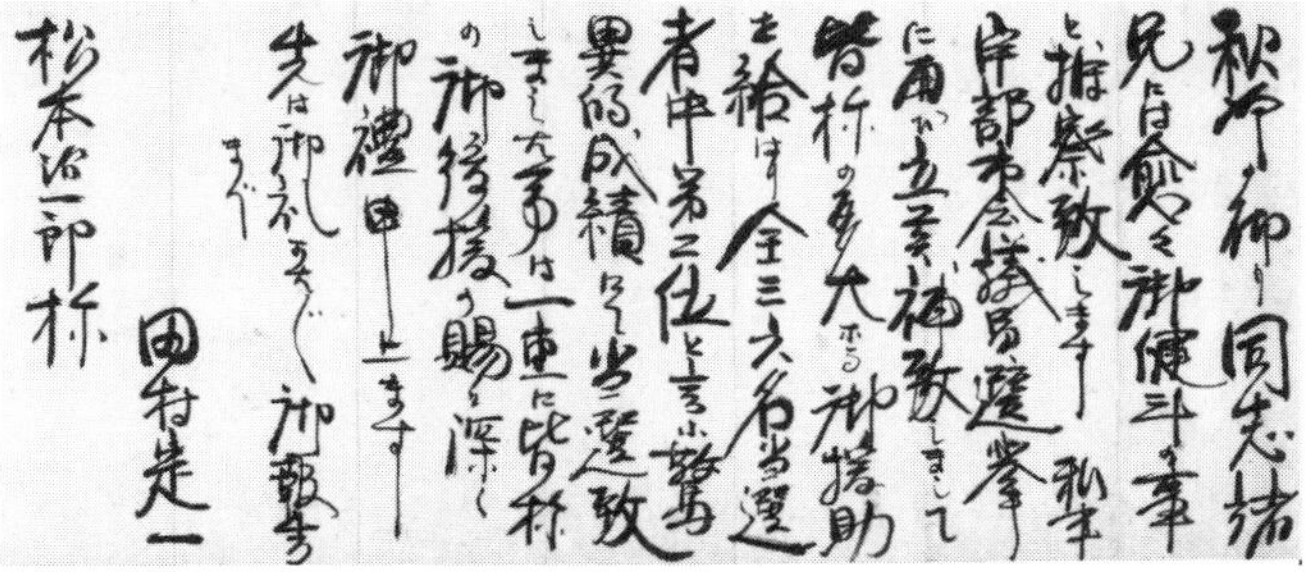

写真2　田村は1933年の宇部市議会議員選挙に立候補し、全36名中2位の成績で当選した（松本治一郎宛封書、1933年11月10日消印）

翌一九三二（昭和七）年三月六日、小野田町の本山岬にある子持御前社の裏山で、一群の若者が海老茶色の風呂敷を赤旗に見立て、「高く樹て赤旗を」云々の革命歌を高唱し、過激な演説を交互に続け、さらに近くの国鉄雀田停留所の窓板に「〇〇党を守れ」という「不穏な文字」を彫り付けたという（宇部三二・三・八）。こうした動きは全協の久野五郎らの動きと特高は判断して、久野が宇部市内において組織した細胞の二十数名を逮捕している。

こうした動きに対処してか、全国労農大衆党の山口県連執行委員会では、同年の下関市におけるメーデー行進の取りやめを決定した。また役員改選が行われ、委員長には河本佐一郎（柳井）、書記長には田村定一がなった。かつ、同党の事務所を宇部市の田村の私宅に置くことも決めた（防長三二・四・二四）。田村が実質的に全国労農大衆党の山口県における中心人物となった。

下関市のメーデーといえば、前年には、『防長新聞』は「下関のメーデー参加団体約五百人」を主見出しに、「山本凡児氏総指揮」と第二見出しを大きく打ったので、一躍山本凡児（利平）の名が県民に知れ渡った（防長三一・四・二六）。今回の県連の決定は、山本にとっては不本意のものであったろう。

4　松本治一郎への手紙

このたび福岡県人権研究所に寄託された松本治一郎旧蔵資料（仮）の中から、田村定一が松本治一郎あてに差出した手紙を計二一通見ることができた。なお、山本利平とその妻が松本へあてた手紙も一〇通存在しているが、ここでは紙数の関係で紹介は割愛する。*11

田村定一の書簡二一通は一九三三（昭和八）年から三六年までの四年間のもので、なかでも一九三五（昭和一〇）年のものが計一〇通と最も多い。

分量の問題もあって全部の原文を紹介することができないので、以下において、その一部である七通のみを提示し、簡単な解説を試みてみたい。なお、書簡の宛先はいずれも「福岡市吉塚駅前　松本治一郎殿」、差出は史料1～3が「宇部東区本町五田村定一」、史料4が「小月駅にて」、史料5が「宇部市東区トキワ通リ二　田村定一選挙事務所」、史料6、7が「宇部市東区本町五丁目」である。

史料1　松本治一郎宛田村定一葉書（一九三三年八月二一日消印）

御健斗之段感謝します。先日御手紙差出し置きましたが、宇部市の演説会は先日下関市で御願申せし如く、二十四日午后六時から新川座で開催する事に決定して、ポスター其の他一切の準備を整へてゐます。間違無く御来援を乞う。他の同志も不安に思い居りますから、二十四日に行くと、大至急電報でも打って下さい。たのみます。

田中氏は是非御同道を乞う。

御来宇の時は、山陽線宇部駅下車、自動車にて。


いまさら説明するまでもないが、香川県における結婚差別事件を審理していた高松裁判所が、不当な差別判決を行ったので、全国水平社では総力をあげてこれの糾弾に取り組んだ。山口県における高松差別裁判糾弾闘争の開始は、一九三三（昭和八）年八月五日、下関市で開かれた山口県水平社の闘争準備会からである。この集会には全国水平社からは松本治一郎委員長、北原泰作常任委員など、山口県内からは宇部、高森、長府、仙崎、船木などの水平社員、総数四〇〇人が結集した（防長三三・八・八）。この結果の一つとして、右の葉書にみえる宇部市の新川座で、八月二四日、高松差別裁判真相報告大演説会が開かれた。

この演説会には松本治一郎と田中松月の二人が来援した。差別糾弾闘争委員会における報告書に、「県内殆ど立ち上がり、代表者会議には約四十部落が参加、八月二四日松本議長を迎えて宇部市で大演説会を挙行、切迫した請願行進九州隊の出発を前に県下では極度に緊張し、九州部隊の関門海峡通過を死守し、参加する動員準備が手配されている」と書かれている（『資料集成』補巻二、一三九六頁）[*12]。

他方、この差別裁判糾弾闘争とは別に、全国水平社はその頃深刻な課題を抱えていた。その課題とは全国水平社解消意見問題である。一九三一（昭和六）年一二月の全水第一〇回大会（奈良県桜井町で開催）に提議されたこの意見は大議論となり、結論を出すことができず、一九三三（昭和八）年三月の第一一回大会（福岡市で開催）において部落委員会活動案の提案によって、ようやく終結していた。

田村定一は水平社解消問題に関して、四国の徳永参二の影響で解消賛成派かとの見方もされたが（『集成』第二巻、六三七頁）、共産党に対しては批判的であったと見え、第一〇回大会では赤松五百麿が長広舌を振るうのに対して「共産党の大会ではないぞ！」と野次を飛ばした[*13]（『集成』補巻二、一〇八八頁）。この時期、田村の目から見て、五百麿は共産党にみえたのかもしれない。これからみて田村は解消派ではない。

山口県にあっては、山本利平と田村定一の二人が、この時期の水平運動をリードしたことはよく知られている。山本はこの差別裁判糾弾闘争と部落委員会活動とを連関させ、おもに長門地方西部から北部にかけての地で運動を展開した。山本は、まず差別裁判糾弾闘争について報告したのち、各部落の直面する諸課題について座談会を開き、行政の行う融和事業への不満を明確化し、その怒りを行政にぶっつけるという手法をとった。

こうした山本利平の活動は、『全国大会準備闘争ニュース』で報じられるなど、広く世間に知れ渡ったのに対して、田村定一の活動は知られていない。今回、右掲の葉書によって、田村もまた同様の活動を展開していたことが初めて知られた。その意義は小さくない。

史料2　松本治一郎宛田村定一封書（一九三三年一〇月三一日消印）

昨日は大変有難う御座いました。

長途の請願運動で御つかれの事と存じます。市議戦は三十六名の定員で四十名立候補です。政友三十五名・民政一名・中立三名・無産一名です。小生苦戦です。

一名同人から立候補しました。而し水平運動は過去に於いてなした事はないのです。亦一度水平運動を喰物にした事が有る人です。而し今回同人の内小生以外立つものもないので、部落を中心に立候補しました。部落は政友会の人ばかりです。今度の高松事件に付いて要求書に一名も調印しない部落です。それは本部の指導部が無産党某だからと言って、如何に説明しても駄目な所です。その人達が一名中立団体に加入さして、裏面で政友と握手してゐるのです。

而し田中松月君に二三日だけ、その人を応援さす事にしました。而しあまりよい人ではないですけれ共、部落の人ですから先日議長の御宅へ行ったそうです。この人の性確はあまりよくないです。中立団体は小生と共同戦線をはっています。そのため反政友だき倒しに出たのだと云うデマも飛んでいます。田中氏が一日から来三日まで来援される事になっています。小生の方に二日間、同人の中村君の方へ一日です。議長は御迷惑でしょうが、四日には間違無く御願します。一番重要な所ですから宣傳しています。

亦花山氏の大衆時報、至急に発行日と番号を御報せ下さる様御願します。


右は一九三三（昭和八）年の宇部市議選に際しての手紙で、田村定一の二度目の市議選出馬である。相変わらず政友会圧倒的優勢の状況だが、無産政党からはただ一人田村が立候補した。しかし、部落からは田村以外にもう一人が立候補した。この人物は水平運動を行った履歴はなく、それどころか水平運動を「喰物にした」こともあるという。

この人物を初めとして宇部市の部落は「政友会の人ばかり」で、高松差別裁判闘争においても水平運動に背を向け、その理由付けに「本部の指導部が無産党系だから」と、それを理由に背を向けたらしい。

右書簡にみえる「中立団体」とは山口県一心会のことで、言うまでもないが半官半民の融和団体である。その一心会と田村たち宇部水平社は「共同戦線」を張って、おそらく民政党や中立系の候補者と共闘関係にあったのだろう。山口県一心会は単なる保守反動団体ではなく、姫井伊介が主導する同愛会系の融和団体であり、姫井は反政友会・水平運動肯定の旗色を鮮明にしていた。しかし、この田村と一心会の共闘関係が「反政友だき倒し」（反政友会共闘で共倒れ）とデマをとばされる原因ともなったようだ。「田中氏」は田中松月、「花山氏」は花山清、この二人に加えて松本治一郎本人、この三人に田村は応援演説を依頼したようだ。この市会議員選挙では、田村定一は「全三六名当選者中第二位と言う驚異的成績にて当選」した（松本治一郎宛田村定一封書、一九三三年一一月一〇日）。

史料3　松本治一郎宛田村定一葉書（一九三五年三月一六日消印）

貴九州大会も迫って、御多忙の事と存じます。山口縣聯は四月三日に決定しました。会場は宇部市新川座です。是非御来援の程御願いします。反動融和団体の防害で困難です。御相談も有りますから熊本へ御伺いする積です。

一九三五（昭和一〇）年四月三日午後二時から山口県部落代表者会議、午後五時半から佐藤中将糾弾演説会、六時半から演説会が、新川座で開かれた（松本治一郎宛田村定一葉書、*14一九三五年四月二日）。佐藤中将糾弾と同時に、そのころ山口の第四二連隊において差別事件が発生していたので、軍隊内差別糾弾を主目標にした会議であった。ほかに融和運動排撃や山口県水平社本部を全国水平社山口県連合会と改称し、その本部を宇部市に移転することを決定した。この大会には松本治一郎・田中松月らが参加した。

なお、右文中に「反動融和団体」とあるのは山口県一心会のことであるが、史料2では「中立団体」としていた。田村の一心会に対する立ち位置は微妙で、一九二九（昭和四）年八月には、一心会宇部市分区委員の中に田村の名がある（宇部二九・八・三二）。中村友一・中村貢・藤村喜助もともに名を連ねている。また、一九三二（昭和七）年一一月、一心会青年連盟の宇部支部が創立されるが、その創立委員のなかに田村定一・中村友一の二人も名を連ねている（宇部三二・一一・一三）。こうしたことからみて、宇部市水平社は一心会を拒絶していないようだ。だから、田村は一心会を「中立系」と評価することもあるのであろう。一九三七（昭和一二）年八月の時点でも田村が一心会に関係していた新聞記事があるから、田村はおそらく一心会との関係を戦時中まで継続したと思われる。

史料4　松本治一郎宛田村定一葉書（一九三五年七月四日消印）

先日は突然御伺いしまして、済みませんでした。豊浦郡豊田中村の地方改善費問題は、村長・助役・村会議員・方面委員十名全て、部落側三名と小生とで立会の上、結局二百円余り、□□□の兄弟の部落へ出す事に決定し、十一月下旬全水の講師を招いて、全村に講演会を開くことに決定して、三日夜は□□□の兄弟の部落で座談会を開いて支部組織をしました。今から萩へ向う。

この葉書は、山陽本線小月駅（現在は下関市に属す）から発せられたもので、田村定一による部落委員会活動の具体例である。ここの部落民座談会は高松差別裁判糾弾闘争の報告を兼ねたもので、その席上で日常の地方改善費の使途などの追及がなされた。

豊田中村（現在は下関市に属す）での会合では、二〇〇円を部落へ支出し、かつ「全水の講師」を招いて全村に講演会を開くことが決定された。当時、地方改善費を使った講演会が開かれることが多く、その講師には山口県一心会や中央融和事業協会から講師を招くことが多かった。そうした講演会への部落側の出席率が悪いと批判されることがあったが、やはり水平社側の推薦した講師と融和運動側のそれとでは違いがあったのであろう。また、この村では座談会の結果として水平社の支部が組織された。

史料5　松本治一郎宛田村定一封書（一九三五年九月二四日消印）

冠省
ブルジョアジーの選挙は伝統的な策動はうまいのか、プロ階級の進出を必死の力で防ぐためか、惜しくも敗れた。而し何時までも続くものではない。皆よく戦い、敗れたりとは言え、まだ我等の戦は今からである。吾等の委員長は健全なり。早良郡の宮本、嘉穂の花山両氏当選。でも吾等の勝利の第一歩なり。吾等のために戦われた委員長の御心を御察しします。藤原当選せば！
私も二十七日か言論戦にうつります。是非本月二十九日一日間でも御来援御願します。軍資金無く人手無く、苦戦です。是非御願します。御返事を待っています。準備の都合も有りますから。

これは、一九三五（昭和一〇）年九月二二日に実施された福岡県会議員選挙の結果に対する田村の激励の手紙である。
早良郡で宮本楽太郎、嘉穂郡で花山清、この二人が当選。だが残念なことに福岡市から立候補した藤原権太郎は落選した。田村定一本人は、来る一〇五日に実施される山口県会議員選挙に立候補した。所属政党は社会大衆党である。この選挙へ向けて松本治一郎の来援を乞い、かつ、選挙資金の援助も願っている。なお、この手紙の末尾に「来月五日が投票日です」と追記されている。

史料6　松本治一郎宛田村定一封書（一九三五年一〇月一一日消印）

冠省
先日は御多忙中わざわざ御来援下さいまして、その上沢山なる御後援下さいまして厚く御礼申上ます。新聞紙上で御承知の事と思いますが、武運拙なく落選しましたが、而し今後益々自重し、将来をめざして一層活動を開始する心組であります。
就いては私より一人同人が市議になっていますが、今回の県議戦で、選挙妨害で同志が告発しました。理由は色々有りますから近々一度御伺いする積りです。色々御迷惑をかけて申訳が有りません。先ずは御礼かたがた

一九三五（昭和一〇）年一〇月五日に実施された山口県会議員選挙では、田村定一は社会大衆党から立候補したが落選であった。この結果を松本に報告するとともに、来援や資金援助に対する御礼の書簡である。山口県にあっては無産政党から県議への道には、まだまだ高い壁があった。

後半に書かれている、同人で宇部市議になっている人物というのは中村貢であろうが、この県会議員選挙で田村の選挙を妨害する行為があったという。この県議選で宇部地区は定数二で、西田文治（中立）、西村帳七（政友）、それに田村定一（社会大衆）、この三人が立候補した。結果は、西田と西村の二人が当選したのだが、この選挙で中村貢が、たぶん西田文治の応援をしたのだろう。水平社内部でいろいろ意見の違いがあったものと思われる。

史料7　松本治一郎宛田村定一葉書（一九三五年一〇月二八日消印）

冠省

その後御無沙汰して済みません。新聞紙上にて見ますれば、宮本氏が違反にて検挙されたる由、実に驚き入りました。委員長にはさぞかし御心労の事と拝察します。而しブルの奴等の○○かとも察せられます。次に山本君の公判が来月六日ですが、特辯ゴ人は二三人は許すと思います。打合せに一度御伺いします。

たぶん右の○○には陰謀の二文字が入ると思われる。前月の福岡県議選挙における宮本楽太郎の当選を快しとしない勢力が、宮本陣営の選挙違反を申し立てたものであろうが、それを田村は「○○」と書いたのである。

また、後段の「山本君の公判」[*15]とは、山本利平がこの年はじめ、兵庫県氷上郡の入会権差別糾弾闘争の応援に行った帰りの列車内で検束され、その公判が始まることを示している。山本の検束理由は、下関市の地方改善費不正使用糾弾の際に脅迫・強要行為があったというものであった。

山本の公判は来る一一月六日に予定され、そのための「特辯ゴ人」が選定された。『水平新聞』昭和一〇(一九三五)年九月五日号に、「各地の闘士が特別弁護人に」と紹介された人たちで、同紙一〇月五日号では全水中央委員松本治一郎以下一二人の氏名が載せられている。その中に田村定一もはいっている。

田村の別の書簡には、田村が山口市居住の中村了詮弁護士を推薦しようとして、中断したらしいことを伺わせるものもある。[*16]

田村定一の手紙からは、慈父とやんちゃ息子のような、田村の松本治一郎へ対する敬愛と甘えのようなものが感じられる。松本は田村に対して快く選挙資金を貸し、応援演説に出向いた。これと同じことを、松本は山本利平に対しても行っており、当時の水平運動の雰囲気や実情が知られ、また感じることができる。

全九州水平社と山口県水平社は互いに助け合いながら運動を展開したこと、とりわけ高松差別裁判糾弾闘争や部落委員会活動の具体相を田村の手紙から垣間見ることができるように思う。

田村定一は、戦時中はいわゆる革新派として戦争に協力したようだ。戦後、田村は山口県の日本社会党立ち上げに尽力し、それまでの水平運動や労働運動の経歴が生きて、本稿冒頭に書いたように衆議院議員に当選した。

国会で日本国憲法が制定される過程においては、差別撤廃を謳う第一四条の制定に田中松月とともに協力したという。[*17] 戦時中から戦後にかけての田村定一の足跡は別稿を期したい。

注

*1 本稿において『防長新聞』や『宇部時報』について注記する場合は、例えば（防長四七・二・三）とある場合は『防長新聞』一九四七年二月三日号のことである。『宇部時報』は（宇部三七・一二・一六）といったように記した。年代表記は西暦の下二桁である。

*2 私の記憶では、部落解放同盟県連委員長の藤本岩男さんが「じょういちさん」と発音していた。また、山口市にある田村の旦那寺では田村を「じょうさん」とよんでいたという。『宇部時報』一九三一年二月廿五日号、同三月十一日号では「定」の字に「ぜう」とルビをうっている。しかし、「貞一」と誤記されることもあり、「さだ」とルビがふられている場合もあるので、「じょういち」か「さだいち」か特定できない。

*3 文字が読めない場合は□□で示した（以下、同じ）。敗戦前後の印刷物は印刷が悪く、判読不能の場合がよくある。

*4 藤本委員長をはじめ、私が聞き取りした人々は一様に、田村定一のアゴ髯は松本治一郎を真似たもの、と話した。

*5 『防長水平』は確認できたものが一八冊あるが、巻号の表示が複雑なので、本稿では単に年月で示すことにした。以下、同じ。

*6 山口県水平社機関誌『防長水平』一九二四年一一月号には、「故松本源太郎氏荊冠葬の砌り、九州水平社の松本治一郎氏・藤岡氏・花山氏外福岡水平社同人諸兄の予に対する厚情を感謝し、失礼乍ら誌上を以って御礼申上げます 下枝生」というコメントが掲載されている。下枝生とは下枝主税のことであろう。

*7 山口県水平社は、京都市で開かれた全国水平社創立大会に柳井伝一・森岡数雄・下枝主税の三人が出席したことから始まる。彼らは吉敷郡陶村の人であり、その活動場所はおもに陶村とそれに隣接する小郡町であった。山口県水

平社の初代委員長中野義登もまた陶村の人である。こうした事情もあって、山口県水平社は初めのうちは小郡町を中心に展開された。しかし、年号が昭和と変わるころ、次第に運動の中心が宇部市に移っていく。その理由は明確ではないが、おそらく労働運動の勃興と無関係ではあるまい。

＊8　たとえば、赤松克麿、河上肇、志賀義雄、野坂参三、市川正一、宮本顕治、大塚有章、などがいる。他方、総理大臣を多数輩出した県としても有名である。

＊9　中村友一は大正一三年五月に、宇部市水平社員として差別糾弾事件を起こし、懲役八月の刑に処せられた（『部落問題・水平運動資料集成』第一巻、二九五頁）。奥村小四郎は山口県水平社機関誌『防長水平』に多数の論説を発表している。

＊10　拙著『姫井伊介と労道社』（解放出版社、二〇二二年三月刊）参照。

＊11　これらの手紙の一部は、布引敏雄「松本治一郎旧蔵資料（仮）紹介（六）―山本翠から松本治一郎への手紙―」、『リベラシオン―人権ふくおか』一八七号、二〇二二年で紹介した。

＊12　『部落問題・水平運動資料集成』は大部な書物であり、かつ書名も長く引用箇所を示すと読みにくくなるので、本稿では（『集成』補巻二、一三九六頁）のように表記した。

＊13　赤松五百麿は徳山の浄土真宗徳応寺住職赤松照幢の第六子（五男）である。兄克麿（四子）・姉常子（五子）と五百麿の「赤松三兄弟」は、ともに労働運動に取り組んだ。五百麿は、一九三四（昭和九）年一月二日死去（社会運動通信一二四七号、一九三四・一・九）。

＊14　『集成』第三巻、二八七～二八八頁に、四月三日新川座で開かれた山口県下部落代表者会議の内容が掲載されている。

＊15　このときの山本利平の投獄は、高松差別裁判糾弾闘争の後に兵庫県氷上郡の入会権差別問題の応援に出向いた帰りの列車中で検束されたものである。容疑は下関市の地方改善応急施設費の不正支出に関して町総代を糾弾したことが脅迫・強要とされたものである（『水平新聞』一九三五年六月五日号）。

＊16　松本治一郎宛田村定一葉書（一九三五年五月一一日）、同書簡（同年六月一日）。

＊17　田中松月談「日本国憲法の成立と部落問題」（『部落解放』第二一九号・一九八四年一〇月）。

中村正治

高松闘争後の香川の水平運動を牽引

山下隆章

1 松本治一郎への手紙に見る中村正治

全国水平社（以下、全水）が組織をあげて取り組んだ高松差別裁判糺弾闘争（以下、高松闘争）は、「国家権力自身による部落差別に対し、当時の社会情況のなかで望みうる限界に近い運動を組織し、水平運動の二〇年代末からの沈滞を克服するなど、大きな成果をもたらした」（部落解放研究所編『部落解放史 中巻』解放出版社、一九八九年）として、その成果が高く評価される一方で、香川県の水平運動は警察の強烈な弾圧によって壊滅状況に追い込まれた。一九三三年一一月二五日に高松闘争の拠点であった地元で開かれた全国請願行進報告演説会での警察官傷害事件により、六〇余人が検束され、地元の支部は解散した。さらに、翌年四月までに県内の水平社支部は全水脱退を表明し、融和団体が編成されていったのである。

中村正治は、高松闘争によって壊滅した全水香川県連合会（以下、全水香川県連）の再建に尽力し、また、全水中央委員として全水消滅までを見届けた人物である。高松闘争以後の香川水平運動史の不分明な部分を詳らかにするうえで中村の動向は極めて重要であるが、人物像や活動歴には不明な点が多い。郷里ではいくつか中村の事績が語り伝えられているが、生年は一九〇八（明治二一）年か一九〇九年か定かでなく、没年を確認することも難しい状態である。

松本治一郎旧蔵資料（仮）には、中村が松本治一郎に宛てた書簡二七点（封書一五・葉書一二）が収められている。年次別では、一九三三年一点、三四年八点、三五年一四点、三六年三点、不明一点で、高松闘争時から松本への往信が始まり、その多くは全水香川県連再建にかかるものである。書簡には、香川の水平運動再興に尽くした中村の労苦と熱情が綴られており、高松闘争以後の香川の水平運動の動向を把握するうえで重要な史料である。

中村から松本への封書は、時候のあいさつ、用件、最後に松本の健在を祈念するという形で綴られたものが多い。松本を「議長」と呼び、「全国三百万兄弟の身体」ゆえの身体の安泰を願っている。用件は、全水香川県連再建への決意表明と支援依頼が随所に見られることが特色である。後掲の翻刻文でも明白であるが、葉書は整った文体であるのに対し、封書の書き方は話し言葉で、文の切れ目が少ない。松本に対して、思いの丈を一気呵成に書き綴ろうとしたのか、乱筆であり、誤字や脱字もままある。読みにくいとも思われるが、中村の書簡の特色でもあるのでそのまま掲載することにした。誤字・脱字と思われる部分は（ママ）、（〇〇カ）と付し原文のまま掲載した。また、地名については□抜きにしているところがある。

2 高松闘争と水平青年同盟の台頭

高松闘争の闘争方針をめぐっては、全水香川県連内では歩み寄ることのできない確執が生じていた。徹底糺弾を求める現地支部や全水総本部と、公判検事の釈明と演説会の開催によって事を収めようとする幹部が激しく対立したのである。

全水香川県連は三・一五事件以降活動が沈滞し、県水平社大会が開催できないほど財源が不足していた。

そのため、幹部は『四国同胞新聞』の発刊などにより部落改善事業家や融和事業家に協力を求め、水平運動を進めていた矢先の事件であった。高松闘争の方針は地元支部の熱情と全水総本部の思惑によって徹底糺弾でまとまっていくが、一九三三年七月二八日の香川県部落代表者会議では双方が一触即発の状態になるなど、混乱を極めた。そして、幹部は高松闘争から離脱するに至ったのである。

幹部に代わって高松闘争を牽引したのが、県水平青年同盟の若者たちであった。県水平青年同盟は一九二七年に組織強化のため結成が決定され、第四回県水平社大会に上程された組織である。当時は労働農民党支持の気運が高い時期で、日本農民組合香川県連合会（以下、日農県連）と諮って無産青年同盟の準備を進める動きもあった。香川県は農民運動が盛んであり、労農水の協力により労働農民党の県会議員を四名当選させた土地柄である。しかし、一九二八年の三・一五事件により日農県連は壊滅し、無産運動は沈滞した。これ以降の県水平青年同盟の実質は、青年層の集まりであったと考えられる。

そのなかで台頭してきたのが、松本甚七・朝倉武夫・鹽田正雪、そして中村正治という二〇歳代前半の若者たちであった。

一九三三年七月一八日、中村は、香川の闘争状況を全水総本部に通信すると同時に、香川の同志が死にもの狂いで闘っていることを伝える手紙を松本に送った。中村と松本との初めての出会いがいつかは分からないが、少なくとも同年三月に福岡で開かれた全水第一〇回大会では面識があったことがこの手紙からわかる。

写真１　部落解放同盟第12回定期大会（1957年12月6日）松本治一郎（前列中央）の右が中村。

拝啓時下暑中の節に御座候全□（国）大會以来御（無脱カ）沙汰致し許し下さい。議長始め一同様御建（健）在にて消光遊れますか御伺申上候。今回の司法差別問題に対し議長のくしん、じん力助力は我々香川の兄弟は唯かんげきと涙の外何物も語り得ない。くわしいことは上京した松本甚七君に聞きました。我々香川の兄弟は死物ぐるいとなつて戦つて居ります。私と藤原《ハラ》権太郎氏松本甚七君と共に東西に演説會を開き實行委員をせん定。協議して結論かけつを本部に今日通信しました。我々全□（国）兄弟子そんの爲め最後の一人まで戦ふ決心です。より以上御じん力、おほえん下さらん事御願申上候、又同志が一日も早くはけんせられん事千秋の思いで待つて居ります
最後に議長御家内一同の御建（ママ）在と多福専一御祈り申上候。聯合會の同志に宜しく御傳言下さい。同志諸君の建（ママ）康御祈り申上候。

（松本治一郎宛封書　一九三三年七月一八日）

手紙に登場する松本甚七は、松本治一郎等とともに上京して司法大臣等との面会や自由法曹団・労農弁護士団との会合に立ち会っている。松本甚七は七月一四日に帰省しており、中村に東京での様子を余さず語ったことだろう。また、香川での演説会は、主に藤原権太郎・松本甚七・中村正治が担い、部落民委員会活動の趣旨に沿って「実行委員」を選出し、闘争組織の拡大を図ろうとしたことが分かる。水平社支部のない部落へも積極的に出向いていったようである。この手紙からは、中村が松本の人となりに傾倒した様子がうかがわれるとともに、高松闘争を闘い抜こうとする強い決意を感じさせる。

この手紙と前後して、全水総本部は、高松闘争を政府に対する闘争に方針を転換するようになった。これまで行われてきた高松地方裁判所への抗議は香川県部落代表者会議に委ねられることになり、香川での闘争は副次的なものに変わっていったのである。しかしながら、香川県部落代表者会議（七月二八日）を含む七

月二七日から八月二六日の間に県内一五カ所で差別糾弾演説会が開かれるなど、香川の熱が冷めることはなかった。井元・藤原・中村・吉竹浩太郎が弁士を担い、特に藤原は「私の活動範囲はもう済んだ様な気もしますが。（演説はたいていすましました）」（一九三三年八月一日付松本宛封書）とあるように、精力的に県内を遊説した。

八月二六日に香川県部落民大会が開催され、中村は書記として激励電報、激励文を読み上げた。中村の書記就任は、他の青年よりも年長者であったこと、日本大学専門部法科中退（年次不明）という学歴が影響しているかもしれない。香川県部落代表者会議や香川県部落民大会には支部のない部落からの参加もあり、全国部落代表者会議には新規に結成された支部からメッセージが送られた。これらは、井元・藤原・中村・吉竹らの地に根ざした活動の結果である。

中村は、これらの献身的な活動を通じて全水香川県連の中核的存在となり、全水総本部と深く関わっていくようになった。八月二八日の全国部落代表者会議では書記に就任し、翌二九日の全水全国委員会で四国地方の遊説隊に選出され、翌々三〇日の第一回全水全国常任委員会において四国地方の宣伝隊に割り当てられた。中村の遊説隊・宣伝隊入りは、全水総本部にとって現地香川からの発信という重要な位置づけがなされていたことは間違いない。

3　全水香川県連の壊滅と再建

（1）弾圧の始まりと全水香川県連再建への意欲

一〇月からの全国請願行進隊には香川から朝倉武夫、鹽田正雪が参加した。二人は神戸で全関西請願隊と合流し上京したのち、行進隊解散後も遊説隊として各地を回り、鹽田は広島県代表の玖島三一らと共に関東で活動した。

一方、朝倉は、請願隊中国四国派遣隊員として山本利平・酒井邦雄・中川尚美とともに報告演説会を開催して回った。一一月二五日、高松闘争の地元での報告演説会は三〇〇名の聴衆を集めて開催された。朝倉は、弁論中止の命令を聞かずに演説を続けたことをきっかけに聴衆は騒ぎ、警察官一名が全治一週間の傷害を負う事件が起こった。それを機に、高松警察署は関係者六〇余名を検束し、地元支部は一二月六日に全水香川県連を脱退したのである。

一九三四年一月一二日の第三回全水中央委員会・第二回差別裁判糺弾闘争全国委員会に出席した中村は、「かなりの打撃を蒙ったが、再起の意気が漸次盛り上がっている。ブル新聞や融和団体は色んな逆宣伝を飛ばしているが、香川は相変わらず健在である」と報告したが、事態は深刻であった。県内各警察署の特高主任会議では水平運動に対する取り締まりが通達され、わずか四カ月ほどの間に、ほとんどの支部が解散する事態に至った。

中村は五月一五日に開かれた全水大阪府連合会大会に出席し、「全水高松支部は壊滅したとデマらせているが、実際に於いては一部の腰抜け裏切分子が逃げ出したのみ」、「飽くまでも決死的闘争を続ける」と、祝辞のなかで誓いを述べたが、全水香川県連はすでに壊滅状態であった。

同年五月二四日、全水総本部で開催された中央委員会に参加した中村は、二日後の二六日、鹽田正雪の故郷でもあり、全水香川県連の本部があった三豊郡の町（四月三日に脱退表明）を訪問した。請願行進隊で上京した鹽田は茨城県等で演説を行っていたが、脳神経痛と心臓病に罹り重篤な状態になっていた。次の中村が松本に宛てた五月三一日付の封書では、中村の訪問が鹽田の病状確認であったこと、そして、全水香川県連の再建への決意を謳っている。

拝啓初夏の時節もおとづれました。議長には無事にて帰宅しましたか御伺申上候。相変ずの御建（ママ）斗（闘）御後エンに対しまして全国三百万の兄弟の名に於て厚く感謝の言葉も有りません。私も二十六日帰宅しまして早速□□□に行き活動しました当地兄弟も心からではない金をもらつて済《（ス）》めば共に斗《（闘）》ふと云つて居ります。出来得るかきり一人からでも同志をカクトクします。
次に塩《（鹽）》田正雪君の事で兄様と話すれば大分良くなり茨城から連れにこいとの手紙ですが運賃が出来ず話の都合上私に行つてくれと申しますが。私も中央委員会から帰へつたばかり議長にも色々お世話に相成りまして御禮の言様が有りません。心から喜んで居ります。行きたいですが呉服もかへりて見れは私兄上様か以つて他県に行商に出張中運賃こしらへると云つても呉服の品物無くどうすることも出来ず商法にも行て居りません。塩《（鹽）》田君を連れに行く事が出来ません。彼も病気上で一人で帰へないのだらうと思ひます。□□□町からは今は脱退してゐるので金が集りそうにも有りません。
この様な理由です。相済みませんがトウシヤバン至急送り下さい御願ひ致します。私も出来るかぎり青年と連ラクして準備も活動して広《（拡）》大強化につとめますが。今の所少々恐れて居りますが。時機が問題です一緒県《（ママ）》命にカクリツに向つて進行します。

（松本治一郎宛封書　一九三四年五月三一日）

中村が各地で再建を持ちかけると、「心からではない金」を貰えば共闘する回答を得たとした。地方改善費や地方改善応急施設事業費を指すのであろう。県内では「一時的に水平社の看板を下ろしてもらいたい」と懇願されたという伝承が残る地域もあり、脱退は本意ではなかったようである。しかし、「出来得るかきり一人からでも同志をカクトク」するという表現からは、全水香川県連再建に相当な逆風が吹いていたことも感じさせる。

鹽田の兄は旅費の工面ができず、中村に迎えを依頼した。中村は行商をしながら茨城県に行こうと考えたが、売り物の呉服太物などは中村の兄が持ち出しており、運賃を用意することができなかった。また、鹽田の故郷の支部は脱退しているので金銭的支援を頼めないことを中村は嘆いている。「議長にも色々お世話に相成りまして」という文言からは、全水中央委員会の旅費なども松本の厚志によるものと推察される。

中村の手紙は、話が唐突に変わるということも特徴の一つである。この手紙では、脈略なく「トウシヤバン至急送り下さい」と依頼している。全水香川県連再建には、宣伝活動のために謄写版が必要であったのだろう。そして、できるかぎり青年と連絡して拡大強化に努めることを誓った。「今の所少々恐れて居りますが。時機が問題です」と、再建活動に対する弾圧の恐れを感じながらも、時機を逸してはならないことを訴えたのである。

（2）全水香川県連準備委員会の発足

一九三四年一一月一五日、全水香川県連を再建する香川県連準備委員会が綾歌郡のある村の公会堂で開催された。委員長は中村正治、案内を出した一四名中一三名が出席して委員に就任した。

四日後の一九日、この準備委員会の状況を綴った手紙を中村は松本に宛てている（写真2）。手紙では、準備委員会開催が事後報告になったことを最初に詫びている。事前報告する余裕がないほど慌ただしく開催に至ったのだろう。同封された準備委員会案内の日付と開催日を見ると、三日の猶予しかない。しかし、そのような急な案内にもかかわらず、ほとんどが会場に参集したのである。

拝啓議長長く御《（不脱カ）》沙汰致しました。御建在《（ママ）》ですか。頃日私準備活動でつい書面がおくれ失禮しました。付ては意義有る県聯準備委員会が二時四十分私が開会のトップをきりスパイの各部落の干渉□□の兄弟代表が出席する事になってゐたが高松署のいかく的たいどで出席出来なかつたと云つた時（中注《（略カ）》）部落へ云つてかんしまして差別事件が起つても満足に解決せず。唯香聯の力を弱め団《（ママ）》決をみたし運動をつぶ

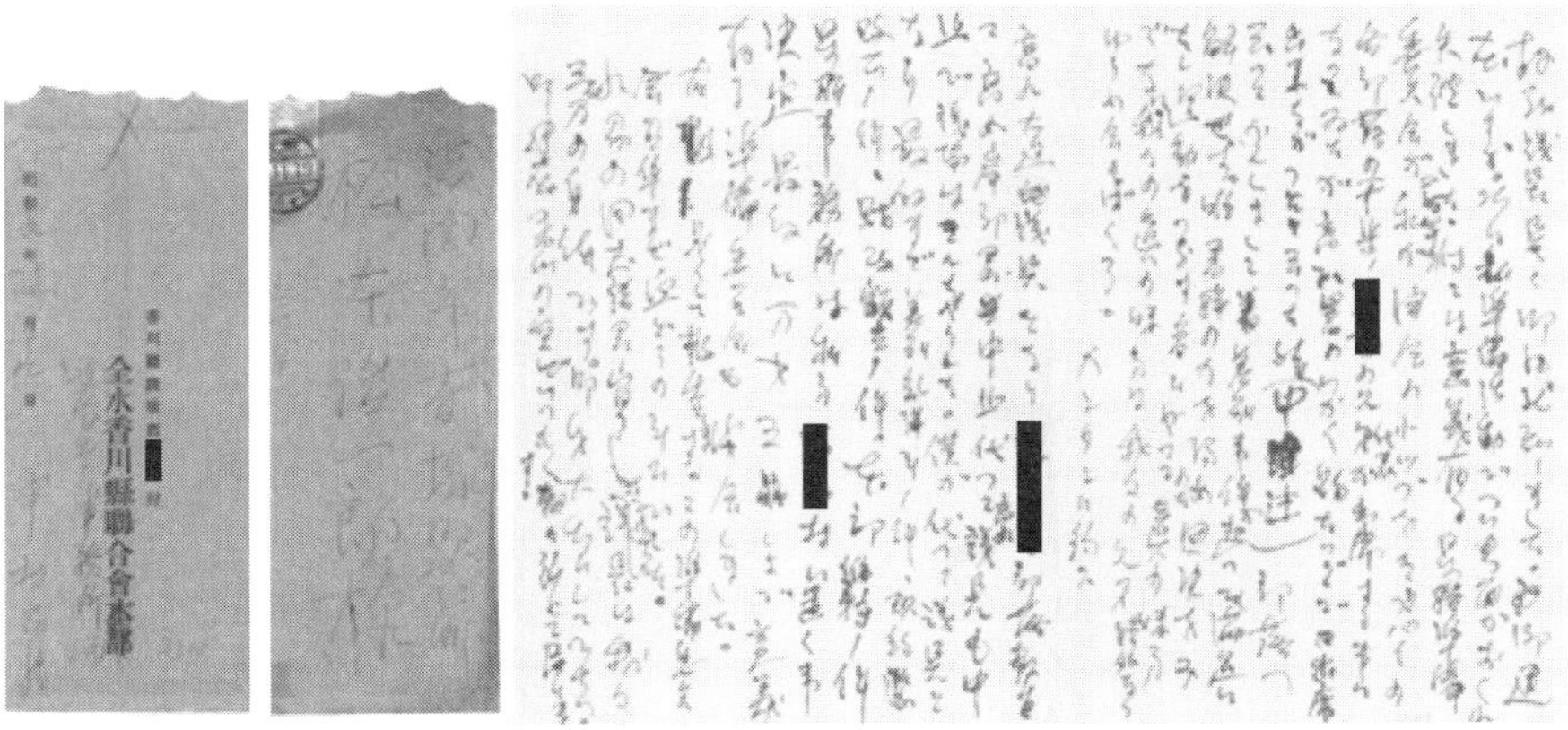

写真２

す為にやつたのだ眞の味方でない。我々の眞の味方は我々の兄
弟依外《(ママ)》ないゆうわ会のばくろ。カンタンに約ス
高丸大造《(蔵)》議長となり□□□部落報告て高丸岸郎君中止代つて高
丸議長も中止で議場はきんちやうした。僕が代つて議長となり
最後まで差別糺弾斗《(闘)(争脱カ)》ノ件、規約改正ノ件、財政額《(確)》立ノ件、本部
維持ノ件県聯事務所は私方□□村に置く事決定最後に万才三し
よで意義有る準備委員会も閉会しました。
右外りやくして報告します。この準備委員会召集まで血どろ《(み脱カ)》の
斗《(闘)》ひでした。
九刕《(州)》の同志諸君宜しく云つて下さい。議長は我々三百万の身体
です。御身大事にして下さい。
御建《(ママ)》在香川の空でいつも〱朝々祈つて居ります。

（松本治一郎宛封書　一九三四年一一月一九日）

開会にあたって、中村は、各部落で「スパイ」（融和運動家）の干渉があり、また高松警察署の弾圧で一名の参加が叶わなかったことを述べた。また、融和運動では差別事件を満足に解決できないこと、全水香川県連の力を弱め団結を乱す存在であること、融和団体は我々の味方ではないことなど、語気を強めて訴えたようである。

議長の高丸大蔵は、県水平社創立大会（一九二四年）の座長を務めた人物である。三豊郡のある部落からの報告は、高丸岸郎の弁論が中止され、代わった高丸議長も中止を命じられた。中村が議長に代わり最後まで議事を進行し、「差別糺弾闘争の件」、「規約改正の件」、「財政確立の件」、「本部維持の件」を可決した。開催に至るまで相当な労苦があったことも吐露しているが、ひとまずは全水香川県連再建に前進したことを伝えている。

「本部維持の件」では事務所を中村の自宅に置くことに決定し、活動拠点が確保されることとなった。しかし、これには厄介な問題が残されていた。

香川県連準備委員会発足を報告した二カ月前の九月二四日、中村は松本に全水香川県連事務所として充てようとした自宅の購入について相談する手紙で宛てている。その手紙によると、敷地四〇坪の中村の家宅は借家で、大家が三六〇円で売りに出しているという。運動をしている関係から兄のところに身を寄せることは無理であるため、購入することにしたが、別に買い手が出てきたので、大家に金の工面をすると告げて下関の親類を訪うたが断られた。そこで、松本を頼ろうと、九月二二日に突然訪問したが、松本に相談することはできずに帰ったという。

その後、第二回全水中央委員会において改めて松本に頼み込み、中村は幾許かの厚志を得たようである。昭和一〇年一月二六日付の手紙では、大家と談判した結果、一四〇円の現金払いで落ち着くことになったとある。しかし、それでも一〇〇円不足するので、その補填を松本に再度懇願した。

> 県聯の成立も間近にせまりまた（し脱カ）。来る新の二月十一日綾歌郡□□村公会堂に於きまして支部創立大会を開催します。外の部落兄弟もぞく〳〵立上つて斗（闘）争の決意にみちて居り出来得る限り再建活動をやります。次に議長に話しました県聯事務所敷地問題帰宅して早速話した
> 結果先方も好意を以つて（ママ）くれまして四十ツボと小サイ家とで百四拾圓で現金約速（ママ）し買ひ受取りました。

それですぐ議長よりもらった金と合してどうにか四拾圓こしらえて支拂ましたが。後百圓足りません。
何か《（時脱カ）》議長大阪で話しました通り毎度相済みませんが。百圓だけ香川の爲めに御ユウヅウ下さい何卒宜し
く御願申上ます。
申兼ねますが。この書面受取次第右至急御送達下さい。議長に話しました通りほかにかる家も無くこれ
さえ出来れば私も自由で兄にきがねせずより以上の運動が出来ると思ひます。無理な御願ひですが是非
〳〵御願致します。議長は三百万の大切な〳〵御身体です。御身大切にして御建在《（ママ）》と無論専一香川の空
で祈ります。
〈欄外〉（相済みませんが、一時御ユウヅウ下さい。私も出来る限り支拂します。何とぞ御送金願ひし
ます。待つて居ります。）

（松本治一郎宛封書　一九三五年一月二六日）

「至急送達」の文言に、県水平社再建の熱い思いと、松本の支援なしには成り立たぬ厳しい経済状況が見て取れる。このほか、この手紙では全水香川県連の成立が間近に迫ったこと、綾歌郡のある村の支部創立大会もじきに開催することを伝えている。

（3）激化する弾圧と抵抗

全水香川県連の本部を中村の自宅においたことで、中村は名実ともに香川の水平運動の中心人物になった。このことは、警察当局の中村やその周囲に対する直接的な弾圧がいっそう厳しくなることをもたらしたらしい。そのためか、中村はこの頃、居所を転々としている。書簡のなかには、「高松市局止メ　村中政春宿」（昭和一〇年二月一〇日付）のように、検閲を避けるために偽名を使い、また住所を記載しないなど、通信にも苦心していた。

昭和一〇年二月一四日付封書では、二月一一日に予定していた綾歌郡の支部の再建大会（前掲の封書では「創立大会」とある）は延期となり、第二回県水平社再建準備会の準備はしたものの、中村は出席することができなかったことが報告されている。


過日報告致しました通り□□の兄弟は当局の不当の彈圧に当つて現在拾一名の内板倉君の親だけシヤク放して後拾名はリユウチせられて居ります。元気でがんばつて居ります。私もパ《(ス脱カ)》イが血まなこになつてさがして居りますがその身だけのがれ今アジトに居ります。二月十一日の再建大会は色々の暴害《(ママ)》で日のべと相成りました。が県聯第二回再建準備委員会は□□村公会堂で、出席者約二十名ぐらい、□□村□□村□□村、□□□町、四部落集合しセイダイに開催した。私パ《(ス脱カ)》イの関係上準備してやり出席出来ずアジトより□□兄弟犠牲者救援運動をやつて居ります。

十一日□□村委員会開会前スパイは八日□□に行た者
警察に来いといかくおどしをし□□村より四名代表して十二日午前十時頃にいつて色々おどしたが。がんばつた爲め一ばんもおかず午后六時頃帰宅、□□□の兄弟二名も坂出署で同行を求められおどしを受け十日か二十日ぶちこむそと云つたが兄弟が署に行きまた本人もうまく云つて二時間半はかりして無事帰宅しました。

こんな理由で法律にふれない者をいかく的たいとを示し水平運動をぶちこわそとしてゐる。しかし各部落兄弟も皆んな元氣であくまで彈圧をけつて斗《(闘)》ひ進む決意ですと云つて居ります。僕等もいかなる圧迫彈圧の嵐が吹くともびくともせん。香川再建いな全被圧迫部落大衆解放戰の爲め断こ死をもつて最後の一人まで斗《(闘)》ふ事を全国の兄弟に誓ひます。

議長は大切な三百万の身体です。御身大切に御建在《(ママ)》香川の空で専一御祈り申上ます。

（松本治一郎宛封書　一九三五年二月一四日）

警察当局は高松闘争の中心であった現地の活動家を徹底的に抑え込むことが効果的であると考えたのであろう。現地の活動家は一年前にも拘束されている。この手紙を読むと、警察側と通じた「スパイ」がいるため思うように活動できない苛立たしさを述べている。参加者のなかに委員会開催の情報を漏らした者がいると疑い、そのために不当な理由で威嚇されたが、それに屈することなく水平運動に邁進することを報告している。

なお、この手紙の欄外には、「相済みませんか。井元君にいつて（トウシヤバン）を至急御送達下さい。御願申上ます。」とある。先に依頼していた謄写版寄附の承諾をようやく得たようである。井元を名指しての送達依頼は急を要していたことがうかがわれる。そして、まもなく謄写版を受け取った。

同年三月一日付書簡を見ると、謄写版が届いたことに謝意を表している。早速この謄写版を使って印刷したのであろう、「県聯再建準備闘争ニユース」を送付した（昭和一〇年三月一三日付）ことも確認できる。B4判両面刷のリーフレットには、「親愛なる県下の被圧迫部落大衆諸君」との見出しで、高松闘争及び以後の動向と、県水平社再建により差別解消に邁進することを訴えている。

また、逮捕された現地同志の近況とともに、中村自らが二月二二日午後、通報により検束されたことを報告した。その際、現地の同志検束の理由を糾すと、前回は暴圧問題や太田村巡査事件で逮捕したが、今回は「古物違反」、飲酒による暴言によるもので水平運動とは関係ないとの返答であったことを伝えた。中村の捜索は、太田村巡査の件を覆そうとしている噂があったためと説明されたそうである。太田村巡査の件とは、農繁期の多忙なときに太田村への屑物行商の出入りを巡査が拒んだという差別事件らしい。この事件は中村の手紙にあるだけで、『水平新聞』や地元の新聞、『特高月報』などでは確認できない。

拝啓其後議長始め御一同様無事にて消光遊れますか。御伺申上候、不断の寧日なき御ハイリヨ唯々感謝の言葉も有りません。私も圧迫や干渉の中をけつて香川再建に活躍して居ります。

過日報告しました通り□□の兄弟十名十八日二名残りしも全部出ました。皆元気です。僕も二月二十二日午后三時半高松市百間町に於て署のスパイに見つかり電話して二名来て署にホゴケンソクせられましたがよく二十日三《(ママ)》日午后二時出ました故御安心下さい。その時□□の兄弟をなせケンソクしたか水平運動が悪いのか不当なるケンソクをするなと云へは。それは水平運動をやるからケンソクしたのではない。前にも報告した通り。ぼう圧問題や大田村巡査事件で八日のばん寺で、あくまで徹底的に糾弾をやると云ふ所でやられたが今度警察に云つて事件の本人朝倉重一はあれは古物違反の注意をして連れたのですと云つた。板倉片岡朝倉が差別のない事を有ると云つてさわかしてそのばん二名ばかし酒《サケ》をのんで来てさけび（フオン）の空気が有つたからケンソクしたと犬はいふ。この事件は昨年の六月に有つたのだか板倉君やは旧正《(月脱か)》前にあつたと云つたのだと云ふ君も香川をリータしてゐるから差別せん大田村巡査の件をきつかけにくつがへしたと云ふうはさで県下中をさがしまはつてゐたのですと犬は口實を云つて色々迫害しますが。たとへ暴圧の嵐干渉が有ろうが香川の兄弟はこんな者に恐れず。苦しめられしいたげられし全国三百万兄弟の解放戦線の先斗《(ママ)》にたつてて《(ママ)》全国の兄弟と共に最後の一人まで斗《(闘)》ふ事を誓います。（次に（トウシヤバン）たしかに受取りました。毎度色々ご親切なる議長の心つくしに対して字や言葉に現せません。涙なしではおられません。有難度御書留にも御禮申上ます。このイダイな応援心つくし将来に於ける三百万兄弟を現在のギヤクタイせられし被圧迫部落大衆を差別なきあつせい無き自由なる社会に解放する事か出来るキソです最後に議長は全国三百万の大切なる御身体です。どうが御身大事に何かに気付け下さい。御建《(ママ)》在なる事専一香川の空で御祈り申上ます。

意義ある全国大会の御再会を千秋一日の思で待つて居ります。
（三月二十四日□□村公会堂に於て県聯委員会をやるつもりです）

（松本治一郎宛封書　一九三五年三月一日）

（4）全水香川県連再建の実現

全水第一三回全国大会（昭和一〇年五月）に参加した中村は、各県情勢報告のなかで、三月二四日、警察の弾圧で壊滅した全水香川県連の再建を遂に果たしたと報告した。再建大会翌日、中村が松本に出した手紙によると、大会は四部落一二名の出席により開催、地元の支部三名は弾圧の都合で出席できなかったが、参加者は「はちきれる様な闘争の決意にみち」ていたという。そして、委員長に中村正治、県連委員に高丸岸郎・山田良文ほか一名が選出され、全水香川県連の再建が果たされたとある。

議事は「差別糺彈方針確立ノ件」「全国第十三回大会開催の準備活動ノ件」「香川県連大会開催ノ件」であった。香川県連大会は八月中旬に坂出町（現・坂出市）で行うことに決したが、開催の事実は確認できない。また、先述の「県聯再建準備闘争ニユース」をもとに、高松闘争後の弾圧について語ったようである。激励電報が全水総本部と関東聯合会から送られており、関東連合会との交流は全水中央委員深川武との関わりが考えられる。

この手紙の後半には、警察の弾圧に屈せずに闘い抜く決意が述べられている。

吾々は今後以何なる彈圧が有るとも被圧迫部落大衆解放を目指して斗《(闘)》ひを進める
議長御身大切に御建《(ママ)》在専一香川の空で祈ります。
九聯の同志に宜しく

二十四日の九州大会は意義有る大会に落着

次ハ□□村（コシユ）でしよ。次、水平青年同盟と、

僕が支部長《責任者》で約二十名ぐらい出来で二十三日結社届を出しました。

弾圧があります故、警察には2名ノ届でやりました。

（松本治一郎宛封書　一九三五年三月二五日）

まず、全九州水平社大会の成功を祈念し、次に中村の村での戸主会と青年同盟の再建が命題であることを伝えている。部落民委員会活動を順調に行うためには、戸主会と協力が必要であることの助言を松本から受けたのかもしれない。水平青年同盟は、全水で佐藤中将糺弾闘争での組織的活動が決定されたことによるものと考えられる。中村が責任者となって二〇名ほどの参加があった。警察の弾圧を避けて結社届を二名で出したという件は、厳しい弾圧を受けるなかでの対策であったのだろう。

4　全四国水平社大会開催への意欲と挫折

中村は、第一三回全水大会で全水香川県連再建の報告とともに「目下愛媛、高知、徳島の各縣と連絡をとり秋には四國大會を擧行する豫定である」（『水平新聞』第八號、昭和一〇年六月五日付）と公言した。しかし、八月二二日開催の愛媛県連再建大会から帰宅したのち、中村は体調を崩してしまった。また、九月二四日に足摺岬を通過した台風などにより、予定通りの開催は困難になった。昭和一〇年一〇月一一日に中村が松本に宛てた手紙では、全四国水平社大会開催を見送った経緯が報告されている。

拝啓秋涼の節に相成りますれど今だ暑さ去らず。議長始め一同様御建在《ママ》に消光遊れますか。御伺申上ま

す。全被圧迫大衆三百万の爲めの御配りよ唯々感謝の言葉も有りません。過日は色々と相済みません。有難度御禮申上ます。私も先月《（ママ）》愛媛大会より帰宅して以来（胃チヨ）が悪く医者に通つて居ります。御通知しました。四国大会開催は十月三日の豫定でしたが。高知県が水害におそわれ色々の関係上新の十月三日には開催出来ません。私も病気の爲め商法も休み県下を準備活動をやつて居りますが身体の都合上思ふ様にやれませんが。やれる所までやります。下からの組織も上つた力を来る吾々の大会に集中してより勝利的に斗《（闘）》ふ考へです。本部も通知だしましたがガッチリした組織と力の問題で大会は急がないとの主張です。實直に申しますればもつと四県ともガッチリした再組織が必要とつう感します。本部ともレンラクして準備活動をし決定しだい御通知します。過日の颱風には御変り有りませんか。蔭乍ら心配致し居ります。議長は吾々のいな迫害受けし一般大衆の大切な身体です。時節変化の折柄です。御身体大事に御建《（ママ）》在と多福専一御祈り申上げます。相済みませんが九協《（州）》の同志に宜しく云つて下さい。

（松本治一郎宛封書　一九三五年一〇月一一日）

全水総本部からは「ガッチリした組織と力の問題」から大会開催は急がなくてもよいと伝えられており、中村自身も「實直に申しますればもつと四県ともガッチリした再組織が必要とつう感してます」と、現状での開催は困難であることを告げた。「高知県の水害や県下に於きましても色々の情勢から」と、今年度の開催を断念したことも松本議長に宛て（昭和一〇年一一月二七日付）、香川県内の水平運動もままならないことを伝えている。そして、全四国水平社大会は開催されることはなかった。

5 戦時・戦後の中村と松本の交流

全四国水平社大会の開催には至らなかったが、中村は全水香川県連の再建を果たし、また、中村の地元でも支部再建を試みた。昭和一一年三月一三日付葉書は、松本に支部再建の祝電送付を依頼したものであった。冒頭で述べたとおり、葉書の文体が整っている。

拝啓時節と言難く春寒御座候処益々御健勝の由賀奉候
然者綾歌郡□□村支部再建大会を弐月二十九日に開催致す事に御座候所戒厳令の為送引致し候間来る三月拾五日に開催致し候間右御承知被下度取阿へず御一報迠に御報候當度ハ御面倒乍ら再會の事にて盛大に致し度候間祝電を御送附被下度御願申上候

（松本治一郎宛封書　一九三六年三月一三日）

当初は二月二九日に開催予定であったが、二・二六事件による戒厳令のため三月一五日に延期することを知らせ、祝電送付を依頼した。戦時下の世相をよく表す内容である。中村は、一九三六年三月二一日の全水中央委員会でこのことについて触れている。

このころ中村の体調不良は続いたようで、同年六月二五日の全水中央委員会にも欠席することを通知した（一九三六年六月二七日付葉書）。なお、この欠席通知の葉書が、現在見ることができる中村から松本への手紙の最後のものとなる。

最後に、戦後の松本と中村の交流を述べておきたい。松本は、第八九回帝国議会衆議院本会議で、華族制度を廃止するよう訴えた。そのなかに、「香川県水平社支部」から差別事件が起こったとの電報を受けて応援を送ったことを述べている。高松市で開催された貯蓄奨励講演会の講師による差別発言事件を伝えた電報の送り主は、中村ではなかったかと考える。また、中村の村の部落解放委員会支部（一九四六年八月一日）結成は、中村が強く勧めたと言い伝えられ、一九四八年三月二七日の部落解放香川県委員会臨時大会では執行委員長に選任された。

一九四六年の第二二回衆議院議員選挙では香川県選挙区に日本社会党、一九五三年の第二六回は左派社会党から香川二区で立候補した。第二六回では候補者の決定方法に異を唱えて立候補し、党から除名処分を受けた。統制委員である中村が不在で決定したことに納得せず、除名通知の受け取りを拒否したが、松本議長に諭されて矛を収めたとの伝聞が残っている。

一九五七年一二月六日の部落解放同盟第一三回定期大会で、松本議長と撮った集合写真（写真1）が、中村の動向を伝える最後の資料である。さまざまな困難を乗り越え、部落差別解消に向け尽力したことは疑いなく、それを支えたのが松本議長であった。

最後に、一九七二年、全国水平社五〇周年にあたり解放運動に功績のあった故人として、部落解放同盟中央本部（執行委員長・朝田善之助）から顕彰楯を贈呈されたことを付記しておく。

主な参考史料

『水平新聞』『社会運動通信』『社会運動の状況』『特高月報』『大阪朝日新聞香川版』『香川新報』『四國民報』『四国新聞』『大衆時代』

参考文献等

山下隆章「香川県の水平運動」（四国部落史研究協議会編『四国の水平運動』、二〇二二年）
山下隆章「史料紹介・高松地方裁判所検事局差別事件／闘争日誌」（『水平社博物館紀要』二二、二〇二〇年）
香川県人権・同和教育研究協議会編『香川の部落史』、二〇一一年
部落解放同盟香川県連合会編『香川の部落解放運動史〔戦後編〕香川県水平社八〇周年記念誌』、二〇〇四年

第五一回全国人権・同和教育研究大会香川県実行委員会編『記念誌』、一九九九年
渡部徹・秋定嘉和編『部落問題・水平運動資料集成』三、三一書房、一九七四年
同補巻二、一九七八年

山下友枝

愛媛県の女性部落解放運動の一先駆者

鈴木裕子

1 山下友枝の経歴 郷土の偉人として顕彰される

水平運動・部落解放運動に巨大な足跡を残した松本治一郎は九州・福岡が生んだ解放運動家であった。松本が一九三六年に衆院議員選挙に立候補した折、山下友枝（一九〇一～一九七九）は激励の手紙を寄せた。友枝は婦人水平社とは直接、関係はなかった。婦人水平社は一九二三年に設立され、以後、関東、福岡などに婦人水平社が結成され、関東では高橋くら子、竹内政子、関西では糸若柳子、福岡では西田ハルや菊竹トリらがいる。

婦人水平社未結成の地でも、水平社によって活動する女性水平運動家が誕生した。しかし友枝は、ほぼ彼女らと同世代であるが、水平社への参加は遅く、一九三五年の愛媛県北宇和郡岩松支部の結成まで待たねばならなかった。

山下友枝は一九〇一年九月一日、愛媛県宇和島市で石口家の長女として誕生。[*1] 翌年、母の実家の北宇和郡岩松の伯父山下太市の養女となる。一九一四年、岩松尋常小学校を卒業し、高等科へ進んだが、中途退学する。一九二〇年、二〇歳のとき、同県大洲から婿養子として佐々一を迎えた。佐々一は一九二六年、愛媛県善鄰会の評議員となり、一九三一年、森盲天外らと善鄰運動協調促進会を結成した。友枝は、促進会の機関誌『善鄰』などに論考を執筆。同年、愛媛で差別事件が起こると糾弾闘争を展開する。

写真１　山下友枝先生頌徳碑（宇和島市　1975年3月建、高さ168cm　幅153cm　奥行57cm）『わがまちの碑めぐり』宇和島市立中央図書館、2009年より転載

友枝は祖父繁蔵や夫の進めてきた部落改善融和運動にあきたらず、水平運動に強い関心をもっていた。友枝の基本的な考え方のなかには、部落差別に強い憤りをもち、部落民が自覚し団結して運動しなければならないことを強く主張するという考えがある。一九三五年、全水愛媛県岩松支部の結成に参加。翌三六年一月五日、『水平新聞』第六号に「一女性の叫び」を寄稿し、同年三月三日、全水第一四回大会に愛媛県代表として参加した。

一九三七年には東京の全国水平社第一四回大会に愛媛県の代議員として出席した。同年七月「支那事変」（日中全面侵略戦争）が勃発し、友枝の一人息子は一九四三年に東京獣医専門学校に入学するが、翌年応召され、一九四五年六月にビルマで戦病死した。

敗戦後の一九四六年、全国部落代表者会議が京都で開催され、部落解放全国委員会が結成された。友枝は愛媛県を代表し参加し、全国委員会の中央委員に選ばれた。ついで一九五五年に全国委員会が部落解放同盟と改称されたときも中央委員に選出。四年後の一九五九年に岩松で部落解放同盟愛媛県大会が開かれた際、愛媛県連合会委員長に推薦され、五年間その職にあって尽力した。一九六一年には部落解放同盟訪中団の「ただ一人の女性」として中国を訪問する。

一方、一九四七年、女性としてはじめて岩松町会議員に選ばれ、岩松町が津島町となってからも連続八期二九年間議員をつとめた。一九六九年には副議長にもなる。その間、町の福祉行政、同和対策、同和教育の発展に尽力する。県知事を会長とする愛媛県同和対策協議会が一九六一年につくられると、友枝は津島町同和対策協議会委員長に就任した。

友枝は一九六五年、部落解放同盟中央委員を辞任するまで、戦前・戦後をとおして、部落解放と地域社会の民主化と地域住民の福祉と教育のために生涯をささげ、一九七九年四月一二日、七七歳で死去した。翌一九八〇年には、津島町寿町に頌徳碑が建てられている（写真1）。西田ハルや高橋くら子が早死にしたのに引き換え、友枝は戦後も解放運動に挺身し、息の長い部落解放運動を展開した活動家であったといえよう。

2 全水の創立と婦人水平社の設立

(1) 全水の創立——画期的な自力主義と宣言の格調高さと、セクシュアリティ

これより前に全水が一九二二年に結成され、翌年には婦人水平社の設立が決定された。全国水平社の創立は画期的なことであった。「吾々は、かならず卑屈なる言葉と怯懦なる行為によつて、祖先を辱しめ、人間を冒瀆してはならぬ。そうして人の世の冷たさが、何んなに冷たいか、人間を勦はる事が何んであるかをよく知つてゐる吾々は、心から人生の熱と光を願求礼讃するものである。水平社は、かくして生まれた。人の世に熱あれ、人間に光あれ」と結ぶように、融和主義を排し、被差別部落の人びとによる自らの解放を目指すという方向性を明確に示していた。しかし、今から見ると、ややこだわらざるを得ない表現に遭遇する。

まず宣言は「全国に散在する特殊部落民よ団結せよ」と高らかに謳い、続けて「長い間虐められて来た兄弟よ」と呼びかける。そして、「過去半世紀間に種々なる方法と、多くの人々とによつてなされた吾等の為めの運動〔中略〕かえつて多くの兄弟を堕落させた」と続けたあと、「兄弟よ、吾々の祖先は自由、平等の

渇仰者であり、実行者であった。陋劣なる階級政策の犠牲者であり男らしき産業的殉教者であったのだ」と述べる。

部落解放の明確な方向性を認識しつつも、女性の立場から見ると、戸惑いを感じざるを得ない。これらの語句の使用をもって、宣言の価値を損なうものとはいえないが、当時の水平運動の男性リーダーたちには、女性の存在を軽視する傾向にあったことは否めないだろう。[*2]

(2) 婦人水平運動の時期区分と女性水平運動家

婦人水平社の活動の時期は短かった。一九二三年の創立から、一九二八年の三・一五共産党弾圧事件、翌一九二九年の四・一六同事件を機に活動は衰退し、一九三一年の「全国水平社解消意見」を待たず自然消滅に近い状態で解消した。西田ハル(一九〇五〜四五年)などのリーダーが共産党事件に巻き込まれた要素も大きかったといえる。[*3]

婦人水平運動は、三期に分けることができる。第一期は、一九二三年三月の全水第二回大会における婦人水平社設立の決定から、翌年三月までの全水第三回大会までで、この時期までは〇〇県婦人水平社や〇〇婦人水平社という形態のものはできておらず、各地に散在する女性活動家たちは、地域の水平社に参加し、主に女性弁士として弁舌を振るい、宣伝や糾弾活動に携わっていた。

長野県水平社の高橋くら子(一九〇七〜三八年)は、当時、女学生(小諸高女)でありながら、その巧みな弁舌で、水平社演説会の花形弁士として、聴衆の心を捉え、とくに部落の女衆は、くら子が演壇にたっただけで目頭を押さえたという。[*4]くら子は、文筆にもたけ、一九二四年から一九二五年にかけ、水平社関係の機関誌紙に発表している。それらの内容と、それが示す思想についてごく端的に述べると、部落の分限者の娘として生を享け、当時としては稀な女学校教育を受けたくら子にも幼いときより受けた差別が原体験としてある。そうしたくら子にとって、絶対平等と人類愛と人間の自由を掲げた水平社の創立は光明であった。自由で差別のない社会、互いに尊敬しあい、慈しむ社会の到来こそ、彼女の思念・情念であった。[*5]

第二期は水平社が「無組織の組織」から、ボルシェビキの方向に向かう時期と重なる。西田らの福岡県婦人水平社の場合に顕著にみられるように、婦人水平運動もボルシェビキ的、プロレタリア的傾向を強めていく。西田ハル、菊竹トリらは、労働者として職場に働く一方で、水平運動に活躍する。彼女らは、被差別部落民として、女性として、労働者階級として二重、三重に差別され苦吟していたが、涙を振り切り、婦人水平社という自前の組織をつくり、団結連帯し、未来を切りひらこうとした意義は大きかった。前述したように山下友枝は一九〇一年生まれであるから、ほぼ同時代の人であった。が、このときは婦人水平運動との接点はなかった。

第三期は、全国の婦人水平社の活動を主導していた福岡県婦人水平社が「福岡連隊事件」（一九二六年一一月、連隊内の差別糾弾活動を展開していた福岡県水平社に対し、弾圧の鉄槌がくだされ、委員長松本治一郎以下、十数人が検挙、投獄された）により後退した一九二六年末より、二度にわたる三・一五事件、四・一六事件の共産党弾圧を挟んで、活動がさらに衰退していった時期である。この時期は、婦人水平社としての組織的活動はもはやみられず、三重県の場合でみるように、他の無産運動に水平社の女性たちが参加する形で展開されていった。

婦人水平社が設立・活動した時期は、女性が政治的権利を求め、本格的な女性参政権運動を始めた時期と重なる。ただこの種の市民的女性運動ないしプチ・ブルジョア女性運動は、性差別に対する鋭い感覚を有しても、被差別部落の女性にかせられた二重、三重の差別については総じて無関心であった。

（3）被差別部落・性差別・階級差別への視点――部落女性の自覚と自我の覚醒を喚起

それに対し無産女性運動は、当然のことながら、視野に入っていたといえる。無産女性運動の理論的指導者であった山川菊栄について言えば、「正直に働いて生活してゐる限り、部落民であらうが、無からうが尊敬に値する立派な人間です。〔中略〕然るにさうした立派な人間であり乍ら、その本当の価値を自分で悟らずに、他人の生血を吸ふて生きてゐる寄生階級やその番犬ども即ち自分等の敵が拡めた偏見をそのまま受け入れて、自分を卑しい汚れた者だと思つたり、世間を憚つたりする。この卑屈な奴隷根性こそは奴隷の奴隷たる所なのです。〔中略〕自分が自分を奴隷扱ひすることが屈辱の根源なのです。〔中略〕水平社が此の戦ひの先駆を務めて居るのは実に心強いことで、私共は此戦ひが必ず正義の勝利に終ることを信じて疑はぬと同時に、支配階級の偏見の奴隷になつて、部落民たることを恥ぢたり、嘆いたりするような人間の為に一日も早くこの運動が浸透することを切に希望する次第」であると訴えた（「部落の姉妹へ」、『水平新聞』第二号、一九二四年七月二〇日発行の「婦人欄」）。

加えて、水平社青年同盟の指導者高橋貞樹と結婚する労働運動家・農民運動家の小見山富恵が同紙第一号に執筆した「水平社の姉妹達へ」は次のように述べている。「今年の全国水平社第三回大会に於いても、婦人部設置の結果は満場一致を以つて即座に可決されたのをみても、いかに婦人の自覚と蹶起とをすべての人々が要望して居るかゞうかゞはれます。〔中略〕私達婦人も今までの不当な差別や、また女であるがために男の横暴を抑えつけられて居た永い苦しい境遇から脱却《ぬけ》て、エタも人間であると同時に婦人もまた人間として尊敬し、尊敬される善い社会を建設《きず》くために働かうではありませんか。〔略〕今の世の悪い制度、即ちエタをエタとして排斥《のけもの》にし、賤視し、婦人を婦人なるが故に抑えつける原因を、いひ換えれば悪い現在の社会の眼に見えぬからくりを根本から打ち壊しそして今度はより善く組織《くみたて》るために働くといふことを、判然と識《しら》ねばなりません」（『水平新聞』第一号、一九二四年六月発行の「婦人欄」）。

山川・小見山ともに明確な社会主義の立場に立ち、被差別部落の女性の自覚を呼びかけ、運動への参加を訴える主張であった。こうした主張が水平社の機関紙に掲載された、そのこと自体、水平社の女性たちを大いに励ました。こうした呼びかけに、「世界の一番ドン底生活をさせられてゐる私等部落婦人は自分等の使命を、ハツキリと自覚して、この二重三重の鉄鎖を断ち切り、楽しいよき日を一日も早く建設するやう、お互ひに努めようではありませんか」（『水平新聞』第五号、一九二四年一〇月二〇日、婦人欄「部落婦人の立場から」。なお署名はケイとなっている）と部落の女性自らが応えた。

全水第二回大会で婦人水平社の設立が決定されると、関東や福岡等で婦人水平社が結成された。特に福岡は婦人水平運動と労働運動が結合し、特徴的な運動が展開される。[*6] が、女性差別を部落や水平社のなかで払拭しきれなかったことが、婦人水平運動の伸びる芽を摘んだともいえよう。

3 愛媛県における水平運動と山下友枝

（1）徳永参二・松浪彦四郎と愛媛の水平運動

山下友枝が居住する愛媛県では、徳永参二（一八八三〜一九三五）や松浪彦四郎により、水平社が結成される。徳永は、一八八三年、兵庫県・龍野の生まれで、生家は村内屈指の地主といわれ、大阪医学専門学校に進学、堺利彦や幸徳秋水の書物を読んで、社会運動に関心を持った[*7]

徳永は松浪らとともに一九二三年四月一八日に愛媛県温泉郡拝志村（現・重信町）で、愛媛県初の水平社を結成する。翌年には愛媛県水平社執行委員長となり、松山市北京町の自宅に事務所を構え、東奔西走した。徳永はついで全四国水平社創立大会の議長となり、一九三二年までほぼ執行委員長を務めたが、一九三五年九月二八日に生涯を閉じた。享年五二歳であった。終焉の地は愛媛県宇和島であった。

妻コリウの父、鈴木秀助はラムネ製造販売業を手広く営み、鈴木商店の番頭格に迎えられる。しかし、徳永は、香具師《やし》の世界に飛び込み、そのネットワークを広げ、一九二三年四月頃、松山無産同盟を結成。ほぼ同じ時期に部落の自発的解放を目的とする革新会を組織、松浪らと全国水平社拝志支部へと改組。松浪は拝志村の生れで、神童と称されていたという。徳永は雄弁で知られていたようである。徳永は、拝志村で挙行された県水平社の創立大会で「同情的差別撤廃を廃せよ」という演題で演説、「幾多の実証的差別に対して涙をふるって糾弾し、釈尊の平等主義により、徹底的に団結の力によって汚辱を糺し、同情的差別感を排除して、絞首台の上に立ってもかまわない」と情熱的に訴えた。

徳永の行動範囲は広く、香具師としてのネットワークと、巧みな弁舌、相手の歓心を買う、ちょうど渥美清が演じる東京・柴又の「寅さん」を想像すると、その人物像を膨らませることができよう。彼の足跡は愛媛県、四国にとどまらず、一九二五年の全水第四回大会で、全水中央委員に選出され、一九二八年までその職に留まった。その間、大阪が主な活動舞台になった。一九二八年四月には、朝鮮京城（現・ソウル）に飛び、慶雲洞で開催の被差別民（通常、白丁といわれる）により構成された衡平社第六回大会に全水代表として参加した。

これより前、一九二五年に、松浪は愛媛を出て、東京に移った。徳永は、一九三三年以降、水平運動から退いた。中予（松山など）、南予（大洲、八幡村、宇和島など）、東予（今治、西条、新居浜、三島、川之江など）に水平社支部中心の活動が再建され、展開された。

中予、南予で中心を担ったのが小林実（一九〇四〜九二年）である。一九三二年に起こった「郡中村の村長の差別発言」の対応の仕方に小林の運動方法がよく表れている。小学校児童の同盟休校を無期限に実施して、要求を実現させ、村長に謝罪させるばかりでなく、農村経済の根本である「農地をよくする」ことを実現し、村長を辞職させた。*8

一九三三年の高松差別裁判闘争は、水平運動を活気づけ、差別認識を高揚させた。それより前の一九三二年二月、小林のもとを友枝が訪問した。水平運動の教えを乞うためであった。

友枝は、融和運動家も水平運動家も加入していた植村省馬の高知県自治団から運動のあり方を学び、さらに小林を訪ねた。三年後の一九三五年三月一一日に、友枝は融和団体の夫山下佐々一らが深く関与していた善鄰会と縁を切って、水平社岩松支部を結成した。この年、六月一八日、岩松町の小学校において六年生の部落の女児に対し、部落外の一人の児童が「『エタ』言葉だ、『エタ』の言う言葉だ」と罵り、部落の子たちは怯えきって、小さく縮こまった。*9

さらに友枝は、一九三七年三月三日、東京で開催の全水第一四回大会に、愛媛県代議員として「ただ一人の女性」として参加した。

（2）山下友枝の思想

友枝は一九三四年、善鄰会の機関誌『善鄰』第一一七～一一八号（一九三四年六月一五日。同七月一五日）の二回にわたり、「結婚問題に関する同志に答へて」と題して、結婚問題について執筆・寄稿した。主な部分を抜き出すと、以下の通りである（なお、傍点は筆者）。

> 幾百年の間職業関係によりて賤視された私達の祖先は封建制度の下積となり、その子孫が今以て深刻な差別の淵を沈み、如何に国民の義務を尽しながらも、人間の価値を其の儘にみとめられない惨酷。況やわが建国の特質たる一君万民の一大家族国家に生を受けながら、兄弟檣に牆に鬩ぎて嫉視差別に何事ぞ。実に国辱であると謂はねばならない。此の戦慄慚愧すべき不合理なる弊習に泣く三百万人の同胞が縛されている鉄鎖が一日も早く切断され明るい光の到来する日を祈りつゝ、此の聖戦に加はる一婦人をして力の続くかぎり叫びたいのです
>
> （第一一七号、一九～二〇頁）

世の中には、金や地位や名誉や義理や、等々結婚するものもあるが、それこそ人間冒瀆も甚だしいものである。往々に世間体をはばかり父兄よりも白眼視さるるも、融和の為など丶勝手な美名の下に所謂融和結婚?を奨励するものがある。痴愚も甚だしく思ふだに唾棄すべき醜怪事であります。

（第一一七号、二〇頁）

兎もすれば無理解な一般民は自からの低脳《ママ》さを顧みもせず、只単に一般民に小耳を鼻に掛ける部落の男女と結婚してやろうなど放言する輩もある。又部落民としても一般民との結婚を無上の光栄と思ふ者さへ有るが、自己卑下も甚だしいものである。

（第一一八号、一六〜一七頁）

私は必然的に社会全体の矛盾を感じ、其の不合理な事実が私達の兄弟をして世を恨み人を呪ひ、延ひては不穏の挙に出る様になるのではないだらうか。親愛なる同志の姉妹よ。今や全国的に婦人の自覚運動が叫ばれて居ります。此際眠つて居ては目的地に到達することは出来ないのです。失礼ながら、我が南予地方には永遠ながら運動に共鳴して、力強く社会に、足跡を留めつ丶勇敢に叫んで下さる同志の婦人の現れない事を残念に思ひます。

（第一一八号、一七頁）

ここには部落差別に対する友枝の激しい怒りが読み取れる。しかし、いわゆる「貴族あれば賤族あり」（この言葉は後でいわれたようであるが）というように、天皇・皇族・華族の存在が「賤民」といわれる部落の大衆を指しているのにもかかわらず、友枝は「一君万民」と唱えて疑問を呈していないように思われる。一八七一年、賤称廃止令（「解放令」）が出されるが、徳永参二さえ次のように述べている。徳永は一九二三年八月二六日に愛媛県水平社本部主催で「明治大帝の追悼法会」を開催、「解放令の聖慮に畏み」追悼法会を執行し、協議会を開き、今後の方策を議決しようという。当時、水平運動のリーダーたちが「解放令」を盾に、運動の官憲からの弾圧をさけ、「正当化」するために用いたということを、わたくしは全国水平社の書記局長であった故井元麟之氏から直接、お聞きしたことがある（一九八二年九月七日、井元氏談）。

社会主義を学び、無産運動にも挺身し、医専に通っていた徳永においてさえ、右にみたような天皇観に囚われていたのだろうか。が、それにしても不可解なのは朝鮮における衡平社大会における徳永の発言である。衡平社第三日目における徳永の「祝辞」中にある一節である。「天皇陛下は一視同仁と仰せられたのでありますが　夫れにも拘らす吾等がこんなに差別を受けるのは　其間に或者等の策術の為めであります　水平社員と衡平社員とが　互いに握手して共に日本帝国の国勢を四海に発揮する様に努力されむことをお願ひします」。

この祝辞に対して、当然のことながら朝鮮の人びとから「衡平社と水平社と握手し日本帝国を四海に発揮する云々の理由は那辺にあるや」と疑義が出された（原文は片仮名。前掲「愛媛県の水平運動」より重引）。徳永に限らないと推測されるが、水平社の人びとにも抜き難く帝国主義民族としての大国主義、植民地宗主国の被支配民衆といえども、根強く植民地主義（コロニアリズム）が蔓延《はびこ》っていたのだろうか。[*10]

4　松本治一郎への手紙

友枝は一九三五年、全水愛媛県岩松支部の結成に参加した。翌年一月五日、『水平新聞』第六号に「一女性の叫び」を寄稿し、同年三月三日、全水第四回大会に愛媛県代表として参加する。このように友枝が水平運動に入るのは遅い。松本治一郎が一九三六年の衆院選に立候補、当選した前後である。

最後に友枝が松本に宛てた手紙（写真2）を紹介する。松本宛の友枝の書簡は、現在のところこの一通という。これをみる限り、友枝は、感激家としての側面があったのではないかと推察される。

松本治一郎宛山下友枝封書（一九三六年三月一〇日消印）

春風駘蕩の好シーズンとなりました。其後とんと御無沙汰に打過ぎ御詫の申上様が有りません。御許し下さい。過日の総選挙に際しましては、嘸かし御疲れのことでしょう。御察し申し上げます。今度の選挙に当りては、同志諸君の奮斗もさる事ながら、貴方様の日夜絶えざる身命を賭しての奮斗に、只〃感涙致すのみです。立候補以来如何に私は懊悩の日夜を過ごした事でしょう。………何とかして貴方を勝たせたいものだ。如何にせばよろしいのかと……如何に悩んだことでしょうか……二十一日午後ラジオにて当選確定を知りました時の私のよろこび何者にも変え得ないものでした。〔略〕

日々のジャーナリズムは国家非常時と叫んで居ります…今私たちの解放戦も正に非常時です……現在社会の諸機関は差別助長迫害の抑制に満ちて居ります。御互はこれまでのあらゆる矛盾と不様な社会を建設する為、層一層自主的に闘い断固として□□《不明》るべきです。

御互いの解放は御互いの団結にのみ有り。その力による大衆斗争

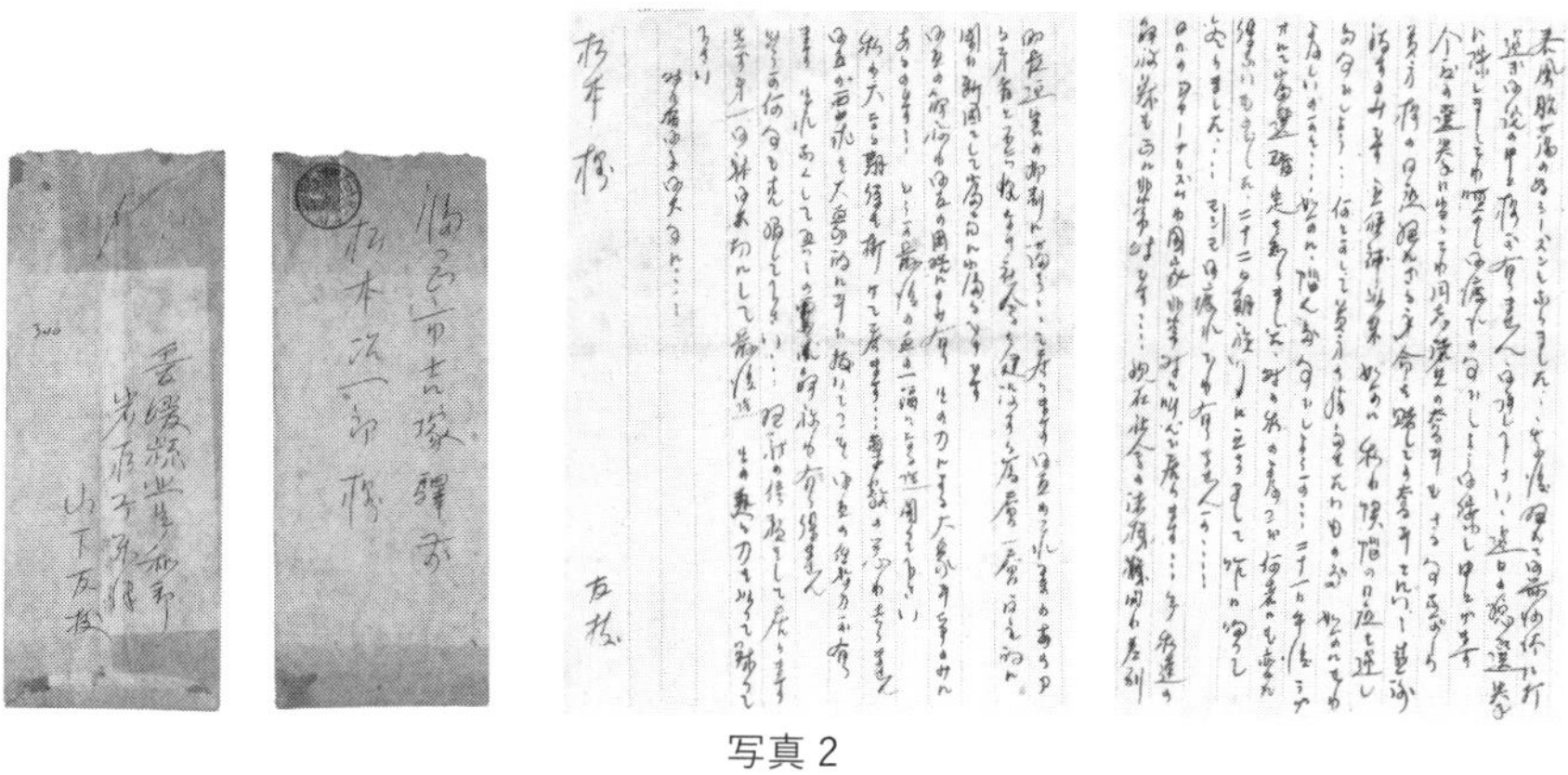

写真２

のみにあるのです……どうか最後の血の一滴になる迄闘つてください。私は大なる期待を掛けて居ります……尊敬の念は去りません。御互の要求を大衆的に斗いてこそ、お互い任務があります。それなくして吾らの解放は有り得ません。どうか何事も克服して下さい…絶対の信頼をして居ります。先ず専一御体大切にして最後迄でその熱と光を以つて戦つて下さい。

〔付記〕本稿執筆にあたっては、公益社団法人福岡県人権研究所の関儀久氏のご協力を得た。記して深く感謝したい。

注

＊1　山下友枝の経歴は、常盤浄円「夜明けの荊冠旗―山下友枝―」（近代文庫編『郷土に生きた人びと』静山社、一九八三年）。愛媛の部落解放史編纂委員会編『愛媛の部落解放史』一九八六年。『愛媛県史　人物』一九八九年。愛媛生涯学習センターホームページ　愛媛の記憶　人物など参照。

＊2　詳しくは、鈴木裕子『水平線をめざす女たち―婦人水平運動史』ドメス出版、一九八七年、のちに『増補新版 水平線をめざす女たち』ドメス出版、二〇〇二年参照。

＊3　鈴木裕子「婦人水平社と西田ハルの活動」、『部落問題研究』第一一四輯、一九九一年、のちに前掲『増補新版 水平線をめざす女たち』所収を参照。

＊4　柴田道子「埋もれた婦人運動家（7）長野県水平社創立期に活躍したアナ系婦人闘士」、『婦人公論』一九七二年八月号、のちに『ひとすじの光』一九七六年、朝日新聞社刊に所収。

＊5　詳しくは鈴木裕子「高橋くら子　光芒を放つ絶対平等の思想」、水平社博物館『全国水平社を支えた人びと』解放出版社、二〇〇二年。同「関東婦人水平社の女性たちとその解放思想」、『部落解放』第三七一号、一九九四年「特集婦人水平社の時代」参照。前者はのちに前掲『増補新版 水平線をめざす女たち』に「絶対平等と解放に賭けた二人の女性活動家」として収録。

＊6　前掲『増補新版　水平線をめざす女たち』参照。

＊7　増田智一「徳永参二―四国の水平運動をリード」、水平社博物館編『全国水平社を支えた人びと』解放出版社、二

〇〇二年参照。

＊8　水本正人「愛媛県の水平運動」、四国部落史研究協議会編『四国の水平運動』解放出版社、二〇二二年、八二頁。

＊9　事件の詳しい経過は「愛媛の水平社支部は、学校における部落差別事件に、どう取り組んだか」、前掲「愛媛県の水平運動史」『四国の水平運動』二三二〜二三四頁。

＊10　衡平社については、さしあたり、朝治武・黒川みどり・内田龍史編『講座　近現代日本の部落問題　第二巻　戦時・戦後の部落問題』解放出版社、二〇二二年所収の水野直樹論文を参照。

第3章

九州地方からの手紙

花山　清

筑豊出身の水平運動・無産運動の活動家

関　儀久

1　松本治一郎旧蔵資料(仮)に見る花山清

筑豊は九州・福岡における水平運動の発起点である。福岡でただひとり全国水平社創立大会に参加した田中松月[*1](一九〇〇～一九九三)、創立大会開催を新聞で知り本部への問い合わせを通じて近藤光につながったとされる柴田啓蔵[*2](一九〇一～一九八八)、創立大会二カ月後に全水本部を訪ね水平社宣言・綱領・規約を持ち帰った花山清(一八九六～一九八二)の最初の三名はいずれも筑豊出身であった。

なかでも全九州水平社創立を組織的に準備したのが花山であった。全九水創立記念の写真には、花山が中央にいる(写真1)。初期九州水平運動において花山が果たした役割は極めて大きく、花山が水平社宣言に出会い部落民の自主的解放に目覚めた経緯や、部落民の尊厳を取り戻すための徹底的糾弾に立ち上がった過程の解明は、初期九州水平運動の性格をうらなう重要な課題である[*3]。また、普通選挙実施以降、各地水平社の指導者が府県会議員選挙に立候補するなか、先陣を切って当選を果たしたのが花山であった。社会運動の一潮流である水平運動の全体像を解明するうえで、政治との関わりを論じることは不可欠な問題である[*4]。無産運動の複雑な離合集散劇を演じた筑豊を舞台に、花山がどのように選挙闘争を繰り広げ勝利したのか、その掘り起こしは重要である。

写真1

では、花山清に関する研究はこれまでどのように行われてきたのだろうか。花山本人からの聞き取り、花山清「全国水平社とわたし（12）」（『部落解放』第二七号、一九七二年）、瀬川負太郎「筑豊の水平運動を推し進めた青年僧―花山清さん」（『部落』第二四巻第八号、一九七二年）、語り手・花山清、聞き手・上野英信「水平社結成前後と私の思い出（1）～（3）」（『解放教育』一五一～一五三号、一九八二年）には、花山の最初の被差別体験や水平運動への目覚めの経緯が記録されている。しかし、九州水平運動のもうひとりの火付け役、柴田の回想と照らし合わせると、両者の事実認識には齟齬《そご》がある。[*5] 花山の水平運動への目覚めについて、より慎重に叙述するためには、史料的アプローチによる両者の齟齬の検証が欠かせない。

新藤東洋男『部落解放運動の史的展開』（柏書房、一九八一年）は、花山及び松本吉之助の所蔵史料に基づき、全九州水平社の創設過程における花山の役割や、花山たちが取り組んだ徹底的糾弾の経過を明らかにした。その引用史料には現在では行方不明のものが多数あり、ほかでは知り得ない貴重な情報を把握することができる。しかし、新藤の水平運動の見方が基本的にボル派の役割を重視していることに関係して、花山が自身最初の糾弾闘争である鞍手郡中村村長差別事件のなかで、それを指導した近藤光の糾弾方針にある種の戸惑いを抱いていたことには言及されていない。このことは、のちにアナ・ボル対立が激化するなか花山が中間派としての立場を形成する萌芽的な意味を持つものとして検証する必要がある。

原口頴雄「解題」(『全九州水平社機関紙『水平月報』―復刻』、福岡部落史研究会、一九八五年)、小西秀隆「地方における無産政党運動―福岡県無産政党史」(『福岡県史　通史編近代　社会運動(二)』二〇〇二年)は、花山の選挙闘争とその背景にあった無産政党運動の離合集散劇の関わりに触れた数少ない論考である。本稿では、これらの成果に学びつつ、花山の選挙闘争における政治的判断について叙述することにしたい。

さて、松本治一郎旧蔵資料(仮)には、鞍手郡中村村長差別事件の予審の尋問調書や花山が松本に宛てた一三通(一九三三年四通、一九三四年三通、一九三五年五通、一九三六年一通)の手紙が収録されている。花山と柴田の間にある事実認識の齟齬や徹底的糺弾における花山の主体形成の過程は、この「調書」の史料を読み解くことで接近することができる。また、松本への手紙のうち、碓井村村長選挙事件(一九三五年一一月)による飯塚刑務所収監前後に花山が発信した四通の手紙には、議会活動への弾圧に対する花山の抵抗の意識が綴られている。[*6] 水平運動における花山の足跡を追跡すると、九州水平運動の初期は鮮明な解像度を備えてその動向を把握することができるのに対し、福連闘争以降は解像度が著しく低下する。その意味において、これらの松本への手紙は解像度が不鮮明な時期の花山と松本の関わりを照射する重要な史料である。

2　水平運動家としての主体形成の歩み

(1) 水平運動への目覚め

花山清は一八九六(明治二九)年一月二五日、福岡県嘉穂郡二瀬村横田(現在の飯塚市)に誕生した。花山家は江戸時代の庄屋筋であり、被差別部落では有数の大農家であった。そして、父・寅吉は鞍手郡植木(現在の鞍手町)の願照寺の門徒総代をつとめる有力者であった。筑豊の水平運動は、部落内では裕福であった花山家の経済力に支えられた部分もあった。

花山の最初の被差別体験は、部落外の人々との交流が始まる尋常小学校においてであった。部落外の子どもたちは、休み時間や遠足などの時間にかぎって、「わさ」（隠語。市場のセリの言葉で「四」を意味する）という言葉で花山たちをからかった。尋常小学校から高等小学校へ進む者は、部落内では花山だけであった。高等小学校では教師からも「えたがえたといわれ、悪いことはなかろうもん」と言われた。結局、花山は高等小学校を中途退学した。

花山は願照寺の小僧になり、直方高等小学校補習科に通った。そして、運よく小学校卒業の卒業証書を獲得し、中学校受験に挑戦した。のちに柴田が通う嘉穂中学校は不合格であったが京都の清和中学（現在の立命館）に補欠合格を果たした。しかし、学費が続かず清和中学は四年生のとき退学、私塾・六条学館に通ったのち、二年ほど北海道は積丹半島の漁港・岩内の光照寺で過ごし、九州に帰郷した。

帰郷後の花山は、嘉穂郡二瀬村横田の自宅に住みながら、願照寺の平僧として檀家まわりに明け暮れた。願照寺は、遠賀郡・鞍手郡・嘉穂郡の三郡にわたり門徒三〇〇〇人を擁する広大な寺院であり、門徒と三〇人の僧侶はすべて部落出身であった。このころ、住職の柴田弘之は矯風自治会を組織し、衛生や教育を改善することで、部落の地位向上をはかる部落改善運動に取り組んでいた。花山も一九二一（大正一〇）年には「優良部落視察委員ヲ嘱託シ、大分県へ出張ヲ命ズ」（嘉穂郡役所交付）という辞令を受けるなど、矯風自治会の活動を通じて、県の部落改善事業にかかわっていた。

花山が部落民による自主的解放を宣言した一九二二（大正一一）年三月三日の全国水平社創立を知ったのはそんな折であった。花山と柴田の回想をたどると、花山が全水創立を知ったのは新聞であったと言うのに対し、柴田は自分と願照寺の僧侶・中嶋鉄次郎（一八九八？～一九二三）とのつながりをきっかけに花山は全水創立を知ったという。福岡日日新聞には確かに全水創立の記事が掲載されており、花山がこの記事を見た可能性は否定できない。しかし、花山の回想を読むと、柴田がもたらした影響を過小評価する意図が働いているように思えてならない箇所がある。

右の事情を検証するために、全九州水平社創立直後、鞍手郡中村村長差別事件の第三回調書（大正一二年六月二〇日）のなかでの花山の発言に注目することにしたい。次に見るのは、花山が水平運動に加入した動機を問われ、それに答えた箇所である。

私ハ小学校へ入学シテ以来、今日ニ至ル迄、私自身カ特殊部落ノ者デ有ルト云フ事カラ殆ンド忍ブ事カ出来ヌ侮辱ト迫害ヲ受ケテ来マシタ。其為ニ屢々逆上シテ反抗心ヲ起シマシタガ、自ラ卑下シテ屈折ニ終テ居ル処、昨年三月ニ至リ京都ニ水平社大会カ開カレタ事ヲ聞キ、当時水平社カラ印刷物ヲ貸受ケ大イニ共鳴スル処有リ、其後、昨年五月頃、私カ京都市西本願寺等ヘ得度式ヲ受ケニ行ツタ際、上京区鷹聖北町水平社連名ノ本部ヲ訪問シ、執行委員長南梅吉ニ会見シ水平社ノ特殊部落民ハ部落民自身ノ行動ニ依ツテ絶対ノ解放ヲ期スル事、特殊部落民ノ経済ノ自由ト職業ノ自由トテ社会ニ要求シ其獲得ヲ期スル事、吾人ハ人間性ノ原理ニ覚醒シ人類最高ノ完成ニ向ツテ進ム事、三綱領ヤ全国ノ特殊部落民団結シ、穢多ト云フ名ノ為ニ苦シメラレタ其穢多ノ名ニ光栄有ラシメヨト云フ宣言ヲ聞カサル。大イニ我カ意ヲ得テ帰郷致シマシタ。夫レカ私ノ水平社運動ニ参加シタ動機デス。

（松本治一郎旧蔵資料（仮）「中村村長事件裁判記録」より）

ここでは、一九二二（大正一一）年三月に全国水平社創立大会が開かれたことを知るまでは、「自ラ卑下シテ屈折ニ終テ居ル処」であったが、「昨年三月ニ至リ京都ニ水平社大会カ開カレタ事ヲ聞キ、当時水平社カラ印刷物ヲ貸受ケ大イニ共鳴」したという。ここでは、水平社大会の開催を知ったのは、新聞でなく誰かに聞いたことがきっかけであるとされる。また、花山の回想では同年五月に全水本部を訪問して宣言・綱領・規約を持ち帰ったとされるが、この「調書」ではその前にすでに「水平社カラ印刷物ヲ貸受ケ」ていたと述べている。この印刷物は近藤から柴田に手渡され、柴田が九州に持ち込んだものだろう。つまり、花山が全水創立の動きを知った経緯を特定することはできないが、柴田が持ち込んだ「種火」に、花山が少なからぬ影響をうけたことは間違いないといえる。

花山は全水本部訪問後、嘉穂郡内五四部落をまわり水平社結成を呼びかけ、一九二三（大正一二）年二月一〇日には全九水仮本部を自宅に設置、五日後の一五日、福岡市吉塚の松本治一郎を訪問、松本に委員長就任を依頼して承諾を得た。

次に見るのは、花山が「調書」のなかで全九水創立大会の開催に至る経緯を述べた箇所である。ここでは、和田清太郎（柴田啓蔵の兄）・松本吉之助・中嶋鉄次郎等と嘉穂郡をまわって水平社結成を呼びかけたことや、創立大会の二カ月前から近藤光が花山宅に滞在し、全九水の創立準備に関与していたことに言及している。

私ハ京都カラ帰ツテ後、和田清太郎・松本吉之助・中嶋鉄次郎等ト共ニ水平社ノ趣旨ノ宣伝ニ大イニ勉メ、嘉穂郡鞍手郡特殊部落ニ臨ンデ口演ヲ為シ、本年二月頃既ニ私等ノ間ニ全九州水平社大会ヲ開カントスルノ計画ガ有リマシタ。其翌三月中旬頃、屡々近藤光カ水平社運動ノ為ニ私方ニ立寄リ、同人ニモ全九州水平社ノ成立ニ関与シテ貰フ事ニナリマシタ。斯如クシテ、着々準備ヲ進メ本年五月一日、福岡市外馬出、博多座ニ於テモ其発会式ヲ掲ゲルニ到ツタノデス

（松本治一郎旧蔵資料（仮）「中村村長事件裁判記録」より）

五月一日、メーデーの日を期して、福岡市外東公園博多座において全九水創立大会が開催され、二〇〇〇

人を超える参加者が結集した。これに先立つ四月二四日、松本は刃傷事件の二日市事件を指示した嫌疑（水平社結成の弾圧）で福岡市の土手町刑務支所（以下、土手町刑務所）に収監された。松本は大会資金の五〇円を花山に手渡し、「チカフジによろしく」と言って創立大会の開催を託した。松本は近藤を「チカフジ」と呼んだ。大会当日は松本の代わりに花山が議長を務め、盛会のうちに創立大会は幕を閉じた。

（2）徹底的糾弾の取り組み

筑豊の水平運動における近藤の影響力は絶大なものであった。のちに花山が、「近藤の気風でなければ、筑豊でこれほど水平運動は伸びなかった」、「卑下心や官憲に対する恐怖心がなくなった」と述べるように[*7]、ブローニング銃を振りかざし、警察に対して「なんでェ、貴様！」と言ってのける近藤のふるまいは、筑豊の部落民たちに差別と闘う勇気を与えた。

また、近藤は筑豊の炭鉱組合活動にもつながっていた。北九州機械鉄工組合機関誌『西部戦線』創刊号（一九二四年四月）には、近藤光「獄中の思ひ出」が掲載されている[*8]。ここでは、「僕の予定した運動、農民組合、水平社、労働団体の三角同盟であった。三年の永き歳月を□して、今漸く西部日本に於て成した其の使命を果たさむ為に、生まれ出でしものが即ち此の西部戦線である」と述べており、浅原健三らは近藤が提唱する三角同盟に共鳴していたことを示唆している。この時期の浅原はのちに党派的対立を繰り返す光吉悦心とまだ良好な関係にあった。

しかし、水平社独自の運動形態である徹底的糾弾に関する花山の理解は、差別者への社会的制裁を強硬に求める近藤の糾弾方針をそのまま信奉するものではなかった。次に見るのは、中村事件第三回調書のなかで水平社が糾弾を行う目的を問われ、それに花山が答えた箇所である。予審尋問調書という史料の性格を勘案すると、ここで述べた内容は、花山が糾弾を正義と信じる所以について、最も精選した言葉で予審判事に語ったものと見るべきだろう。

人間ガ人間ヲ侮辱スルト云フ事ハ有リ得ヌ事デスカラ、穢多ト侮辱ノ言葉ヲ発シタ者ニ対シ、之ヲ糺弾シ人間本分ニ立チ返ヘラシメン事ヲ要求スルノデス。従ツテ、又穢多ト辱シメラレ虐ケラレタ者ニ於テ、因習的ニ卑屈ニナツテ居タ我ラレニ於テモ、自ラ卑クセザルノ自覚ヲ喚起セヨト云フノデス。穢多ト云フ侮辱的言辞カ現在カラ去ルナラハ、其処ニ差別的待遇ヲ受ケル余地カ無クナリ、不幸ニシテ現在ニ於テ其目的ヲ達スルヲ得ズトモ、其次ノ代ニ於テ、又其次ノ次ノ代ニ於テハ、穢多ナル観念ハ全ク社会カラ葬ラレ、人間相互ノ敬愛カ遺憾無ク発揮セラルルト確信スルモノデス

（松本治一郎旧蔵資料（仮）「中村村長事件裁判記録」より）

花山は徹底的糺弾の目的や意義を次のように説明している。すなわち、①人間が人間を侮辱することは本来あってはならない、侮辱した者の間違いを糺し、人間本来の姿に立ち返らせること。②因習にとらわれていた我々においても、自らを卑下しないように自覚を持つこと。③世代をまたいで侮辱的言辞を無くす努力を行うことで、いずれ差別観念は消え去り人間相互の敬愛が発揮される世の中になること。

このような花山の徹底的糺弾に関する理解はどのように形成されたのだろうか。全九水創立直後、花山たちは二つの大規模な糺弾闘争を行った。鞍手郡中村村長差別事件（中村事件）と嶋本代議士差別発言事件（嶋本事件）である。[*9] この二つの事件は糺弾を行った主体に違いがある。中村事件は主に鞍手郡水平社が近藤の指導のもと取り組んだのに対し、嶋本事件は米田富の協力のもと花山たち嘉穂郡の活動家が中心となり糺弾を行った。近藤と米田は全九水創立大会において応援演説を行ったあと、花山宅に滞在し、五月六日に鞍手郡水平社発会式に参加した。中村事件は発会式のあとの協議会で報告され、その後、帰宅した花山・米田

とは別に近藤はそのまま残り糺弾を主導した。

中村事件は、県の部落改善事業を牽引する鞍手郡中村の村長・安永一郎が部落民を侮辱し、殴打したことにはじまる。近藤は「村長の行為は全国三百万の兄弟への侮辱である。ここだけの問題ではない。免職を求める」と主張し、郡役所や県庁へ行き村長の免職処分を求め、また村会議員を招集して免職決議を強要する過激な行動に出た。

これに対して花山は、「村長が誠意ある態度を示すならば謝罪状だけで許容してはどうか」という立場を取ったが、近藤には「花山は態度が曖昧で私に賛成かどうか明確にしない」と受けとめられた。また、近藤に影響を受けた鞍手郡水平社の青年からは、「この事件は花山に委任していないから発言を拒否する」と言われたという。

徹底的糺弾の理解をめぐり花山が近藤と異なる立場に立つに至った背景には、嶋本事件で行動を共にした米田の影響がある。嶋本事件は五月二一日、政友会福岡県連主催による議会報告演説会において嶋本信二代議士（熊本県八代市選出）が「仮に普通選挙法を実施すればエタや非人も選挙権を持つ」と発言したことにはじまる。花山たちは全水本部から派遣された米田とともに糺弾闘争を行い、それがきっかけで熊本県にも水平運動が広まった。

花山は中村事件のなかで近藤たちに意見を述べる際、米田を伴うこともあった（「水平社ノ連中カ兎角私ノ言ヲ軽ンジ、近藤ノ云フ事ヲ重ク用ユルノ風カ有マシタ故、私ノ意見ノ貫徹ヲ計ルタメ米田ヤ其他ノ者呼ンデ来タノデス」前掲「中村村長事件裁判記録」）。

一方、米田は「安永村長糺弾問題に対する我々の意向は、殴打の事実に対しては他に相当とるべき手段あるを以て之を除外し、其の侮辱行為に対してのみ謝罪せしむれば足れりとせるものなりしも、独り近藤は之に反対し、徹底的に辞職要求を主張して譲歩せぬ為に、一糺弾問題に対して水平社同人間に意見を異にしたる」(『部落問題・水平運動資料集成　補巻1』三一書房、一九七八年、八三一頁)と述べたとされる。米田は六月二〇日から二七日、福岡市松園での水平社演説会で演説中止を無視したことを理由に土手町刑務所に収監された。前述の米田の発言は、この時に事情聴取を行った検事の長谷川寧の記録だろう。

七月九日、中村事件で収監された花山のもとに、駒井喜作(一八九七〜一九四五)の見舞状(第四信)が届いた。そこには、「貴兄の連座せられし事件の詳細は知りませんが、どうせ近藤一派の軽挙妄動によって貴兄には思はぬ災難を蒙られしものと思考いたします。元来近藤君は水平社の同人として小生共に於て認め居るものにては無之、最初共々に水平社の第一線に立ち居りしも、主義の相半するもの有之、本部同人協議の上、除名同様に相成り居るものにして近藤君も之を容認して居つたものです」(田中松月史料「花山清宛駒井喜作封書」)とある。花山がこれをどのように読んだかはわからないが、近藤を客観視する機会になったことだろう。米田や駒井との交流は、のちにアナ・ボル対立が激化するなかで、花山が中間派としての立場を形成する萌芽的な意味を持つものであったかもしれない。

3　無産政党運動と選挙闘争の取り組み

(1)『水平月報』から『大衆事報』への改題

一九二四(大正一三)年六月一日、花山は田中松月と協力して『水平月報』を創刊した。『水平月報』は全九水の正式な機関決定を経て刊行されたものではないが、「吾等は水平社を統一する為に月刊雑誌『九州水平』を発行す」(全九水創立大会議決)に登場する『九州水平』を代替する実質的な全九水機関紙であった。発行兼編纂印刷人は田中松月(一〜九号)、花山清(一〇号以降)、発行所の水平月報社は花山宅に置かれた。

一九二八(昭和三)年五月、花山たちは『水平月報』を『大衆事報』へと改題した。この改題は、全水九州連合(一九二五年五月、全九水を改称)の機関紙から「筑豊無産大衆」の新聞への転身を意味する。改題後の最初の記事を見ると、「我が大衆事報は凡ての政党組合感情を超越して無産者の雄叫を無産大衆に呼びかけ、我々被搾取階級、被抑圧大衆の解放への前進をより早からしめんとする微意に外ならない」とあり、次には「民衆の町会を建設せよ！」と題した記事が続く。『水平月報』から『大衆事報』への改題は、普選実施以降の無産政党運動の分岐・分裂を超越し、無産大衆の声を糾合して選挙闘争に臨むという意識によって実行されたことがわかる。

花山が選挙闘争を開始した動機は何であったのだろうか。ひとことでいえば、それは福岡連隊闘争後における花山たち嘉穂水平社とボル派の分岐であった。福連闘争では花山もまた嘉穂水平社を率いて全力で闘った。しかし、官憲の大弾圧を招き運動の沈滞化をもたらしたのは、花山からすれば闘争を指導したボル派の責任であった。花山にはボル派の極左的政治闘争主義に対する強い反発があった。このことが運動の大衆化をもたらす選挙闘争へと向かわせた。

「筑豊無産大衆」の新聞になった『大衆事報』は、最初は光吉悦心の九州炭鉱夫組合、後には小山盛人の西部鉱山労働組合との関係を深め、一九三四（昭和九）年一月に西部鉱山労働組合の機関紙、翌年一一月には日本西部産業労働組合の機関紙になる。

九州炭鉱夫組合は日本労働総同盟（総同盟）の二度にわたる分裂の影響を受け弱体化し、一九二五（大正一四）年一〇月頃に日本炭鉱夫組合九州連合会が分出、さらに一九二七（昭和二）年四月に九州鉱山労働組合（労農党支持）、西部鉱山労働組合（民憲党支持）、九州炭鉱夫組合（日労党支持）の三派が鼎立した。

このような組織の弱体化を受け、九州炭鉱夫組合会長の光吉は一九二七（昭和二）年八月、日本労農党（日労党）嘉穂支部を立ちあげ再出発をはかった。光吉はストライキなどの直接行動を得意とする活動家であったが、組合活動の行き詰まりを政党運動に転身することで打破しようとしたのである。そして翌月、花山は日労党・社会民衆党（社民党）・九州炭鉱夫組合・嘉穂水平社の応援のもと県議選に出馬した。結果は落選であった。

『大衆事報』改題から三カ月後、日労党を中心とする七党合同による日本大衆党が結成された。その過程で光吉と浅原健三（民憲党）の対立は深まった。そして、これ以前に光吉から離れた小山盛人（水平社同人・西部鉱山労働組合長・一九二八年一月民憲党嘉穂支部結成）との対抗上、光吉は日労党を脱退、社民党への入党を選択する。

一方で花山たち水平社は、光吉との関係を保つことが「政党組合感情」を糾合して選挙に勝つことに繋がらないと考えるようになった。そして、一九三四（昭和六）年九月の県議選のまえに、それまでの光吉との蜜月ともいえる関係に終止符を打ち、花山は浅原に接近した。

『大衆事報』第七二号（一九三四年九月）には、浅原・三浦愛二・小山の三名が寄せた「推薦の辞」が掲載された。そして、前述のように、『大衆事報』は一九三四（昭和九）年一月には西部鉱山労働組合の機関紙になり、日本西部産業労働組合の機関紙になっていく。

（2）選挙闘争の状況

普選実施以降、一九二八年二月の衆議院総選挙のころまで、水平社は正式決定を経ていないまでも労働農民党（労農党）支持を強く打ち出していたとされる。しかし、一九二七年の県議選に出馬した花山、それから筑紫郡で出馬した藤岡正右衛門（福岡市外金平村出身。松本・花山とともに全九州水平社結成の中心メンバー）は、いずれも無産中立として立候補し、労農党候補者と無産陣営内で票を分け合った。もとより花山の選挙闘争は福岡連隊闘争後のボル派との分岐が出発点であった。ボル派の労農党から花山が距離を置くのは当然の選択であった。

【表1】は花山が出馬した嘉穂郡県議選の結果一覧である。一九二七（昭和二）年九月の選挙では、花山は日労党・社民党・九州炭鉱夫組合・嘉穂水平社の応援のもと出馬した。嘉穂郡では花山のほかに三浦愛二（民権）・原増巳（労農）が無産陣営から出馬し、水平社員の一部は労農党を支持したが、得票数は花山がトップであった。このときの無産陣営の合計得票数を見ると、党派的感情をクリアーできれば、無産陣営から当選者を出すことは十分に可能であったことがわかる。

嘉穂郡では一九二九（昭和四）年に一月・六月・九月の三度、補選が行われた。花山は一月と六月の二度、補選に立候補している。『福岡日日新聞』（六月八日）には、六月の補選の開票経過を伝える珍しい記事が掲載された。それは六月七日午後二時半の段階での町村別得票数（足白村ほか五村と飯塚町の一部を除く三町一〇村）の内訳である。

【表１】 花山清が立候補した嘉穂郡県会議員の選挙結果

	候補者名（政派名）	結果	得票数	得票率（%）
1927年9月 県議選 ［定員5］	原　英二（民政）	○	6,568	22.1
	野見山平吉（政友）	○	4,482	13.9
	松岡　運（民政）	○	3,548	13.6
	吉田久太郎（政友）	○	3,361	13.5
	実岡半之助（政友）	○	3,110	12.4
	上野文雄（政友）	×	3,078	12.3
	花山　清（無産中立）	×	1,391	5.6
	三浦愛二（民憲）	×	837	3.4
	原　増巳（労農）	×	836	3.4
1929年1月 県議補選	上野文雄（政友）	○	14,358	71.5
	花山　清（社民）	×	5,700	28.5
1929年6月 県議補選	藤森善平（政友）	○	10,666	47.6
	有松直輝（民政）	×	8,278	36.9
	花山　清（無産中立）	×	3,452	15.4
1931年9月 県議選 ［定員5］	高野喜六（政友）	○	6,016	20.6
	原　英次（民政）	○	4,660	16.0
	山内嘉市（政友）	○	4,451	15.3
	松岡　運（民政）	○	4,102	14.1
	花山　清（労大）	○	3,755	12.9
	高取　豊（政友）	×	3,413	11.7
	末継隈太郎（政友）	×	2,753	9.4
1935年9月 県議選 ［定員4］	松岡　運（民政）	○	6,852	26.7
	原　英次（民政）	○	6,082	23.7
	花山　清（社大）	○	5,260	20.5
	吉田　繁（政友）	○	3,037	11.8
	山内嘉市（政友）	×	3,034	11.8
	古川彦一（中立）	×	1,425	5.5

※『福岡県史　通史編近代　社会運動（1）』2002年に基づいて作成。

この町村別得票数と少し時代は下るが一九三六（昭和一一）年の中央融和事業協会の統計書をもとに各町村内被差別部落の有権者概数をあわせて示したものが【表2】である。これによると、花山が部落内の有権者数を超えて票を得た町村は二町九村あり、二瀬村での総得票は部落内有権者の約一〇倍、桂川村・稲築村・大隈町では約二・五倍を超えていたことがわかる。

【表２】　嘉穂郡における県会議員補欠選挙（1929年6月）

	各候補者の得票数			被差別部落有権者概数
	藤森善平（政友）	有松直輝（民政）	花山清（無産中立）	
飯塚町	994	952	113	117
幸袋町	513	442	146	78
二瀬村	603	756	520	53
鎮西村	387	234	113	94
穂波村	1,038	1,582	397	265
上穂波村	357	108	58	47
内野村	105	138	2	—
桂川村	737	169	255	97
稲築村	623	1,512	369	127
大隈町	751	171	145	49
宮野村	572	8	20	9
碓井村	208	210	195	226
千手村	329	91	58	32
計	7,017	6,354	2,487	1,194
※足白村・山田町・大分村・頴田村・庄内村・熊田村・飯塚町の一部は未開封（このうち、被差別部落有権者概数は計1,370）。				
結　果	10,666	8,278	3,452	

※『福岡日日新聞』（1929年6月8日）、中央融和事業協会の統計書（1936年）に基づいて作成。

一九三一（昭和六）年の県議選では、花山は社民党ではなく労大党から出馬した。労大党福岡県連の動きを追うと、同年七月、同県連執行委員会は県議候補者選定について選考を行い、嘉穂郡では花山清を擁立することに決定した。嘉穂郡は本来、浅原の強固なる地盤であり、同地から候補者を出さないことは遺憾に堪えられないという判断であった。

では、花山と社民党の関係はどのようになったのだろう。『大衆事報』七二号（一九三一年九月）掲載の「推薦の辞」では、「社会民衆党嘉穂支部と全国労農大衆党嘉穂支部合同による全国労農結成…（中略）…吾等の陣営は統一された」とあるが、このような事実はない。社民党嘉穂支部は執行委員過半数の六名が水平社同人であり、彼らは労大党との「合同」を決議した（九月四日）。しかし、「合同」反対派は党規違反として水平社の除名決議を行い、社民党嘉穂支部は分裂した。

結果として、一九三一（昭和六）年の選挙で花山は得票数三七五五票、得票率一二・九％の成績で初当選を果たす。光吉を離れ浅原に接近することで花山は県議選に勝利したのである。この年の府県会議員選挙には、群馬・長野・三重・奈良・兵庫・高知・福岡の八県下で九名の水平社員が立候補したが、当選したのは花山だけであった。

一九三五（昭和一〇）年九月の県議選では、水平社は嘉穂郡で花山清、早良郡で宮本楽次郎、福岡市で藤原権太郎を擁立した。花山は素早く行動をして、九月八日には二瀬町長浦公会堂で演説を開始した。選挙の結果、花山は五二六〇票を得て定員四名中三位で当選、宮本は一三七六票で定員一名の枠に当選、藤原は二三八二票を得たが次点であった。

花山は補選を除く県議選で得票率を五・六％→一二・九％→二〇・五％と伸ばし、一九三一（昭和六）年と一九三五（昭和一〇）年の二度当選を果たした。この間、花山は公認政党を無産中立（一九二七年）、社会民衆党（一九二九年、補選）、無産中立（一九二九年、補選）、労大党（一九三一年）、社大党（一九三五年）と変えた。このような政党の移り変わりは、無産政党運動の複雑な離合集散劇を演じた筑豊を舞台に、花山が選挙を勝ち抜くために浅原派との連携を強化した結果であった。

4　議会活動に対する弾圧と抵抗　松本治一郎への手紙に見る

一九三五（昭和一〇）年の県議選の結果、県会の議席分布は中立三→八、無産三→四と議席を伸ばし、中立・無産が決定権を掌握する状況になった。そのなかで花山は無産四票と中立一票の五票を得て、無産党議員としては全国最初の参事会員に推挙された。中立一票は早良郡で当選を果たした水平社員・宮本楽次郎の票だろう。

しかし、その参事会初登壇の朝（一一月二日）、花山は警察に拘束された。碓井村村長選挙贈収賄嫌疑という名目で弾圧が行われたのである。この検挙は、「花山県議収容で県政界衝動す　輝かしき無産党の勝利に影？初参事会前に強制執行」（『九州日報』一九三五年二月五日）と報じられ、センセーショナルな話題となった。結局、この年は「私ハ或ル権力ノ為ニ四十二日間拘留サレテ、昨夜一ト先ヅ解放サレタト云フ状態デアリマシテ、会期モ約半分過ギテ居リマシテ」（『昭和十年福岡県通常県会会議録』第一三日　一二月一四日）というように、会期の半分を拘留された。なお、宮本もまた一〇月二三日に選挙違反の嫌疑で拘留された。

碓井村村長選挙（一〇月二二日）は、政友会派と民政党派がそれぞれ一名の候補を擁立し、議員一八名の村会は九対九名に分かれ、硬直状態に陥った。それが民政党派議員一名の政友会派への寝返りにより、政友会派一〇、民政党派八となって決着したが、所轄の大隈署は、この議員の寝返りの背景には、田中松月と花山清の仲介（主犯は萬田正重）による議員の買収があったと決めつけ、三名を検挙することにした。

花山は飯塚刑務所収監を前後して四通の手紙を松本に出している。最初に見るのは、一〇月三一日に田中が検挙されたことを伝える花山から松本へ手紙である（写真2）。ここでは、「私も時間の問題でしょう」と述べたあと、「どうせ弾圧の目的でしょうから一切を犠牲にして、やりましょう」「結局永く置くでしょうが最後の勝利はこちらに有りと信じます。田中君は拘留中ですが勇敢に戦っております」と述べる。


村長選挙問題のため、田中君を昨日拘留しています。私も時間の問題だと存じます。どうせ弾圧の目的でしょうから一切を犠牲にして、やりましょう。拘留されましたら、後はよろしく願ひます。なお保釈金は今回の突発事件のため工面の方法がつきませんので自由させて頂きます。甚だ勝手ではありますが火急を要しましたので何卒〳〵悪からず御許しを伏して願ひます。

結局永く置くでしょうが最後の勝利はこちらに有りと信じます。田中君は拘留中ですが勇敢に戦っております。こちら電報で行ったら、よろしく願います。

十一月一日

（松本治一郎宛葉書　昭和一〇年一一月一日消印）

花山からすれば、贈収賄での拘留など馬鹿らしいものであったが、それが弾圧なのだから、受けて立つよりほかにない、田中も同じ心意気で戦っていると言っている。保釈金については「工面の方法がつきませんので自由させて頂きます」というように少なくとも直接的に金銭の支援を求める表現は用いていない。しかし、のちのやりとりを見ると、松本による「御配慮」はあった。

続いて、飯塚刑務所に収監後に出された一一月一四日の手紙を見ることにしたい。この手紙は、見舞金を頂いたことへの返礼である。差出人は三名の連名で、花山清・田中松月、主犯とされた萬田正重ではなく藤春正成であった。萬田正重と藤春正成はどちらも今後の調査が必要な人物である。なお、この葉書は二瀬町横田から出されており、飯塚刑務所からの発送ではない。筆跡も花山のものではなく、妻・ゲンが書いたものかもしれない。

拝啓　時下晩秋之候に御座候処相変らず御壮健にて御多忙の事と拝察します。
扨て、この度は又大変御配慮を煩はし多大なる御見舞金まで被下有難く御礼申し上げます。
まずは取りあえず愚書を以て厚く御礼申上げます。

草々

昭和十一年十一月十四日　二セ町横田

花山　清
田中　松月
藤春　正成

（松本治一郎宛葉書　昭和一〇年一一月一五日消印）

六日後の一一月二〇日、花山は不当な弾圧に対する抵抗の思いを綴った手紙を松本に出した。「一切は時が解決するものと信じています」、「龍が雲を呼ぶ時」、「麦が芽を出す時」、「その時をつくりましょう」というように、「時」という言葉を繰り返し使い、同志がいっせいに立ち上がり、大きな変革を呼び起こす時をつくりましょうと述べている。そして、「一生は強し、路傍の名も無き一輪の草花の如く」というように、花山は自身を「路傍の花」になぞらえ、命をかけて挑むことの、何事にも負けない力強さを表現した。

朝夕は随分と冷気を覚ゆる候となりました。相変わり無く御壮健と御多用の御事と推察申します。向寒の折柄です。どうぞ御身御自愛の程をお祈り致します。

何時もの御迷惑に重ねて今度はご心配をおかけまして何とも御礼の申し上げ様も有りません。一切は時が解決するものと信じていますから房中自適読書三昧に日を送っています。龍が雲を呼ぶも時でありましょう。一粒の麦種が芽を出すもやっぱり時でしょう、その時をつくりましょう。一生は強し、路傍の名も無き一輪の草花の如く。何卒同人諸兄へよろしく御申伝へ下さいます様御願い致します。

二十日　　飯塚市宮ノ下九三九　花山　清

（松本治一郎宛葉書　昭和一〇年一一月二〇日消印）

最後に見るのは、訊問が終わったことを報告する手紙である。ここでは、松本に返信をもらったことへの感謝を最初に述べている。そして「残るものは闘いあるのみと存じております」と述べ、運動の前線に復帰する心意気を短い言葉で表現した。弁護人として名前があがっているのは博多毎日新聞差別記事事件でも弁護士を務めた三好弥六、もうひとりは吉竹という。

拝啓　昨日から突然寒くなりました。御変わりはありませんか。御伺ひ申します東京よりの返信は拝見いたしました。中央委員会は定めし、有意義且つ盛大に終わったこと推察致します。

小生入房以来種々御高配に預り有難く礼申し上げます。お陰をもちまして身体極めて壮健ですから他事乍らお休心ください。昨日を以って、一切の訊問を終わりました。残るものは闘いあるのみと存じております。三好、吉竹両弁護人へも右の次第電話ででも御通知置き下さいます様御依願申上げます。時候柄と世間様とに充分御用心の程を御祈り致します。　不一

（松本治一郎宛葉書　昭和一〇年一二月一二日消印）

『水平新聞』（一九三五年一二月五日）は、「之は確かに支配階級の弾圧に外ならない。すなわち花山君は先般の県議選に於てブル候補共を尻目にかけ堂々五千数百票を得て再選、然も参事会の席まで獲得する等の前例なき進出ぶりに驚き遂に同君を陥入るべく此の事件がデッチ上げられるに至ったものではなかろうか」と報じている。そして、水平社の中心人物に何らかのケチをつけ、大衆の信頼を失わせる支配階級の分裂政策に騙されるなと檄を飛ばした。しかし、碓井村村長選挙事件は結果として贈収賄事件として処理され、花山と田中は罰金各百円、萬田は懲役六カ月、執行猶予三カ年が科せられた。

花山の手紙は、非常に言葉遣いが丁寧であり、松本に対する敬意が込められている。その一方で情緒的な言葉は用いず、ただ水平運動の活動家として、弾圧に屈することのない強気な姿勢を示している点に特色がある。

最後に水平社の花山・藤原・宮本は県会においてどのような議会闘争を繰り広げたのかを少しだけ見てお

きたい。一九三六（昭和一一）年一二月の県会では、大詰めを迎えた翌年度の予算案をめぐり、「花山委員（社大）委員会に於いて少数意見として保留していた修正案─即ち営業税中の物品販売税、理髪営業税、雑種税中の馬車税、自転車税、遊芸人税、給仕人税、代書人税等の半減又は全廃を行い、社会事業の増額、下級警官俸給五分増等により生ずる歳入欠陥八十八万余円を各種団体への補助削減其他事業繰延べ等で補塡すべしと絶叫」（『九州日報』一九三六年一二月二四日）したという。このとき、藤原は花山が掲げる修正案こそ県民の生活安定に資すると述べ、また宮本も他の修正案を掲げて、原案と対峙の姿勢を示した。県会における三名の水平同人による共闘の一端を垣間見ることができる。

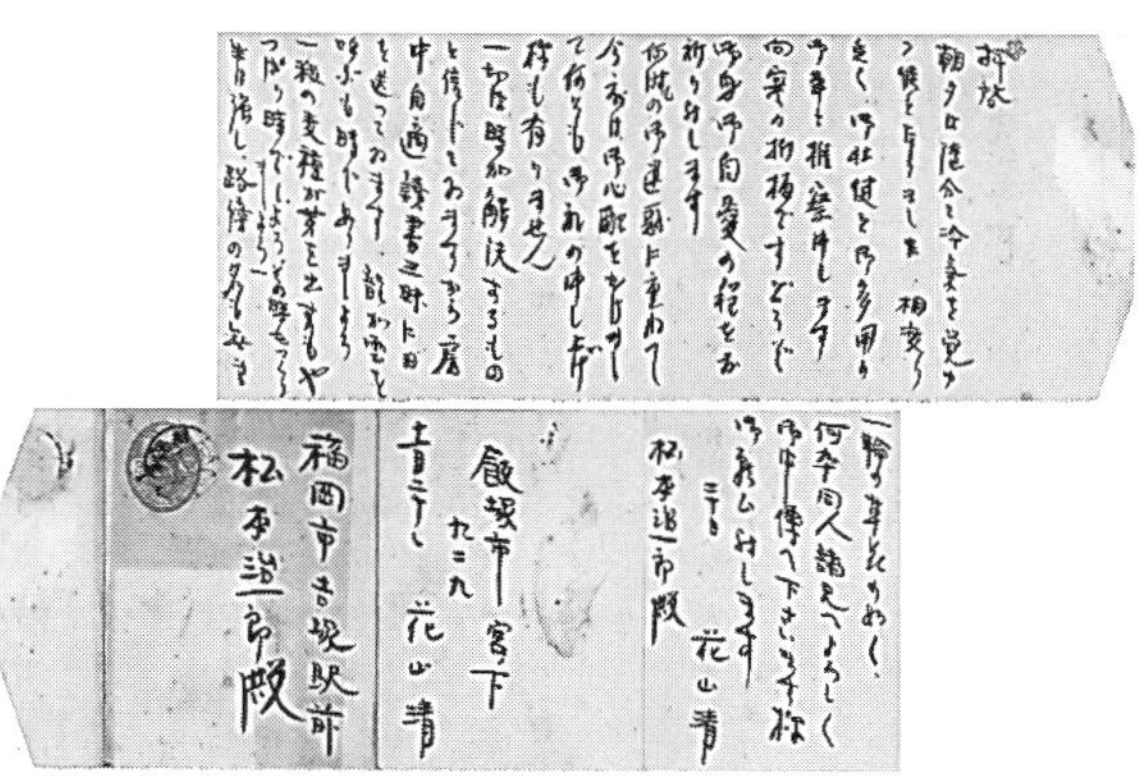

写真2

注

＊1　上杉聰・外川正明「田中松月の全国水平社創立大会への参加」、『リベラシオン─人権研究ふくおか』二〇一六年、一七六号など参照。

＊2　森山沾一・和智俊幸・横田司・坂田美穂『殉義の星と輝かん：百年生きる「解放歌」と柴田啓蔵』花乱社、二〇二二年。柴田啓蔵が日本社会主義同盟に参加していたことは、廣畑研二「資料紹介　山辺健太郎旧蔵「日本社会主義同盟名簿」」（『大原社会問題研究所雑誌』六一一・六一二号・二〇〇九年）や関口寛「初期水平運動とボルシェヴィズム─全国水平社青年同盟の結成─」（黒川みどり・藤野豊編『近代部落史　再編される差別の構造』有志舎、二〇〇九年）において指摘されている。

＊3　水平運動独自の運動形態である徹底的糺弾の諸側面については、朝治武「初期水平運動と徹底的糺弾」（朝治武・黒川みどり・内田龍史編『講座　近現代日本の部落問題1　近代の部落問題』解放出版社、二〇二二年）を参照。

＊4　水平社の選挙闘争と水平社の要求を受け止める側の無産政党における部落問題の位置づけを考察したものに、吉田文茂「政治社会の形成と水平運動」（朝治武・黒川みどり・内田龍史編『講座　近現代日本の部落問題2　戦時・戦後の部落問題』解放出版社、二〇二二年）がある。

＊5　柴田啓蔵『あゝ解放の旗高く：「解放歌」の意味』福岡部落史研究会、一九七九年。

＊6　残りの九通の手紙は、田川郡の糺弾演説会（一九三三年六月）・嘉穂郡の水平社同人歓迎会及び演説会（一九三三年七月及び同年八月）・飯塚市水平社大会（一九三四年五月）などへの松本の参加を依頼するものであり、うち二通は田中松月と連名であった（関儀久「松本治一郎旧蔵資料（仮）紹介（五）―花山清から松本治一郎への書簡」、『リベラシオン―人権ふくおか』二〇二一年、一八四号参照）。

＊7　上野英信聞き取り、上野朱起稿「花山清」、「松本吉之助」。松本吉之助『筑豊に行きる―部落解放運動とともに五十年』部落問題研究所、一九七七年など参照。

＊8　北九州機械鉄工組合機関誌『西部戦線』創刊号、一九二四年（法政大学大原社会問題研究所所蔵）。

＊9　中村事件に関する記述は、特に断りのない限り、「中村村長事件裁判記録」による。嶋本事件は新藤東洋男『部落解放運動の史的展開』（柏書房、一九八一年）参照。

田中松月

全国水平社創立大会への参加から松本治一郎の最側近へ

首藤卓茂

1 生い立ちから『水平月報』創刊まで

（1）平安中学校卒業

田中松月（以下、原則として田中）は一九〇〇（明治三三）年九月一五日、福岡県嘉穂郡大隈町に父卯太郎、母ミヤの四男として生まれる。大隈尋常高等小学校に入学間もないころ被差別体験を受けた。組一番の乱暴者が賤称語を投げつけ拳骨をふるい、それを教師が笑って見ていたという苦しい体験であった。また校長も地区名をあげて差別発言をおこなった。田中たち五、六名の友だちは山にかくれ通学しなかった。その事実が発覚しても、大人たちは泣き寝入りをせざるを得ない時代であった。

同校高等科を卒業後、一九一四（大正三）年、近村桂川村土師の藤川荒妙に僧侶になるため弟子入りし、七キロほどの道を通った。当時、優秀な少年の進路として僧侶になることはよくみられた。仕事を自由に選択できない部落差別のあらわれである、と筆者はある方から聞いたことがある。

藤川は鞍手郡植木（現直方市）にある願照寺（浄土真宗本願寺派）の衆徒で、四書五経に通じた僧侶であっ

写真１　第４回朝倉郡甘木大会（1926年５月９日）、前列中央の左に田中松月、右に西光万吉（碓井平和祈念館提供）

た。土師出身飯田延太郎の『明治之光』掲載の文章のなかで、父が藤川に漢学を学んだこと、地区内外から評価される人物だったと記している。願照寺は筑豊のうち筑前四郡（遠賀、鞍手、嘉麻、穂波。のち後二郡は嘉穂郡となる）の被差別部落民の檀那寺であり、一九〇七（明治四〇）年に建築された大きな本堂をもつ寺院であった。田中家も願照寺の門徒であり、学識ある藤川荒妙の弟子となることは、しぜんな選択ともいえる。生地は藤川の法務の区域であった可能性もある。僧侶になるための初歩の教えをうけ、さらに藤川の紹介で隣郡・豊前田川郡方城村の福専寺に入寺し、修行にはいる。

田中少年は一九一八（大正七）年、青雲の志をいだき本願寺布教師になるために上洛、平安中学校に入学する。苦学しながら勉学に励んだ。ちなみに僧名松月は苦学先の夜なきうどん屋の屋号からとった。四年生の時、出自をあばく張り紙で差別される。故郷の嘉穂中学校からの転校生によるものと判明する。また京都で部落差別がおこなわれている現場に出くわし、東七条の地区内を歩いたりして、部落差別を見る眼が鋭敏になっている。卒業の年、一九二二（大正一一）年三月三日、全国水平社創立大会の報を耳にし、会場の岡崎公会堂に行き参加する。大会の興奮と感動を身にし、部落差別とたたかう一歩をしるした。九州でただ一人の参加者であった。

（2）全九州水平社機関紙『水平月報』創刊

卒業し帰郷、しばらくして熊本県の不知火新聞の記者となる。この時、取材・原稿執筆、編集実務などを学んだという。その後、福専寺にもどり法務につくも、水平という旗をかかげて村々を回ったと回想している。ときに福岡に出て博多毎日新聞社事件の被害者梅津隆広を訪ねたりしている。当時、願照寺では矯風自治会をつくり部落改善運動で衛生や産業振興などを門徒に広げていた。願照寺衆徒の花山清たちはこの改善運動に尽力していたが、田中は関心を寄せることはなかった。批判的な目で見ていたのである。

一方、松山高校に在学していた柴田啓蔵などによって筑豊に水平社を結成する動きが始っていた。柴田は嘉穂郡の出身で近くの嘉穂中学校に入学。差別を受けることを避けるため、遠く離れた鞍手郡植木・願照寺から通学することとなった。願照寺内の通称隠居屋・柴田清雄と実姉タツ夫婦の養子となったのである。

全国水平社（以下、全水と略称）創立大会の開催を知った柴田啓蔵はすぐに本部と連絡をとり、パンフレットを入手し、水平社の運動に共鳴した。当時、社会主義協会に加入していた柴田は社会的な問題として部落差別をとらえていたと思われる。

全水本部の近藤光は筑豊に帰郷した柴田のもとを訪ねる。柴田は友人であった願照寺の衆徒中島鉄次郎、花山清を運動に誘い、花山らは運動に確信をもった。こうして柴田の生家のある潤野で九州初の全水の支部ができた。歴史的な一歩であった。ついで近藤、花山などは一九二三（大正一二）年、鞍手郡中村村長差別事件、島本代議士差別事件などに取り組む。田中は花山たちの運動に刮目《かつもく》し、運動に合流していった。また田中は郷里大隈に帰り、部落改善運動をおこなっていた青年たち、応援していた人々が水平社運動に転換していく闘いに合流した。

柴田、花山らは福岡の松本治一郎、藤岡正右衛門らを訪ね、水平社の運動を伝える。松本は黒田家三百年祭募金反対運動で広く知られた存在であった。こうして筑豊の有志は福岡の有志と連絡をとりあい、一九二三（大正一二）年五月一日、全九州水平社創立大会を福岡市近郊東公園（現福岡市）・博多座で開催する。大会は興奮のるつぼであった。大会で水平社新聞発行を決議するも、その態勢をつくりだすことができなかった。翌年、六月一日に『水平月報』を花山・田中で筑豊の地で創刊する。発行所は花山の生家嘉穂郡二瀬村、二、三名の同志の応援のもとで発行した。編集は田中、発行は花山であった。嘉穂郡内各村、福岡、熊本、東京、早良に支局が広がり、実質的な全九州水平社の機関紙となった。約千部を印刷したという。読者の投稿がおおいのは『水平月報』の特徴である。投稿の詩歌には児童期の被差別体験をうたう胸をえぐるようなものがある。田中も詩歌をかいた。ひろく共感を呼んだと思われ、文学青年の側面を物語る。

『水平月報』は松本源太郎獄死問題、水平社青年同盟、全国水平社第五回大会、福岡連隊糾弾・襲撃陰謀事件とあいついで記事を書いた。福岡連隊事件については詳細をきわめているが、連隊への抗議などには田中はかかわりが薄かったようだ。花山の手による記事が多かったということだろうか。ついで一九二八（昭和三）年五月、『大衆事報』（第三五号）と改題、半ば水平社運動、半ば労働運動の内容で継続されることとなった。

筑豊各地で急速に水平社演説会、座談会がひらかれ運動の宣伝がおこなわれていった。一九二四（大正一三）年七月一日には福岡県水平社創立大会が嘉穂郡飯塚で開催された。福岡県下各郡に執行委員をおき、体制を固めるものだった。一九二五（大正一四）年一月三〇日に田中は水平月報社で検束され、飯塚署へ連行された。千倉徳太郎とともに差別糾弾をおこなった闘いによるもので、翌日、飯塚裁判所に送られるのを大雪のなか同志たちが見送った。二〇日間獄中ですごし、二月一六日第二回公判には数百の同志が傍聴、懲役三カ月の言渡しがあったが、すぐに控訴した。『水平月報』第九号では第二回公判での紺野検事諭告への反論がかかれた。翌年三月二五日に福岡地裁で公判がおこなわれた。

出獄後は田中の活動が県下、近隣県に広がり、福岡の同志と行動をともにすることが多くなる。『水平月報』では県下、山口、佐賀県と大会や講演におもむき、差別撤廃を訴える記事が多い。一九二六（大正一五）年一月におこった福岡連隊差別事件では、田中は八月二八日の糸島郡大会で福岡・早良郡の同志たちと熱弁をふるい当局を糺弾。嘉穂郡内の運動も盛り上がり、一二月五日には嘉穂郡大会として福岡連隊当局糺弾演説会をおこなう。大会前夜、田中ら一〇名の幹部が大隈、飯塚方面で検挙されたが、残った者で大会は必死の覚悟でおこなわれた。幸袋水平社の大会会場には福岡の本部も応援弁士を送ることができず、田川郡から政時鹿義がきた。当日夜一二時、貧しい同人から金銭や米などを集めていたものを大八車六台に米五俵ずつ積み込み、夜を徹して八木山峠を越え、一〇里の道を福岡金平の本部に運んだ。本部同人は嬉し泣きせんばかりにして迎えた。

2 闘いの日々 筑豊、全九州・全国水平社

（1）活動のなかの役職

福岡連隊差別事件の弾圧後は全水も厳しい時代で、田中も生活にあえぎながら、生活地筑豊で僧侶としての法務をしつつ、運動を継続したとみられる。ここに役職や闘争参加を一覧してみたい。

第五回全国水平社大会　一九二六（大正一五）年五月（福岡市）田中、大会書記・法規委員
第六回全国大会　一九二七（昭和二）年一二月（広島市）田中、出席なき模様
第七回全国大会　一九二八（昭和三）年五月（京都市）田中、出席なき模様

第八回全国大会　一九二九〔昭和四〕年一二月〔名古屋市〕田中、出席なき模様
第六回全九州水平社大会　一九三〇〔昭和五〕年三月〔福岡市〕田中、大会書記長　田中、提案・発言なし
甘木・西田事件　一九三〇〔昭和五〕年九月、三一年三月　田中、参加なき模様
第九回全国大会　一九三〇〔昭和五〕年一二月〔大阪市〕田中、法規委員
第一〇回全国大会　一九三一〔昭和六〕年一二月〔奈良県〕田中、出席なき模様
第一一回全国大会　一九三三〔昭和八〕年三月〔福岡市〕田中、大会書記長　田中、提案・発言なし
高松地方裁判所差別裁判糺弾闘争　一九三三〔昭和八〕年五月から　田中、香川部落民大会で講演
九州地方協議会　一九三三〔昭和八〕年一二月　田中、組織宣伝部委員
九州連合会拡大委員会　一九三四〔昭和九〕年四月　田中、組織宣伝部委員
第一二回全国大会　一九三四〔昭和九〕年四月〔京都市〕田中、資格審査委員長
九州連合会大会　一九三五〔昭和一〇〕年三月〔熊本〕田中、大会委員長

田中、佐藤中将糺弾闘争に関する件提案　田中、九州地方協議会の書記長

注目したいのは、一九三〇〔昭和五〕年九月から名称変更する九州連合会から翌年の甘木事件、西田事件のなかでは田中の名前を見ることはないこと。ついで一九三三〔昭和八〕年の高松差別糺弾闘争では八月二六日香川県部落民大会に九州委員会代表として参加、二九日の糺弾演説会で九州代表として演壇に立つものの、二八日全国部落代表者会議では役員委員をしておらず、二九日・三〇日の全国委員会、第一回常任委員会で宣伝隊弁士に選ばれるものの、請願行進のなかに田中は見ることはない。こうしてみると、闘争指導などのかかわりは薄く、大会などの運営に力を発揮する場面が目をひく。大会の下支え、調整や事務能力にひいでているといえる。

高松差別裁判糺弾闘争後、福岡県内の水平社の運動は活発になってくる。福岡市、早良郡、糸島郡、朝倉

郡と糺弾闘争や行政闘争が運動を活発化させ、大会を開き、議員選挙への取り組みも熱くなった。これは全水第一〇回大会で井元、北原たちが提案した水平社解消意見によって足踏み状態があったものの、第一一回大会（一九三三〈昭和八〉年三月、福岡）で部落民委員会活動の闘争方針を提起したことに由来するだろう。地方改善応急施設費その実現体である部落経済自力更生運動を批判し、部落大衆の文化的、経済的水準を高める要求闘争を呼びかけ、運動的に高まりを見たためである。

同年一二月の九州地方協議会での闘争報告では請願運動と共に各地の差別糺弾闘争の報告がなされている。九州連合会拡大委員会（一九三四〈昭和九〉年四月）での福岡県内曽根原・屋形原支部飛行場設置反対運動、金平支部井戸水減水賠償要求問題、福岡市歳費値上げ反対、西脇傷害乱闘事件救援活動、松園支部国道開設土地収用反対など生活をめぐる闘い、その多くが対行政闘争である。これは部落民委員会方針を下敷きにしたものと理解できる。こののちも、福岡市に対する地方改善応急施設要求の市役所訪問（六月六日）などの闘いもつづく。第一二回大会（同年四月）ではこうした各地の闘いをおし進めるために「応急施設費廃止反対、地方改善費の増額」を前面にだして闘うこととなった。

こうした地方改善費をめぐる闘いは各級レベルの行政にかかわる政治活動、議員進出の基盤となるものであった。一九三五（昭和一〇）年二月の早良郡県会議員補選で水平社は藤原権太郎を立候補させ、落選したものの善戦、次の選挙への自信を深めた。同年九月には同選挙区で宮本楽次郎を当選させた。嘉穂郡では花山清が当選した（社会大衆党）。ちなみに花山はその前の一九二七（昭和二）年九月の県議選挙で落選（無所属）、ついで一九三一（昭和六）年九月で当選（全国労農大衆党）しており県議二期目であった。田中も嘉穂郡内で選挙闘争に汗を流したと思われる。福岡市区では藤原権太郎を立候補させ、次点となったが、のちに繰り上げ当選した。宮本・藤原は水平社による立候補で政党はなく、中立と新聞では書かれた。こうして水平社は県会のなかで三人の県会議員を出したことになる。

福岡市会議員については一九三三（昭和八）年四月、野田貫造（二期目、国民同盟）、高丘稔（水平社役員）を当選させ、中村浪次郎、岩田重蔵（水平社役員）、西川甚太郎（水平社役員）は落選。野田を除き所属政党はなく地域からの得票に頼っている。

一九三五（昭和一〇）年三月二四日の全九州連合会大会が熊本で開かれた。田中は大会委員長をつとめている。また佐藤中将糺弾闘争に関する件で田中は提案、ここで全九連書記長に選出された。大会後、第六師団を訪問し兵士の差別に対して抗議、また両本願寺にも抗議することとなった。五月四、五日に開かれた全水第一三回大会では大会委員の一員となり、はじめて中央委員に選出された。田中はここで九州の運動の中枢に位置づくことになる。

(2) 松本衆議院議員選挙

松本治一郎は一九三六（昭和一一）年二月に福岡県一区から衆議院議員に当選した。

総選挙戦では福岡連隊事件で弁護をおこなった弁護士三好弥六を選挙委員長にむかえ、県下水平社をあげて闘った。下馬評では当選できないといわれていたが、無産者貧民に対する社会奉仕への共感やファッショ排撃への賛同による大衆・インテリ階級の票を得たと評された。一四四三九票、四人中三位の得票で古参代議士たちの肝をひやした。約一万五〇〇〇票のうち部落関係は六〇〇〇票弱、一般大衆が約九〇〇〇票と見られた。全国的に見ても、無産派は大きく議員・票を伸ばした。田中もふくめ全水幹部も福岡に常駐して闘い、当選後、事務所設置のため泉野利喜蔵、朝倉重吉、北原泰作らと田中松月はすぐ上京した。

同年四月、選挙戦での勝利を受けて福岡県連第一回大会が開催された。高松差別糺弾闘争、部落民委員会活動による福岡市、早良郡の西脇差別糺弾闘争や地区委員会の設立をはじめ糸島郡・朝倉郡の闘い、選挙闘争での闘いによる各郡の組織的な運動が背景にある。田中は運営の要の大会委員長をつとめ、常任委員に選出され、政治部委員、宣伝部副部長を任じられた。また、「反ファッショ戦線統一結成に関する件」の提案をしている。

翌一九三七（昭和一二）年三月三日には全水第一四回大会が開催された。大会直前の福岡県連合会拡大執行委員会では社会大衆（以下、社大と略す）党支持、無産戦線統一運動を提案することとしたが、提案されていない。統一戦線問題が横たわっていると思われるが、ここでは省略する。大会では、融和事業完成一〇カ年計画反対、出版・映画・演劇差別糺弾に関する件などを中心に論議されている。この大会でも田中は中央委員に選出された。

同年四月三〇日の衆議選に再度松本は立候補し当選した。その選挙運動は前年のものとはすこし状況が変わり、社大党福岡支部が前年一二月一六日に結成され、選挙運動に加わった。福岡支部は名誉顧問松本治一郎（衆議院議員）、顧問藤原権太郎（県会議員）、支部長高丘稔（福岡市会議員）、書記長北原泰作をはじめとする水平社で布陣をしき、くわえて全農福佐連合会、福岡地方合同労組、旧社会民衆党系によって支部役員が構成され、執行委員には各部落代表・活動家が多数をしめた。全農福佐連合会は部落に基盤をおく左派農民組合であり、役員・執行委員を実質担ったのは大半が水平社同人であった。田中の名前が出ていないのは、まだ生活地筑豊に住所を置いていて、名目上にでも出せなかったのではなかろうか。

総選挙はこうして水平社、全農福佐連合会を中心に、社大党が押す形で闘われた。しかし、松本は国会内で社大党の院内会派に属しているものの客分といわれるもので、党員ではない。のちに斎藤隆夫反軍演説を機に党内が分裂する時、松本が党員でないため院内会派から排除にあうのもそのためである。入党しない理由は明らかではないが、県内の社大党内事情、八幡を基盤とする亀井貫一郎議員らとの不仲も一つと見たい。新聞は今回も中立と載せている。ちなみにこの総選挙で福岡県第四区から社大党で田原春次が豊前の全農総本部派組合（大半は部落農民組合員）、労働者層の支持を得て当選した。

（3）日中戦争

日中戦争が一九三七（昭和一二）年七月、盧溝橋事件により開始された。戦争に対してどう向かうか、大きな課題であった。満州事変時、無産政党は内に国家社会主義政党を生み、分裂をさそった。社大党の結成もその一つであり、のちに唯一の無産派の政党となった。日中戦争はより深刻であった。時代は無産政党、無産運動を踏みつぶし消滅させていった。

全水では九月の拡大中央委員会で「非常時全水運動の方針」で国策に協力する方針をまとめた。戦争協力の姿勢とともに、そのなかでの部落差別の撤廃を追求する姿勢を明らかにしたのである。

一九三八（昭和一三）年、福岡で松本治一郎の秘書をしていた北原は松本の行動に矛盾を感じ、一月秘書、社大党福岡支部書記長を辞し、上洛した（ちなみにその後、北原、朝田善之助らによって全水解消運動、そして部落厚生皇民運動がつくられるが、大政翼賛会を支持するなか一九四〇〈昭和一五〉年一二月には解散を宣言する）。田中は北原の後をつぎ、ある時点で社大党福岡支部書記長となった。戦時体制下の全水の方向づくりが進んだ。一一月、第一五回大会では「銃後部落更生運動」「行動要綱決定」「皇軍慰問現地視察代表派遣」「軍事関係の差別根絶」「差別糺弾闘争方法」の諸件を論議、決定するに至った。差別糺弾闘争では東亜共同体建設は国民融和の大業なしには確立されるものではない、国民融和の完成は官民一体協力一致、糺弾も社会啓蒙教化を主眼とし、関係官庁、融和団体とも協力して善処する、という大きな転換が示された。全国大会で再度、田中は中央委員に選任される。

福岡では七月に福岡市融和会が結成され、社会課と全水側の役員が入り、顧問を松本治一郎がつとめた。一九三九（昭和一四）年一月七日、福岡県・市、県親善会、特高課長たちとの懇談がおこなわれる。井元は糺弾問題について提起、松本は総括的問題解決方法についてのべた。翌八日には支部代表者会議を開き、大会決定事項を伝えるなか、田中は差別糺弾の方針の変更、融和団体との連携について述べた。

（4）県会議員当選

中央レベルでは、対決していた中央融和事業協会（以下、中融協と略す）との接触を泉野、深川、田中、井元ではじめる。二月には社大党と東方会合同新党運動が流れる。事態を静観しつつ井元・田中は上京し対策にあたった。五月には福岡県連は社大党と共同で福岡市ほか一五カ所で松本代議士興亜議会報告時局演説会を開催した。田中は党福岡支部書記長として演説。八月末、福岡県連支部代表者会議で、田中は県会議員に福岡市区から立候補することが決まった。すでに二度にわたる松本選挙で福岡市内の票読みの判断が強みであった。九月二二日選挙で三九九九票トップ当選をはたした。早良郡では水平社同人の有吉新助、嘉穂郡では花山清が立ったものの落選。

この時、田中の職業は福岡日日新聞では代議士秘書とされ、特高は土木請負支配人としている。秘書となったのは、松本が議員に当選した時期、北原泰作辞任のあとであろうと思われる。土木請負支配人とは松本の家業である松本組の支配人である。超多忙であったことは家族の証言で明らかであるが、就任の時期は不明。松本議員秘書、松本組支配人、社大党福岡支部書記長、全水福岡県連の要として働き、ときに上京し中融協との協議や新党運動への対応など、多忙を極めたにちがいない。公私にわたる松本の側近としての姿が髣髴《ほうふつ》としてくる。すでに筑豊碓井の家族と離れた、単身赴任的な福岡での生活であったと思われる。

県議会での活動は一二月四日の議会での初質問から見ることができる。五点の質問をおこない、最後のものは「国民融和」の件であった。官民一致の融和促進委員会の設置を求めたもので、後述するが、大和報国運動の線をうかがわせる。

初質問に新聞は「お坊さんの説教口調朗読質問」と辛い点をあたえた。同一議会、一二月八日の県会では五項目の質問・意見を述べた。「工場鉱山の汚毒水に対する予防と損害賠償」などであった。郷里筑豊の炭鉱や農村の問題が頭にあったと思われる。

一九四〇（昭和一五）年一一月二六日の県会での質問は大政翼賛会の成立を受けて県知事の見解を問うたもののほか「食糧増産上での石油の手配」のほか四項目であった。無産者の立場からのもので、陳情に対する県庁のお役所的姿勢を指摘した折は傍聴席から拍手がおこった。

3 アジア・太平洋戦争での田中松月

（1）大和報国運動

一九四〇（昭和一五）年二月、衆議院本会議で庄司代議士の差別発言に対し、田中ら福岡県連幹部は上京し、国民融和的に院内解決を図った。四月にも道家代議士の差別発言で紛弾、無事解決。二月二日、衆議院内で斎藤隆夫がいわゆる反軍演説を行い、三月七日の議員除名動議で社大党本部は賛成し、反対した議員は除名処分となった。棄権した松本も院内会派から追われ、安部磯雄以下九名の反対議員たちと、新党・勤労国民党樹立の運動を開始した。新党準備会に全水から松本、田中、山口県の田村定一が委員として入ったが、田中の九州での運動も実ることなく、五月七日に結社禁止となった。ちなみに社大党も労働総同盟も近衛新体制に対する期待から自主的に七月に解散し、政権与野党もなだれを打って新体制に合流していった。

近衛新体制が構想されるなか、七月一日、松本、井元、田中、深川ら幹部で論議、中央執行委員長名で全水は新体制に参加協力、国民融和への期待をもって声明「挙国新党と吾等の態度」を出した。八月四日、緊急拡大中央委員会では、部落厚生皇民運動に参加した中央委員の除名と新中央委員任命、第三号議案で部落問題（国民融和）完全解決体制樹立を論議し、ここに大和報国運動（仮称）体制試案をだす。融和団体と全水の融合をはかり、近衛新体制の一翼となることをめざすものであった。八月二八日、全水で最後の大会となる第一六回大会が開かれ、部落問題（国民融和）完全解決体制樹立に関する件を提案、「大和報国の維新体制樹立に邁進すべし」とした。ここでも田中は中央委員に選任された。

九月に二度の大和報国運動準備懇談会を開催、全水と中融協の発展的解消を図る論議が進められた。部落厚生皇民運動から離れた大和会山本正男らも加わった。田中も上京する。一〇月、近衛を代表とする大政翼賛会が発会する。一一月二日、中央委員会、府県代表者による大和報国運動代表者会議を開き、全水解消、大和報国運動支持の件で論議。翌日、大和報国運動発足大会（東京東本願寺）を開催し、聖訓奉旨会伊藤末尾世話人代表あいさつ、退役陸軍中将島本正一を座長に、大和会中西郷一が経過報告、全水井元から綱領・規約の提案があり、可決。これらの各発言発表者の団体が運動を構成する。綱領は「我等は肇国の精神に基づき、大東亜の新秩序を、進んで世界の新秩序確立の先駆たらんことを期す」他二項目を決議した。参加した田中は一八名の理事に入らず協議員を任じられた。

（２）「大東亜」戦争と全水解消

一九四一（昭和一六）年にはいり、福岡では一月九日に大和報国運動理事長島本中将はじめ松本、聖訓奉旨会伊藤末尾、井元、田中を講師に福岡で講演会をおこなった。井元は「大和報国は外には欧米の桎梏《しっこく》より全東亜を解放して、大東亜共栄圏の確立にあり、国内問題の中心は部落問題融和である」と述べた。田中は「全水の運動方法は例外的変態的な運動であって本筋の運動ではなかった、一般とか部落とか対立的部分的見地から考えるべきでなく、国家的肇国の大精神顕現という見地からなさるべき」と述べた。これらの主張はこの間の全水幹部の立場を端的に述べたものである。二月中旬にはいると県下三カ所で座談会を開催、関東神兵隊事件関係者である毛呂、東京至軒寮塾生小島を招いている。

五月五日には大和報国運動第一回全国推進員大会が大阪で開催された。実践指標を決めた。基調、基本方針は前年の発足大会と同じもので、運動方針では大政翼賛会に合流することを再度表明している。この大会で松本は全水と大和報国運動は無関係と発言、退席している。中融協との融合をとおして大政翼賛会に合流するという方向は中融協側の意志ですでに絶たれていた。八月三日に在京理事会は大和報国会と改称、八月一二日に大東亜同盟に加盟し理事を送ることを決めた。

中融協は二月「融和事業新体制要綱」を作り、融和問題の解決のために改組し「融和問題の解決は皇国日本の真姿を顕現し、高度国防国家体制の根底を培う所以にして、全国民は等しく之が解決に邁進せざるべからず」とうたった。関係省から地方庁、市町村に職員を配置、従来の融和団体の事業部門をおこない、融和運動団体については系統化し、関係各行政庁と表裏一体の関係におき、大政翼賛会と一貫の関係におくとした。六月二六日の理事会で同和奉公会と改称し、厚生大臣の認可を受けた。

福岡県支部は八月一五日、発会式をおこなった。顧問松本、理事に田中、田原、花山が水平社側からでた。一一月一〇日に同和奉公会第一回中央協議会がおこなわれ、福岡からでた田中は中等学校の同和促進の件では先生、生徒への教育が必要と訴えた。また、同和問題を翼賛会に取入れしめ一層効果を挙げしむ良法如何、と問い、国民同和の完成を大政翼賛会の使命として積極的に推進していただきたい、と述べた。この会で旧全水の活動家、朝田善之助、上田音一（部落厚生皇民運動派）、泉野利喜蔵、阪本清一郎らが発言していて、融和団体の役員として運動に取り組んでいることが分かる。

一二月八日、「大東亜」戦争が開始された。第七二帝国議会で「言論、出版、集会、結社等臨時取締法」が戦時立法として成立、一二月二一日から施行されることとなった。この法にもとづき、「思想団体の存続については不許可方針とし、自発的解消の態度に出るよう指導する」とした。該当する全水は結社存続願を提出しないため、善処方を指示していたところ、翌一九四二（昭和一七）年一月一九日、井元たちが大阪の全水総本部の看板を下ろした。二月二七日、井元、栗須喜一郎（大阪府連委員長）は大阪府に招致され、「全水解消を天下に声明すべし」と通告された。三月五日、福岡県は田中を招致、全水解散届を出すように通告した。帰福した井元は松本、田中と鳩首協議したが、松本は提出をしないままで、当局は法的には消滅とした。大和報国会も全国協議員の参集で大政翼賛会大東亜同盟への発展的解消を決議して、その命を閉じた。

この年四月三〇日にいわゆる翼賛選挙、衆議選がおこなわれた。政府は各界代表による翼賛政治体制協議会(翼協)を作らせ、阿部信行会長は都府県支部長(知事)と七〇〇余名の会員を指名し、軍部警察の極秘情報で議員と同数の候補者を推薦し、非推薦候補には警察が徹底的に妨害弾圧をおこなった。帝国議会が政府の御用議会となるのは目に見えていた。松本は推薦を拒否するも、翼協推薦候補となり当選した。福岡県一区では非推薦で中野正剛も当選しており、松本の姿勢と対比もされた。この立候補には田中ら幹部が話を進めてしまい、松本は翌一九四三(昭和一八)年に「田中松月君らが全部お膳立てしてあって、俺も抜けられんやった」と宮本秀雄に不満を漏らしている。

この時期、松本と田中、井元、深川武とぎくしゃくした関係が見られる。田中とは右のような翼賛選挙での問題が起きている。『特高月報』では、「井元は大和報国運動をめぐって松本との間で見解の相違を生じ、昭和一六年の初夏に福岡に戻ってしまった」と書く。戦時経済統制化のなか同年三月、日本新興革統制会社が設立された折、松本は社長となり、大阪支社支配人として井元に就任方を希望するも拒絶された。その後田中は松本の縁戚を井元に紹介し結婚に至ったのを機に、井元と松本との関係もじょじょに修復し、九月に井元は大阪支社支配人を受諾し、上阪することとなった。時代のうねりのなかで、松本は大和報国運動、同和奉公会、翼賛選挙と不満を内攻させつつの運動をおこなった。田中は時代に対応した運動を追求している。

(3) 福岡県親善会・大政翼賛会福岡県支部

田中は県会議員となったこと、また全水の融和団体への関わりの方針転換によって、福岡の全県的融和団体・福岡県親善会の役員となったと思われる。一九三九(昭和一四)年・一九四〇(昭和一五)年に親善会嘱託をつとめ、中堅人物養成講習会や九州融和事業協議会、融和促進九州会議に理事として名前を見る。嘱託・理事は親善会の中枢的な職であり、田中が親善会を批判していた時期と比べれば隔世の感がある。一九四一（昭和一六）年一一月一〇日に同和奉公会第一回中央協議会があり、田中は発言している。また翌四二年には同和奉公会の事業調査委員を委嘱され、上京している。

この年一二月、同和奉公会第二回中央協議会が開催され、田中は、関係官庁との連絡強化の件を発表し、各官庁は同和問題に対して理解を深めてほしいと発言している。一九四三（昭和一八）年にも田中の名を講習会講師として見ることができるので、福岡県支部の役員をつづけている。ちなみに同和奉公会は敗戦後、一九四六（昭和二一）年三月一四日に政府補助金がなくなり解散した。福岡県支部も本部にならい、その後すぐ解散していると思われる。

田中は大政翼賛会福岡県支部で活動することとなった。大政翼賛会は一九四〇（昭和一五）年一〇月一二日、近衛新体制のなかで国民運動体として結成され、福岡県支部は一一月二九日に設立された。支部の機構は県知事を支部長とし、常務委員会、協力会議があり、協力会議員は各種団体代表、学識経験者、県会議員、都市支部代表から選出された。県会議員は一〇名枠で田中も選出された。一九四一（昭和一六）年三月の第一回協力会議で田中は国民融和について提案、第二、三回は史料がなく不明だが、四回には発言がなく一九四三（昭和一八）年六月の第五回会議では、「国民同和完成につき同運動者との懇談会を開催すること」という提案をした。この提案について西日本新聞は「勤労報国隊の待遇についてとかく面白くない実話を聞く。そのほか大東亜戦下に今なお国民同和を妨げる差別扱いなどの実例がある。国民同和こそ戦力結集の要諦であるからこの問題を翼賛運動として取り上げて欲しい」と記事にした。また田中は関係団体で翼賛壮年団の参与として翼賛協力会議議員の職名で選任されている。

県議会は一九四三（昭和一八）年が改選期であるが、戦時中で、選挙はないまま延長された。一九四三年一一月の県会では先年の質問と重複するが、陳情者に対する役人の態度を改めてほしいという件をはじめ、農村問題を発言。一九四四（昭和一九）年一一月の県会では国民同和など三点で質問をおこなっている。

敗戦時、田中は四五歳であり、あやうく召集をまぬがれている。こうした田中の県会議員職からの福岡県親善会、大政翼賛会での活動からみえることは、田中の時代にコミットするなかでも部落差別の撤廃を主張し続けたことである。

4 松本治一郎への手紙

田中松月から松本治一郎への書簡は手紙、封緘葉書、葉書の形で二〇点余残っている。一九三三（昭和八）年から一九三五（昭和一〇）年のもので、地元筑豊での取り組みのこと、熊本へのたびたびのオルグ、全九州水平社熊本大会の準備のため現地から松本に送った活動の状況、家族の生活上の苦しみや打開策などを訴えたものである。手紙は人と人をつなぐ最大の媒体であり、よくやりとりがされている。なかでも田中の筆まめな性癖はきわだち、一日に二度の場合もあり、また前に送った文面を再び書き上げて文章を始める場合も見受けられる。本稿では、三点選んで紹介したい。

（1）松本治一郎宛田中松月封緘葉書（一九三三〈昭和八〉年九月二日消印）

高松差別裁判糺弾闘争期の田川郡大会への出席招請状。請願行進隊が計画され、それに向けての準備が各地で進んでいるなかのもの。県下を巡回してオルグを組んだ闘争を盛り立てていった。全県的融和団体である福岡県親善会は一九二八（昭和三）年に結成されたが、その会長職に県会議長林田春次郎（のち田川市初代市長）が当時座っていた。田川郡の選出であり、そのことを意識して、親善会の本拠地、と言っている。林田は朝鮮半島に広大な田地を有した地主であり、事業を経営していた。残された史料は田川市立図書館に林田文庫として公開されている。

拝啓。おくたびれでありませう。私もやっとどうやら自分の身体のやうになりました。つきましては九月九日午後一時ごろ田川郡大会を後藤寺町身吉公会堂でやることにこぎつけました。田川は御承知の如く親善会の根拠地、会長林田春次郎のゐるところです。この機会にひっくりかへさねばならぬと思ひます。九日の郡大会後に郡内各地で演説会を開いて是非この際たたせなばなりません。出来得べくば遠方の地はくり合してでも田川大会には是非御出席願ひたいと思ひます。至急御返事下さい。尚、旧盆の関係上、日時は変更出来ません。

追伸。おかげで父も大分よい方で私も一安心しました。それから南海に参りました時の残金二円三十銭持ったままにかへりまして、すみません。　合掌

(2) 松本治一郎宛田中松月封書（一九三四〈昭和九〉年三月二日消印）

高松闘争後の熊本の再建に向けて福岡からのオルグを送りつづけていることは次の史料（3）でふれるが、熊本から帰郷して生活の現実に直面し、苦境の打開策を松本に訴えたもの。妻を僧侶とし、一家を廻していくため、本願寺で得度を受けるための準備金の借用を嘆願している。ご遺族には心苦しい点もあるが、迷いつつここに紹介する。当時活動家は生活上の苦境のなかで活動していた。松本は質素な生活をしつつ、松本組の利益のなかから活動家たちの生活の苦境を助けてきた、その一例でもある。

拝啓。おやぢさんに私、折入って御願ひ申上げたいことがあります。

全国的の御世話にお身体のおひまもないおやぢさんに一身上のことで御迷惑をおかけすることは、如何にも心苦しいことと、私も今日までぢっと辛抱して、いろいろ切りぬけ策に苦心してゐました。実は熊

本から帰りました直後の演説会の電報を頂きましたときにも、私は田川郡の寺にその用件で行ってゐました。けれども結局どうにもならずに、遂に考へに考へた末、このお願ひを書く次第であります。

私も一家九人の家族をかかえてゐます。この中で私と弟（家内の弟）と二人の収入で暮しを立ててゐました。弟が炭鉱で月に三十円ぐらいとってゐました。私の収入は月々不定ですが、とにかく弟と二人で働けばここに多少の余裕も出来て心配はありませんでしたが、その弟が二ケ月ばかり前に家出しました。それがために私も大打撃であります。どんなにやりくりしても私一人の収入では立ち行きが出来ません。と申しまして外に思ふやうな副業もありませんし、妻が裁縫で多少の収入はありますが、これとて格別あてになりません。

そこで私もここ二ケ月いろ〳〵考へに考へまして、たった一つの方法を見出してゐます。それは或は階級的にみれば面白くないかも知れませんが、西本願寺では女僧侶を許しますので、妻を僧侶にしたいと思ってゐます。そうすれば、私も収入の点だけではなく、運動上に他出します場合、妻を代理にやれば、身体の都合もつきますし、また収入の方も一家の生計を立てるに足るだけのことは出来るかとも思ひます。所が、ここに行きつ

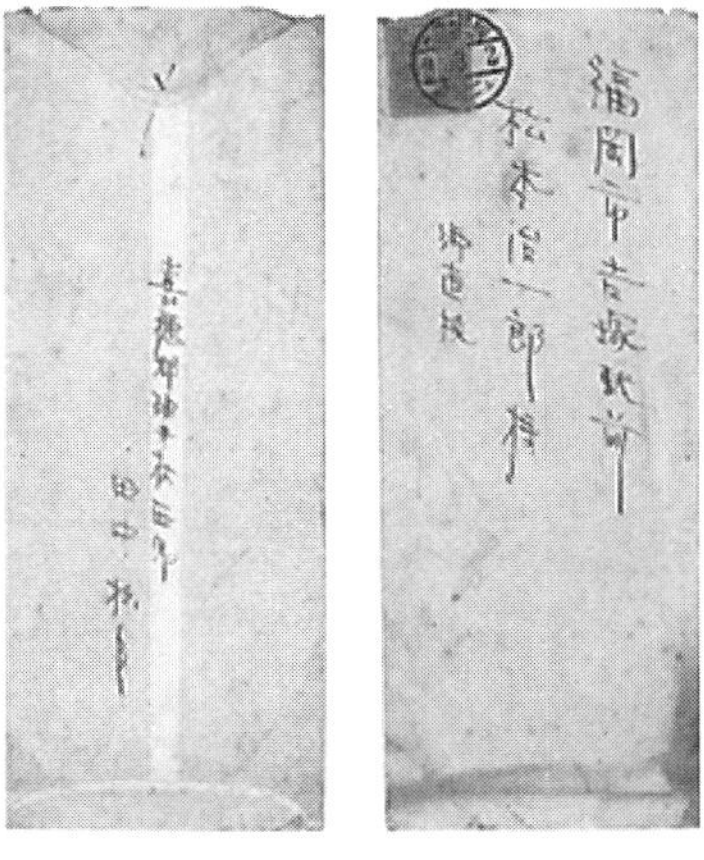

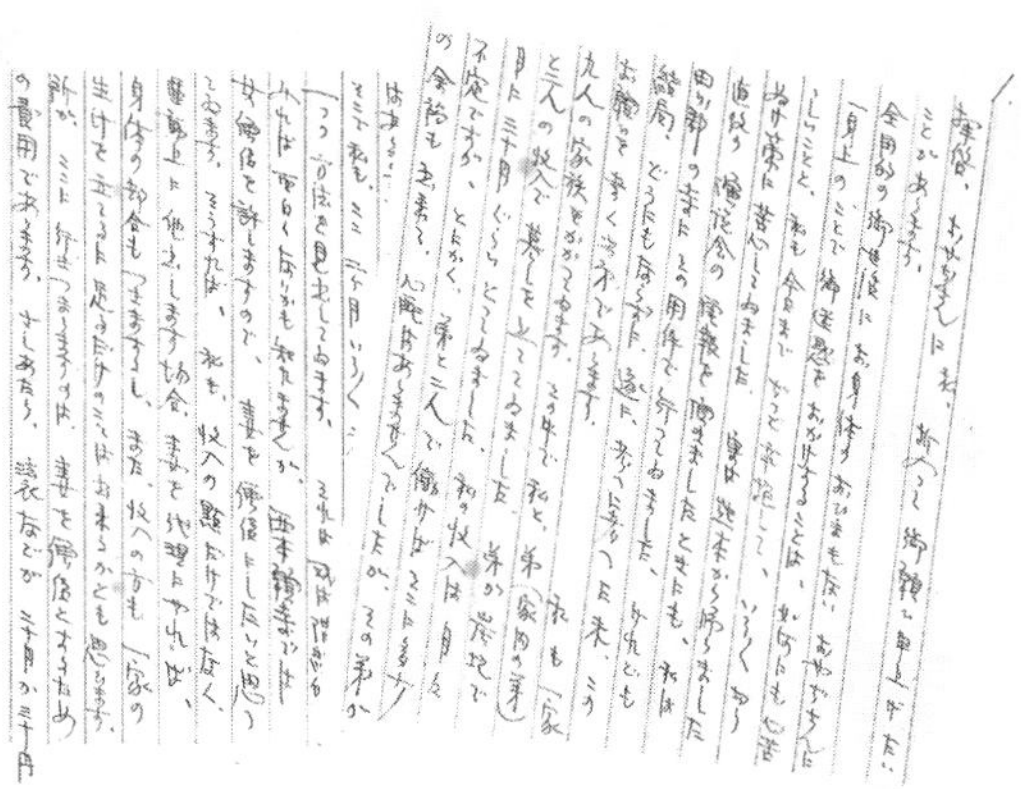

まりますのは、妻を僧侶とするための費用であります。さしあたり、法衣などが二十円か三十円はかかりませうし（今見本を請求中です）、もう一つ、得度《トクド》をさせねばなりません。得度のことは、私も本願寺に金をたゞ取られるやうなものですから、馬鹿馬鹿しい、得度はしたってしなくても問題でないとは思ひますが、しかし、まだ〳〵今日のところやはり得度をさせねば世間が通りませんし、すれば冥伽《ミョーガ》会で四十円近くぶんだくられます。それで私もあちらこちらで少しづつ借り集めてはゐますが、その他に旅費、滞在費など要しますので、どうしても五十円か六十円ばかり足りません。おやぢさんに貸して下さいと言ったつて、どうせお返しもしきりすまいから、お恵み下されたいのですが。実に私、これを申上げることが、心苦しい限りでありますが、もう外に仕方もありません。

泣きごとを言ふやうですが、私もある方面からもつとどうかして貰つても良い口もありますけれども、のどもとすぐれば…で、とても問題になりません。私も随分苦しいところをぢつと歯をくひしばつて来ました。おやぢさんが出獄されたら何もかもぶちまけて泣きたかったのも、今日までぢっとしてゐましたが、弟の家出のために、今はすべての事情を投げ出さねばならぬ羽目になりました。もう一言のこと、思ひきり何も彼もおやぢさんに聞いてもらいたいこともあります。一ぺんお目にかかりたいと思つてゐます。いつかお在宅の日にお伺ひしたいと思つてゐます。どうか、私のあつかましさ、こんな無理を言ふことをおゆるし下さい。

尚、得度に上京したい心組みは四月です。そして大会にそのままゐたいと思ひます。一ぺんお目にかかって直接お願ひしたいと思ひますが、どうしても、言い出せまいと思ひまして、失礼をもかへりみず書面でお願ひする次第であります。

合掌

田中松月

（3）松本治一郎宛田中松月封書（一九三五〈昭和一〇〉年三月一四日消印）

一九三五（昭和一〇）年三月二四日に全水九州連合会大会を熊本市公会堂で開催することになり、福岡から準備のために田中をはじめ活動家が準備に入った。大会では一九三四（昭和九）年二月には二十数支部に結集し再起大会をおこない、後に豊田巡査藤木巡査や福島助役の糺弾、改善費問題、入会権問題で県下三九部落を獲得した大会である。県連本部がある富岡募（県連委員長）の支部は菊池郡で熊本市内から離れていて、熊本に事務所を構える必要があった。富岡たち幹部とともに田中は地域有力者・ボスたちとの折衝や講演会などで人々の結集をはかったり、支援者に支えられながら大会の準備をしている。かかわる熊本の活動家の人間像も浮かんできて、臨場感がある。

拝啓。私は大会準備のため熊本にゐましたが、大隈町上西に兄弟ケンカの殺人事件がありましたので、そのために十一日に一ぺんかへり、十二日夜は春竹の演説会でそれに出席し、十三日また帰宅の車中でこの手紙を書きます。

熊本にをける状勢を一通り申上ます。二月中旬でしたか、井元、富岡、私と三人で春竹に行き、副委員長上田正一氏に会ひ、大会について春竹に事ム所を開くこと、その事ム所の世話、春竹で相当の大会ヒをつのること等を相談しましたら彼上田は「大丈夫引うけた。金も三百円ぐらいはわけはない」と申しますので、上田氏にたのんでかへり、その後郡部の演説に廻り、三月七日に春竹に来まして、私も富岡氏も驚きました。

カンジンな上田は、融和会にだきこまれて二ケ月間（二月十五日から四月十五日）まで月給百二十円で表《オモテ》作りの先生としてまつりこまれて不在です。この由、ハガキ一本も出して県本部に通知もせず、他の同志にも打ちあけず、大会準備は引きうけてゐながら、その無責任におどろきました。聞けば県社会課主催の講習会の時にも融和事業主事斎藤唯雄から—上田先生—といふて紹介されて、何でも反動的な一クサリをしやべる由。彼はあきらかに買収されたのです。そして春竹の人気もとても悪いです。それから一方、市会議員の宮村又八氏は「俺は上田如き奴と一共（緒カ）に運動はやらぬ」といふて全く水平運動をやりませんでしたとのこと。それで今度は上田を放り出すことになったからやってくれ、と相談してもまるきりよりつきません。そしてヤット来たかと思ふと「俺は生活がたゝぬからやらぬ。月々二十円づつ生活の補助をしてくれたら一線にたってやる」といふので、モー私も二ノ句がつげずにだまってゐました。この宮村もおやぢさんが来られたら一ばんに出て来て、自分一人が働いたよーにいふことでせう。

岩男昇さんは七日に事ム所を開いても来ません。人をやってみるとすぐに来るといふて来ませんので、十日でしたか、いよ〳〵わけを聞いてみたら「実は何もせずにをるから顔があはせられぬ」といふので、トニかくそんなことを今更いふても仕方ないからと申しまして、本人もそれからは正直一途にハタライてをります。本人は何を申しましても馬鹿正直すぎて押しがききませんので困ります。しかし正直一途にコツコツといろいろ世話をしてゐます。

ここの事ム所をかるときも、それは大変でした。はじめは事ム所には家賃だけ十五円もみてをけばよからうといふ見込み、炊事道具などは借るつもりでありましたが、ソレが以上の手ちがひで、家をかりて畳も新と古とで二十六枚かはねばならぬし、炊事道具一切買ふし、そんなことでフトンも有料のを借るやらで事ム所ヒラキにたった一日に七十円からかかりました。それから井元、酒井さんも来るし、いろ〳〵手をつけて今では青年もカセイに来るし、十二日（昨夜）の演説会は全区民総出でトテモ熱がありました。この調子なら春竹も大丈夫でせう。演説会後、青年も十人ばかり来て座談会をひらきました。旧闘志《（士）》鈴《スズ》木《キ》田《ダ》金《金》造《ゾー》氏も生活にをわれて積極的には出来ないです。理カイあるなしは別としてスギタ一《カズ》雄、北島、宮原定雄といふ三人がよく働いてをります。その外消費組合の人たちが三、四人いつも来て世話をしてくれます。今の調子では九州大会も熱と力のこもった大会を開かれることと思ひます。以上、状勢あらあら申上ます。くわしいことは十七日にお目にかかりまして申上ます。

十七日の嘉穂大会には　吉塚発十時四分　原田乗換　天道《テントー》駅　十二時頃ではお願い申上げます。

田中松月　合掌

おやぢ様

昭和の初期、田中は地元嘉穂郡碓井町に布教所をたて、法務をつかさどりながら全水の運動をおこなった。お連れ合いが僧籍をとる手紙があるが、それは経済的な自立に向けて、田中の活動できる基盤となるものでもあった。この布教所は現在寺院として独立している。また福岡市内にも布教所があった。旧早良郡田隈村にあり、戦中期につくられ、のち寺院となった。田中を慕う人たち（シンパの人々）が檀家であり、解放運動家即戦後社会党員の同志たちが寺を支えたという。

これらの人々が杉本勝次知事の時代に花崗岩三段、高さ約五メートルの「松本治一郎先生頌徳碑」（杉本揮毫《きごう》）を建立している。昭和三〇年代と思われるが、当時は福岡市内で唯一の松本治一郎記念碑であった。

参考文献
田中貢史料（水平社融和運動関係新聞切抜）。林田春次郎史料（福岡県大政翼賛会関係）。福岡県会会議録。福岡市議会事務局資料（議員履歴関係）。『（社会大衆党福岡支部）入党のす丶め』。田中啓了氏談話。斎藤忠男氏談話。嘉穂町同和教育研究協議会『いばらの半生』。『嘉穂町誌』。『特高月報』。『社会運動の状況』。『福岡日日新聞』。『九州日報』。『福岡県百科事典』（国会県議会議員一覧）。『社会党福岡県本部の三五年』。『詳説福岡県議会史』。『福岡市議会史』。『福岡県史』（近代史料篇、農民運動）。木永勝也「一九三〇年代の無産運動戦線統一問題―福岡県地方を対象に」『九

州史学』第八三号。『福岡県無産運動史』。『日本労働年鑑』。『部落問題・水平社運動資料集成』。『水平月報』（原口頴雄「解説」）。『水平新聞』。『部落解放史・ふくおか』各号とくに第七三号「特集　田中松月さんの足跡」各論稿、第八九号・金山登郎「旧早良郡西脇の社会運動のあゆみ」、『リベラシオン』第一四一号・川向秀武「精一杯生きてきた―宮本秀雄さんに訊く（二）」。『融和時報』。『融和事業研究』。飯田延太郎「雑誌明治の光を見ての所感」『明治之光』第五巻四月号。『解放の父　松本治一郎』（論説集）。『松本治一郎氏らに対する不当追放の真相―関係史料集』。

井元麟之

転換期の全国水平社総本部活動での労苦と熱情

森山沾一

1　生涯と人となり

全国水平社から部落解放全国委員会時代、松本治一郎の懐刀《ふところがたな》であり本部派の中心と言われている井元《いもと》麟之《りんし》（一九〇五～一九八四）は林之とも書く。松本治一郎（一八八七～一九六六）は一九二五（大正一四）年五月の全国水平社第四回大会で議長となっている。井元の一八歳年長、生家・住居も二キロほど離れた隣村であった（以下、松本治一郎は松本、井元麟之は井元と表記）。

井元は日露戦争終結後の一九〇五年一月一六日に井元永寿とミヱの三男三女の第四子として福岡県豊平村に生まれた。家は代々村の役場を兼ねており、屋号は「役場」であった。井元の生涯やその思想については『追悼　井元麟之―人とその思想―』（福岡部落史研究会　一九八五年）に詳しいが、それ以降明らかになったことを含めて以下述べていく。[*1]

第一線で運動していた井元は一九四九（昭和二四）年、部落解放全国委員会書記長の役職を退いて福岡に帰る。しかしながら部落解放運動には生涯関係し、全国隣保館協議会副会長などを歴任した。

写真１　福井県入りした請願隊は多くの差別事件を手がけている。耳村差別村政糺弾もその一つである。米田と井元（左から２人目）がみえる。

その生涯の信条は〝一寸の虫にも五分の魂〟〝最後に笑う者が最も笑うんだ〟であり、同時に〝すこやかに　むつまじくしあわせに〟の七九年間であった。[*2]

一九四八（昭和二三）年、部落解放全国委員会書記長をしながら、当時公選制であった福岡県教育委員選挙（第一回）にも立候補した。その時のガリ版刷自筆略歴が残されている。[*3] 部落史研究会刊行の『追悼　井元麟之―人とその思想―』の「年譜（草稿）」（井元自身校閲）には教育委員選挙の件は二行で書かれているだけである。しかしこの自筆略歴はそれまでの経歴や当時の詳しい役職を記している。

経歴では「一、労働組合運動に従事（大正十二年〜仝十五年）

一、部落解放運動に従事（昭和三年〜現在）

一、参議院副議長秘書（昭和二十二年〜昭和二十三年）」とある。労働組合運動四年間、部落解放運動二一年間である。立候補当時の役職は「日本社会党中央委員　日本社会党福岡縣連常任執行委員　部落解放全国委員会書記長　自由人権協会常任理事　労農救援会九州本部常任理事　まつばら文化会々長」を書いている。

松本の秘書について、この略歴には戦後だけしかない。しかし、「年譜（草稿）」では一九三九（昭和一四）年一月に「（衆議院）院内秘書となる」と書かれている。松本と井元は最も近い関係であった。最大の絆《きずな》は日米開戦・真珠湾攻撃が開始される一九四一（昭和一六）年九月に松本の姪、高丘サヲと結婚、二児を敗戦前に授かっていることである。高丘サヲは全九州水平社・福岡県婦人水平社の創立当時からの活動家であり、大阪の本部に同居していた時期もあった。

戦前・戦中は一九二八（昭和三）年から全国水平社常任、書記局長など、戦後は部落解放全国委員会書記長を二一年間（全国水平社自然消滅期を含む）つとめた。福岡での労働運動や部落解放運動のなか、二〇歳で福岡連隊に入隊の際は荊冠旗や赤旗に送られたという。[*4] 入隊後、部落差別を摘発する兵卒同盟を組織する。その延長で全国水平社規模で闘われた福岡連隊差別糾弾闘争の連隊内部の指導者としての活動を行った。その翌年の一九二八年一月に松本に推薦され、全国水平社総本部常任となり大阪に常駐する。二三歳である。

井元の書簡は、他の人物に比べて圧倒的に多く、全部で五二通残されている。その期間は、一九三三（昭和八）年八月から一九三六（昭和一一）年四月にかけてであり、五二通の書簡は井元の年齢では二八歳から三二歳にあたる。当時の井元は、大阪の本部を拠点・住居として関東より南、沖縄を除く各地を水平社運動で駆け回っていた。また、一九三五（昭和一〇）年より三年間、全国水平社機関紙『水平新聞』の発行編輯兼印刷人としても名を遺す。

この期間、全国水平社書記局・本部の内実や各地の状況、そして、そこで活躍・葛藤・苦闘する井元の内面の姿が書簡にはあふれ出ている。しかしながら、すべての書簡を紹介する紙数はない。そのため、特に重要、特徴的と思われる八通を選択して紹介していく。

この時期に井元が関わった多くの闘いや行動を四つのテーマで絞った。それらを年代順に整理しながら本部内の状況、各地の活動家とのつながり、井元自身の心情を考察する。厳選したテーマと紹介史料数は（一）高松差別裁判に関わる書簡（二通）、（二）本部運営、全国大会と事務所の運営に関わる書簡（二通）、（三）本部財政に関わることを中心とした書簡（二通）、（四）本部書記局長辞任届に関わる書簡（二通）である。[*5]

2　全五二書簡の概略

今回紹介する井元から松本宛、ないしは松本事務所宛の四年間の書簡全体は五二通である。形式は封書、封緘葉書、葉書、そして、速達便や航空便もある。宛先は筆かペンあるいは鉛筆で書かれており、松本治一郎様、殿、委員長が使われている。

これらの書簡の中にも出てくるが、当時の活動は検束・収監の弾圧は常であった。筆者自身、生前の井元から「当時の尾行・検束・弾圧は日常的であり、我々はメモなどは残さず、検束時には飲み込んでいた」と聞いていた。それ故、活動家が書簡やメモなどを残すことはまれであり、その意味でもこれらの史料は貴重であり、どの史料も紹介したいところである。

今回紹介する書簡が書かれた四年間、井元が関わった主要な集会や活動、そして本部内の動向を各年ごとに特に重要と思われるものを選んだのが表1である。

表1のこれらの記録からも井元がこの時期、全国水平社本部の中心にいて、常任、書記局長の役割を果たしていたことがわかる。水平運動・部落解放運動への姿勢については後年、自身でこう語っている。

私達にとって必要なものは、社会科学に基づいた「解放の理論」であるとともに、部落解放を身をもって闘い抜くという「信念」であります。つまり「解放理念」こそが必要なのです。[*6]

各年ごとの書簡の年月や日付または消印日付を判明する限り示しておく（表2）。

最も多い月では一九三四年の二月と三五年の八月の四通である、最低一週間に一度は電話や口頭だけでなく書簡で連絡を取り合っていたことになる。

表1

一九三三年	㈠第一一回全国水平社大会（福岡　三月三～四日）、㈡高松地裁差別事件の現地入り闘争指導（香川　六月）、㈢高松差別裁判取消請願行進隊福岡を出発（隊長米田富）、㈣全国水平社書記局長に就任（一〇月）
一九三四年	㈠第一二回全国大会（京都　四月一三～一四日）、㈡本部報告を行う、㈢各地の差別事件糾弾の指導（京都、熊本など）、㈣佐藤清勝陸軍中将「貴人と穢多」を新聞『万朝報』に掲載
一九三五年	㈠佐藤中将糾弾闘争方針を決定し自宅、林陸軍大臣に官邸で会見（一月）、㈡第一三回全国大会（大阪　五月四～五日　綱領・規約の「特殊部落民」を「被圧迫部落大衆」と改訂提案・可決）、㈢全国大会決議に基づき東西両本願寺問責・抗議、㈣全水機関誌『水平新聞』発行編輯兼印刷人（第一四～一二三号）
一九三六年	㈠松本治一郎衆院選当選（福岡一区二月）活動、㈡二・二六事件により三月開催予定の全水第一四回大会禁止される、㈢島崎藤村と会見・『破戒』再刊懇談（七月）、㈣『人民融和への道』執筆・発刊（九月）

表2

年	書簡数と日付
一九三三年	四通。八月一七日、九月一四日、一二月二七、二八日。
一九三四年	二四通。一月七、一六日、二月一〇、一五（二通）、二三、二六日、三月一〇、一一、二八日、五月六、不明、六月二五日、七月一、四（二通）、六（二通）、一三（二通）、二五、二九、一二月四、二三日。
一九三五年	一八通。三月五、二七、二八日、六月九、一五日、七月一七、一九日、八月二、一七、二二、三一日、九月一四、一五、二九日、一〇月一、二四、二六日、一二月一七日。
一九三六年	五通。一月五、一四、一九日、四月四、六日。

五二通のうちには㈠松本組山田本蔵[*7]様宛の一九三五年一〇月二四日葉書、㈡松本組内北原泰作兄宛の一九三五年八月二二日の葉書、あるいはガリ版刷の新聞、チラシなどもあるがそれも五二通に数えた。

これら五二通の内容は本部の組織、全国大会、財政、全国の組織状況、福岡・九州の同志への連絡依頼、個人的な記述など多岐にわたる。そして、書かれる内容も重複しているものもある。

3　高松差別裁判に関わる書簡

井元は一九三三年六月二七日に香川県に入るが七月二日には当局より県外退去命令を受けている。

史料1は八月一七日付の葉書（写真2）だが、四国内遊説を行い香川県にも入り運動を続けていることが分かる史料である。

史料2は同年一二月の手紙で馬場支部の状況と現地支援に入った本部メンバーの動きを大阪より知らせた手紙である。「昭和八年十二月廿八日」の日付はゴム印であり、消印も一二月二八日、住所と振替口座のついた全國水平社總本部の印鑑が封書の裏には手書き日付と共に押されている。

大阪の本部にも、香川県現地の情報が逐一入っており、それを福岡の松本に詳細に報告していることが判明する。葉書や手紙だけでなく、電話も通信手段に使っていることもわかる。

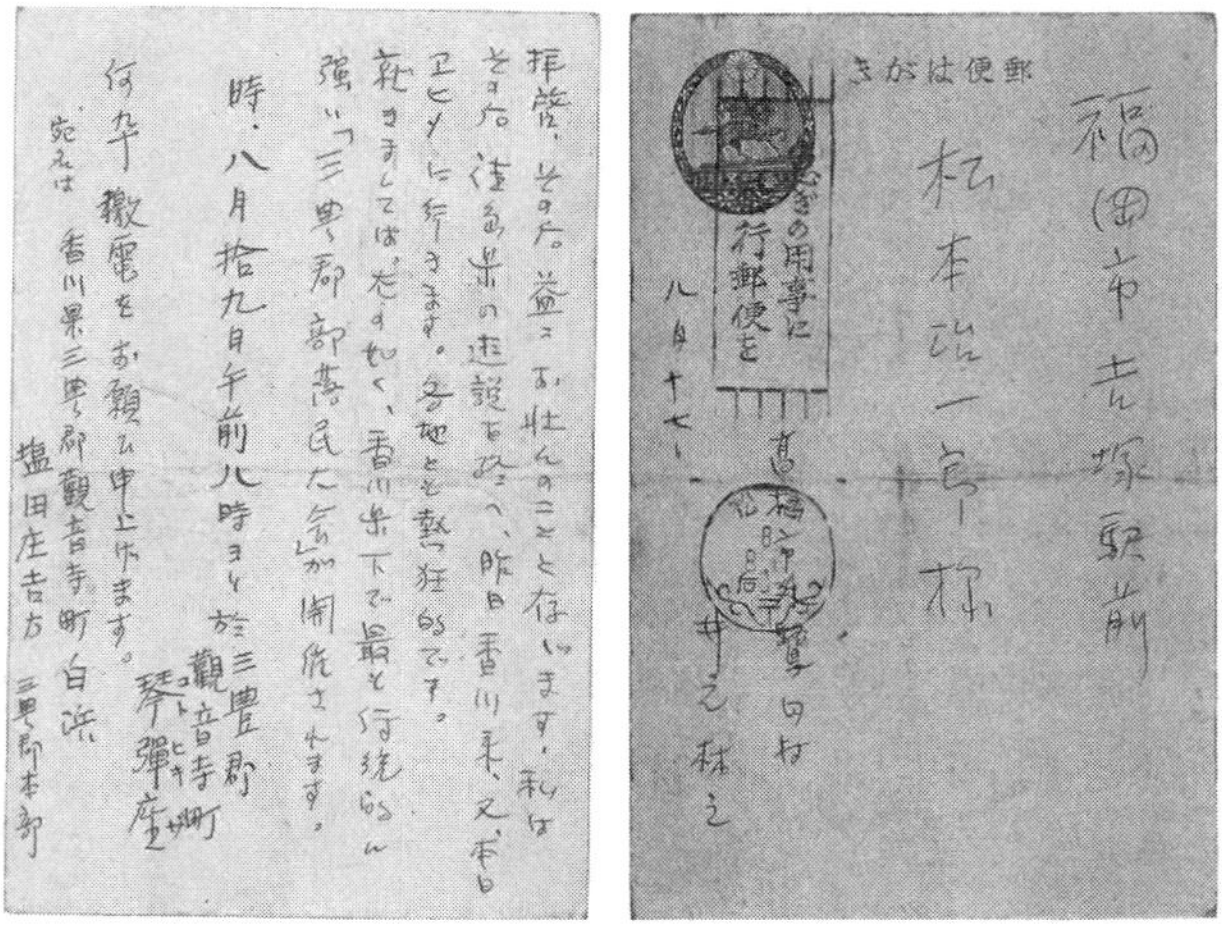
拝啓、その后益々お壮んのことと存じます。私は
その后徳島県の遊説を終へ、昨日香川県、又本日
エヒメに行きます。各地とも熱狂的です。
就きましては左の如く、香川県下で最も伝統的な
強い「三豊郡部落民大会」が開催されます。
時・八月拾九日午前八時より　於三豊郡観音寺町琴弾座
何卒撤電をお願ひ申上げます。
宛名は　香川県三豊郡観音寺町白浜　塩田庄吉方　三豊郡本部

郵便はがき
福岡市吉塚駅前
松本治一郎様
八月十七日
高松市　井元麟之

写真2

史料1　松本治一郎宛井元麟之葉書（一九三三年八月一七日）

拝啓、その后益々お壮んのことと存じます。私はその后徳島県の遊説を終へ、昨日香川来、又、本日ヱヒメに行きます。各地とも熱狂的です。

就きましては、左の如く。香川県下で最も伝統的に強い「三豊郡部落民大会」が開催されます。

時、八月拾九日午前八時ヨリ　於　三豊郡　観音寺町　琴弾座《コトヒキザ》

何卆激電をお願ひ申上げます。

宛名は　香川県三豊郡観音寺町白浜

塩田庄吉方　三豊郡本部

史料2　松本治一郎宛井元麟之封書（一九三三年一二月二八日）

拝啓、夛端であった今年も余す処三日になりました。さぞご多忙のことでせう。

下田、酒井の両君は或ひは当分留置されさうなモヨーです。

只今、米田、北井（原）両君に府廳へ行って貰ってゐます。全くインケンな弾圧です。おまけに私も近頃体がサッパリせず気だけアセってゐる始末です。泉野君も今日デンワしたら大分から帰って風（ママ）を引き肺炎になりそうで絶対安静を要するとのことです。

香川県馬場の事件はその后六名だけ残って公判に廻されたそうで、最高六カ月の求刑―二十三日公判―二十六日判判（判決）―　全部執行猶余（ママ）で昨日出さ（ママ）とのカンタンな報告を受けました。

どちらにしても至急人を派遣する必要があります。

馬場も非常に弱ってゐるらしく状勢は悪い方ですが、隣部落の沖や三豊郡方面は返って（ママ）元気になってゐる位です。でネバリ強い努力と馬場へ対する物質的救援がなされるなら盛り返すのも近日の後

でせう。
今后馬場へ対する通信は左記に出して下さい。
香川郡鷺田村沖　　速水佛一氏宛
昭和八年十二月廿八日　　井元林之
二伸　馬場事件の確報は判り次第御報告します。

4　本部運営、全国大会と事務所の運営に関わる書簡

松本は一九三六年二月二〇日の衆議院選挙福岡県一区で当選している。また、県や市町村議員選挙で活動家が立候補し、選挙活動も行われている。本部での活動、各地での差別事件・糾弾闘争・検挙・裁判闘争などの活動が本部常任中央委員により行われていた。常任中央委員は第一一回大会では四名、常任書記不明、第一二回・第一三回大会では七名、書記長井元、第一四回大会では五名、書記長井元と記録されている。井元の名前は一九三三（昭和八）年の役員名簿にはなく、「常任書記は不明」であり、その後は常任中央委員と書記長の二役になっている。*8　井元年譜によれば一〇月に書記局長に就任とあり、一九二八（昭和三）年の総本部常任で大阪に常駐して以後、福岡での一一回全国大会のあとこうした体制になったのであろう。書簡からは井元が把握している総本部の組織や活動の内部、そして全国の状況がわかる。

その中から、二通を紹介する。

史料3は京都での四月の第一二回大会を終え、地方選挙の動き（票数）、官憲の弾圧による逮捕検束・裁判の状況を伝える。関西を中心とした人物のこの時期の動向がつかめる書簡である。差出は泉野と連名になっている。

史料4は五二通の中の最後の書簡で、一九三六（昭和一一）年四月六日消印である。「急」と筆書、縦書き

便箋六枚に書かれている。封筒の裏は総本部と日付のゴム印はあるが、手紙の中に日付は書かれていない。また、最初に「全国水平社総本部書記局」の印鑑も押されている。

二・二六事件が勃発した後、関東開催予定の全国大会が現地埼玉の森利一中央執行委員や東京の深川武、本部との連絡調整が航空便などでも連絡できず、困難な状況を泉野に調整依頼している。井元自身は三重県の朝熊闘争支援に出かけると書く。二・二六事件と全国大会の準備状況が解明される書簡である。

史料3　松本治一郎宛井元麟之封書（一九三五年九月二九日）

松本中央委員長殿

御健勝賀奉ります　就いては左に用件列記します

一、上京の件

期日は拾月拾日以后出発に決定したいと考へます。理由としては、十日頃まで北原君の公判、各地の選挙、山凡君の公判、或ひは水新発行期日等の差合ひがあり、総本部としてもまた、あなたとしても右の如くする方が好都合だと思考します。

二、木村京太郎君は先日逢ひましたが至極元気です。呉々もあなたに宜しくとのこと。当分静養ののち必ずや第一線に立つものと確信します。何卆ゲキレイ状を出して下さい。

三、朝田君は六二二票。松田君は六二七票、そして朝田君は廿六日に選挙違反で検挙され明卅日未決へ送られる予定（小林君も共に）内容は工場の票を締付けにしやうとした事が問題となったのです。

四、山本凡児君の公判に必要であれば泉野、井元西下してもよいと考へます。

五、財政の方は、借金だけ約百円、水新十月号も一日頃は印刷に廻すことになりますので毎度恐縮ですが御送金下さるやうお願ひします。

以上

史料4　松本治一郎宛井元麟之封書（一九三六年四月六日）

松本中央委員長　殿
泉野常任　　　殿

一、全国大会に関する件報告

1、（四月六日午前一時三〇分着信）五日附航空便を以て東京府聯深川氏より左の如く申来りました。「二三日前問合せの電文を受取りまして早速御返事（航空便にて）申上げましたが既に御入手あった事と存じます。」

その后、御返事を待って居ますが、それもなく（書記局註——前記航空便は四日午后着信、仝日報告済みの趣旨廻答）会期も迫ることとてあせって居ます。

去る三日埼玉県の森氏上京種々協議致しましたが①四日の日に森氏は埼玉県警察部を訪問し、内ム省の意嚮をも問合せて貰ひ、我々としては極力開催を主張する様に決めました（此の交渉の結果は森氏から早速返事ある様になって居ります）

②そして来る十四、五、六の三日の中一日を選んで埼玉県部落代表者会議を開催し一切の準備に入る様に致し次いで翌日関東代表者会議を開く予定です。

以上の二項に就ては委員長一行と打合せしてある通り『月が変ったら総本部から誰か（常任）来京する』を待って居るのですが、如何したのでせう。

そちらから来て貰はないと大会気分も出ないし準備にも手がつかぬので至急上京ありたいと存じます。尤も前便にて申上げし通り許可問題中心にそちらで協議が済まず返事が遅れて居るのかとも考へますが折返し御一報願ひます。

こちらの新聞（讀賣埼玉版）御送りしましたが当局は『許可せぬ』とは云はず『遠慮して呉れ』と言って居るのです。内容は同じですが　―。　四月五日

2、以上でありますが、当方では四日附を以て、『松本氏に指示を乞ふてゐるからその返事が来るまで適宣善処ありたし』と前便に対する返信をしてゐるし、多分それが五日附来書と行違ひに届いてゐると思ひますし、また、具体的な意見を独断にて述べ得ませんから本通信に対する返事は出しません。

何にしても上京組と関東地元と総本部三者間に密接な接渉（ママ）が出来てゐないので困ったものです。また、四日朝　埼玉森氏に対し「ウチアワセアルイマコイヘン」と西浜局から打電しましたがハガキ一本の返事もありません。ヤキモキするだけの能しか今の総本部にはありません。

水新もポスターも手がつけられず困ってゐます。大会達示第一号を取敢ず出してはをきましたが。

3、泉野君を至急上京せしめて善処して頂くやうにして下さい。でないと関東も困惑してゐるであらうし、全水の権威を損すること甚大です。

それから九日頃　委員長来阪と承ってゐたので当日　常任中央委員会招集の予告（確定期日は後報の但書附きにて）を出してゐます。来阪の期日を至急、電信にて御通知下さい。鶴首してをります。

尚、本日（六日午后一時より）全農総本部を訪問して同全国大会　―　四月九日　―　の圣過を訊ねに行って来ます。

井元は十日頃から三重県朝熊事件のため約一週間出張の予定でゐます。これは萬難を排して実現する必要に迫られてゐるのです。全国大会準備のため北原、田中、吉竹氏等の内から出来れば二名ほどずっと来援して頂けば幸甚の至りでもあるし、それが今度の全国大会準備を最も円滑に進行させ　ひいては本大会の任務を全ふする所以ではなからうかと存じてをります。

呉々も泉野常任の至急上京並に委員長来阪期日の通知を重ねて切望いたします。

先は取敢ぎ（ママ）用件のみ。　時候不順の折柄　御自愛の程祈上げます。　以上

追而、（泉野常任へ）

田中中央委員宛に集金依頼状を出してをりますから該件につき出来得る限り御協援の上　最も厳重なる方法にて御配慮相願度。

5　財政に関わる書簡

この時期の四年間だけでなく、水平社運動、全国水平社総本部の財政窮迫は知る人ぞ知る状況ではあった。しかしながら書簡を整理・解読するなかでこのことが具体的に明らかになってくる。髙山文彦のノンフィクション小説『水平記』はこれらの史料群が発見された時点で段ボールから取り出して読み、この時期の重要史料として活用して執筆している。

ここでは、事務所の運営、修繕、活動費など詳細に及ぶ書き込み、会計報告で松本に懇願する史料を選んだ。財政逼迫と資金調達への依頼はほとんどの書簡に書かれており、いかに財政的に厳しいと同時に、松本が財政支出をしていたかが証明される記録である。また、松本宛だけでなく、松本組の金庫番であった山田本蔵などへも総本部の財政逼迫を訴える書簡を出している。

『水平記』で髙山が一覧表にして紹介した一九三四（昭和九）年五月一八日から翌年一〇月九日までの領収書合計は一五枚、九百五円である。[*9] しかも領収証が残されていない金額を書簡では請求し、また、送金の感謝が綴られている。

ちなみに、井元が報告している（昭和九年五月二四日の第一回中央委員会）総本部予算は収入総額三〇二二円九三銭、総支出三二三六円八一銭であり、不足額に加えて電気代などの負債総額三六八円一三銭を明細表と共に松本に送っている。

史料5は第十二回大會準備委員會の井元林之名での書簡である。財政の厳しさを総本部内部の状況を含めて書いたもの、他の人物への寄付金要請の依頼もしている。

史料6はどうにか第一二回全国大会は松本の財政出費で行われたことの感謝と活動資金が足りない収入支出明細付きの資金提出依頼である。そして「あなた一人にばかり財政の責任を擔がすることは実に心苦しいことですが、今の処、全く外に手段も方法もありません」と寄付金などがあてにならないことを告白している。[*10]この大会で本部報告を行った井元の印やメモ入りの『第一二回全国大会議案』の原物が（公社）福岡県人権研究所所蔵の『井元麟之資料』には残されている。全文五一頁の議案書では会計報告はある。しかし、こうした財政支援の事実経過は書かれていない。

これらの書簡から、総本部活動の財政はほとんど松本（松本組代表）が負担しており、膨大な額が出されたことが具体的に明らかになる。そして、その請求の窓口・会計はこれらの史料を見る限り井元であった。

史料5　松本治一郎宛井元麟之封書（一九三四年二月二六日）

拝啓　御健勝のことと存じ上げます。

今、本部は金のことで非常に困ってゐます。京都の諸君は例によって尻が重たく、恐らく、三月下旬にならねば集金が寄らぬでせう。柏原君も昨日拾円出した切りです。後にも先にも京都からの収入はそれだけです。あの百円も、早や無くなり約十五円の赤字が出てゐます。この十五円は、熊本からプリント代として送って来たのを使ひ込んでゐるのです。プリント屋からも催促して来てゐますが止むを得ません。百円の金がどうして無くなったか?と御思ひになるでせうがその内訳は

支出　十円　東七条へ本部借金返金　十六円　菱野君扱支出

十円　常任食費代代（ママ）　十三円五十銭　プリント一台（註）1

十八円　文具費　　　　　　　　　二十円　通信費
十六円　旅ヒ、交通費九円　　　　人件費（常務者）
（註）1、これは半紙型を大阪府聯が買ってゐたのを最初から本部で使用してゐたので、京都出張に際し代金を大阪府聯に支拂ひ買ひ取る。
八円五十銭　事ム所ヒ、備品費、移転、炭等　　二円　雑ヒ
約十円　　全水普通会計部支出　　　計壱百三十五円（概算）

収入　百円　議長　十円　柏原　十五円　借入（プリント代熊本より）
十円　大会ヒ、旅ヒ収入　　計壱百三十五円（概算）以上です。

活版刷りのニュースを出したいと思ひ乍らどうしても出来ません。印刷費に六十円、発送費に三十円計九十円要す（三万部）。今の所では恐らく三月下旬にでも出せるのでせうか？

一回の通信を出すのに約十円　－　切手五円　紙五円（二メ）－　ほど要します。私らはドンナ苦痛をも忍びます。がなさねばならぬ責任も果し得ずヤキモキして日を送ることは堪へられません。泉野君も消息不明です。余りに皆無責任すぎます。

近頃、皆、私も下田君も酒井君も風（ママ）を引きました。そのせいか？非常にユーウツです。しかし、あくまで希望を失ひません。たゞ任務を　－　なし得る自信があるのに　－　果し得ないことを悲しみます。御了察下さい。

特別維持員としては熊本の中田君が弐円、金平の髙田鶴吉君が壱円の申込みがありました。

福島只七氏からは「或る時期には任意寄付をするから」と謝絶して来ました。浩太郎君も永びくのではないかと心配してゐます。御盡力をお願ひします。北原君もどうしてゐるでせう？多分着物やシャツに

困ってゐると思ひます。
議長は何日頃来て頂けませうか？　三月四日か六日に来て頂ければ都合が良いと思ひますが、どうぞ前もって御通信して下さい。
柏原君、菱野君、津村君に手紙を出して下さい。住所は
下京区朱省分気町　津村栄一　仝区七条相ノ町　菱野貞次
仝区東七条西ノ町　柏原佐一郎
どうぞ時節柄御大事に
全國水平社第十二回大會準備委員會
昭和九年弐月廿六日
京都市下京區東七條西ノ町七
電話（次）下三九二三番
井元林之
議長様

史料6　松本治一郎宛井元麟之封書（一九三四年七月一日）

拝啓、御懇請申上げた処早速御送金下さいまして有難う御座いました。
大畧の事情を御報告いたします。
一、大会欠損赤字を今まで色々とヤリクリして来たのですが、今月はどうしてもヤッテ行けぬやうになりました。夫れにパンフレット発行するのに約四十円を要しまして、身動きも出来ぬ状態に陥ってゐました。
二、それで打電申上げると共に私は去る二十七日朝より、大坂、三重、福井の各方面を駈廻り六ケ所で九十五円を借集めて昨卅日帰阪しました（これに要した旅費十円以上）

三、計百四十円を大畧左の如く支拂ひました。
1、リーフレット代支払　三十円　2、パンフレット代（紙、製本、送費）　四十円
3、青木印刷所拂（草香君が紛失した二十円ノ内）　十円
4、小林清一君返金（京都大会のトキ婚礼ヒを借りてゐたもの。）　二十円
5、本部生活ヒ支拂　十円　6、金策旅ヒ　十円　7、亀井文具店拂　十五円
計百三十五円　現金残高十円
これに依って未拂借金は左記が残ってゐるだけです。
1、青木石版所（草香紛失のもの）　十円　2、亀井文具店十円－ヰモト責任二十五円－ハギワラ責任
3、プリントや　二十五円　以上　計　七十円位です。
しかし借金は更新したゞけで、これだけにへった訳ではありません。借金を第一に拂はなくては送金して頂いても右から左へと無くなり何時もその翌日からは生活にも追はれる状態です。
四、今度、各地から借用した九十五円は、或るものは公金から或るものは失業救済の労債から、或るものは質に入れさせて死者狂ひで造ったのです。だから返済期日も七月十五日と首にかけて約束して来ました。独断で自分勝手なことをしたと思はれるかも知れませんが、全く斯くするより外に仕方が無かったのです。
五、右の借用金と未拂の分、合せて百七十円程を、今月中旬までに支拂って頂けないでせうか？でないと、誰が本部に来ても何も仕事が出来ません。これは恐らく私の、本部常任としての最后のお願ひでせう。私も別に思ふシサイがありまして或ることを考へてゐます。本部に居るものは皆、気の毒なものばかりです。決して人間並の生活をしやうとも思はないし又、しても居ません。会計は何時もキチンとしてゐます。

六、あなた一人にばかり財政の責任を擔がすることは実に心苦しいことですが、今の処、全く外に手段も方法もありません。私が借りて来た九十五円を何卒、今月十二三日頃まで御送附下さいませんか。私の一生の最后の願ひとして繰り返し〳〵切に懇請申上げます。
どうぞ、この際、一応借金の整理をして下さい。
先は報告旁らお願ひまで
乱筆御免下さい

6 辞任届に関わる書簡

この四年間の書簡で、もっとも内面の心情が綴られたのは一九三四（昭和九）年七月二九日前後である。自殺への苦悩と辞職願意の書簡であろう。

起こりくる弾圧や差別事件などによる、総本部活動の激務、財政的窮迫、常任の結集力のなさ、井元は挫折し、自らの命を絶とうとするところまで追いつめられる。その頂点は一九三四（昭和九）年七月前後である。これらに関する書簡をここでは取り上げた。

史料7は松本への釈明の手紙であり「今後一層の奮闘を誓います」と述べる。先便とは組織的財政的行き詰まりを訴えた手紙である。「六月下旬から私は或る事情のため」とあるが、その事情は定かではない。ただ、「最后的決意まで思ひ詰めたのでした。が、同志の忠告と任務の前には夫れも出来ず、段々考へ直し」と書いているのは個人的理由というより、総本部の業務が回らないことや財政的問題があってのことと推察される。午前二時に書き終わっているのだ。

この時期、七月四日付の山田本蔵への手紙（本稿では紹介しなかった史料）には「世の中がつくづく嫌になって自殺しやうと決意したのでした。が、それも今の私には出来ません。責任と任務と同志達に阻まれました」と書いている。[*11]

また、その二〇日後には松本委員長あてに「辞任届」（史料8―1）を出し、出奔していた。史料8―1と史料8―2は七月二九日付、本部常任酒井基夫から松本委員長と泉野中央執行委員あての書簡である。この二通は、同じ封筒にいれて松本のもとに届けられた。

酒井は、井元の隣村の出身、井元書記局長の補佐役として同じ村出身の下田武次郎と共に本部で活動していた。「突然の帰省のため本部の受けた打撃は甚大」と「辞任届」と共に送られてきた。当時の運動の厳しさ、それにともなう井元の心情の揺れが読み取れる史料である。

しかしながら、井元は松本の慰留や同志たちへの責任と任務の自覚により復帰する。

史料7　松本治一郎宛井元麟之封書（一九三四年七月四日）

謹　啓　大阪は連日、九十四度以上の暑さです。そちらは如何です。闘暑に骨の折れる時節となりましたがお変りはありませんか？さて、先便の中に少し変なことを書いたので若し御配慮をかけても済まないと思って釈明申上げます。

丁度あの頃　―　正確に云へば六月下旬から私は或る事情のためスッカリ希望も熱意も失って生きることさえ嫌になり、最后的決意まで思ひ詰めたのでした。が、同志の忠告と任務の前には夫れも出来ず、段々考へ直し、今日では　―　この分であれば元気を取戻しさうですから、若しあの手紙のことで弱いことを申した点は何卒御放念して頂きたいのです。実はあれは書遺きにも等しい気持ちで書いたのでした。今后、一層の奮斗を誓ひます。プリントででもニュースを出しませう。もう全国殆ど農繁期も納まったやうですし、大阪や熊本や広島や岐阜に問題が山積してゐます。今、私が変な事を仕出かせば総本部は一時的にもせよ痛撃を受け、裏切的結果を招来し敵に奉仕する結果になります。斗争に依って一切を克服し精算することを誓ひます。

パンフも出すには出しましたが、表現の技術に吾れ乍ら不満だらけです。しかし各支部や聯合会の中心の人々だけには方針が理解できるだらうと確信してゐます。第二回にはモット易しく親切に書き活版で出したいと切望してゐます。何卒ご了承下さい。先便でお願ひした新借金九十五円は、毎度で厚顔の至りですが、総本部の信用問題ですから事情御諒察の上、ぜひ今月十五日までに支拂へるやう御送金を切にお願ひ申上げます。も早や、どうにもヤリクリが附かないのです。ぜひ〳〵お願ひします。

今般、二階の南窓に日覆ひを新設するつもりでゐます。大きさは流れが二間半に巾が七尺天幕（器具取附）で約八円か九円かゝるさうです。本部は蒸すやうな暑さです。仕事の能率と健康から、これまた必須の設備です。金はないが、一日も早く何んとかして作りたいと希望してゐます。何卒御了解下さい。

それから私は今月廿九日が点呼になってゐるので一応帰郷させて頂きたいと希望してゐます。期間は、二十五日頃から八月中旬まで約三週間です。私が帰れば下田、酒井の両君も望郷の念断ち難いものがあるらしいので、出来れば三人同時に帰郷し、心気一転して又上阪して働くやうに、一時思ひ切って、そんなにやった方が、将来の仕事の能率の上に良くは無いかと考へます。しかし之は私見ですから両君の心境も訊ねて見ませう。

今度御上阪になるのは何時頃でせう。常任中央委員会は其后一回も開きません。皆サボってゐるのです。これも僕の性格の欠点が少しでも影響してをりはせぬかと考へると全く悲しくなります。ぜひ至急御上阪の上、皆の統一と激勵をお願ひします。何時頃上阪の予定でせう。ハガキに走り書きでもして御返事を下さい。御多忙で御無理とは思ひますが、御返事が無いと、ＳＯＳを発信した舟人のやうな気がしますから……

新聞は如何な都合でせう。高松事件の効果を生かすも殺すも新聞にかゝってゐます。毎度乍ら御深慮を願上げます。皆さんに宜しく、御大事に

七月四日午前二時　　　　井元林之

松本中央委員長様

史料8—1　松本治一郎宛酒井基夫封書（一九三四年七月二九日）

暑中御見舞申あげます

扨て早速乍ら此の度、井元常任は點呼の為め帰国致しましたが最早や總本部に帰らぬらしく辞任届（別紙）を置いて行きました。突然の帰省のため本部の受けた打撃は甚大であります。取敢へず井元常任の辞任届を同封して送ります。然るべく御取計い下さい

昭和九年七月廿九日

酒井基夫

松本治一郎様

辞任届

小生儀

今般病気ノタメ中央委員ノ耺ヲ辞任致度存候条此段御承認相成度ク御届及候也

一九三四年七月廿四日

井元麟之（井元印）

全国水平社中央委員長　松本治一郎　殿

史料8—2　泉野利喜蔵宛酒井基夫封書（一九三四年七月二九日）

酷暑の折柄お疲れのことゝ推察致します。

扨て乍早速、井元常任は遂に帰省し、中央委員辞任届を提出しました（辞任届は委員長の下に送りました）。

突然の帰省に依る被害甚大です。委員長と然るべく御相談下さい。

次に新聞の保証金と借金の返債（ママ）のことよろしくお頼み致します。
別紙負債明細表を同封致します。
昭和九年七月廿九日　　酒井基夫
泉野利喜蔵　様

負債明細表

A	現金借入	松本氏より	100.00
	東七条支ブ　15.00	仝上馬場救援金	10.00
	北原救援金　22.90	向野和島君	20.00
	井元扱ヒ　10.00	耳原支部	11.00
	日野町二丁目支ブ　0.00		
	三重西岸江上田孝一君　20.00	昭	
	福井南市支ブ　30.00　和	田中佐武郎君	5.00
	九石田君より 10.00　年		
	小計　263.90　七月		
B	未払　月		
	カメイ文具店（ハギワラ）　23.37　廿		
	仝　上　（キモト）　25.00　四		
	アヲキ印刷や　20.00　日	モリシマプリントや	28.00
	テントや　3.00	小計	99.37
	計　363円27銭		
	乞　返還		

小括　すぐれた事務・戦術・オルグ（組織化）能力、そして誠実性

これまでの八点の史料を紹介し解読しただけでも、この時期松本にもっとも近い人物が井元であることが分かる。ここで紹介できなかった四四点にも共通したものである。また、この四年間の書簡の数も他の同志と比べ抜群に多いことからもうなずけよう。もちろん井元は一九三四（昭和九）年末より書記局長になっていて、それまでも松本との連絡の中心的窓口であり、密であった。松本の懐刀と言われる所以である。

これらの書簡の特徴を今一度振り返り、考察すると次のことが言えよう。

第一に高松差別裁判闘争で一定の成果を上げた時期から第一三回全国水平社大会開催、二・二六事件戒厳令による一四回大会開催禁止の時期（翌年開催）までの中央本部での動向の井元から見た内実が明らかになった。

第二に松本に対し、委員長、議長、様、殿と書き方を変えているが、一貫しているのは委員長への信頼と

忠誠の態度であり井元の誠実性である。

第三にこれらの書簡は新聞・ニュースやガリ版チラシを除き、ほとんどが手書きであるが、会計や総本部内の備品、道具類の報告の詳細さと緻密さである。卓越した事務能力をもった人物としての姿がうかがわれる。井元家の代々の仕事は役場書記であり「役場」の屋号もあった。また、私たちの青年時代、運動資金カンパを募る手紙を「かいほう社」名で作成し書類発送作業時のエピソードがある。「切手の曲がらない、ずれない貼り方」を指南していた。「切手の張り方一つでも相手への配慮がわかるのだ」と。五二通の書簡切手もほとんど曲がることなく、きちんと貼られている。

第四に、しかも最も特筆されるべきことは、この時期、総本部の財政状況は極めて厳しかったことである。総本部の家屋修理、生活費、印刷機、東京事務所の費用、『水平新聞』等出版費用などを含めて松本が井元からの書簡に応じて送金している。松本宛の借用書、領収書が入った書簡も複数ある。最も多くの運動資金が提供されていることが具体的に明らかにされた。[*12]

本稿では四つに絞ったテーマ・項目に分けてそれに最も叶っていると思われる書簡を枚数の許す限りで選択し紹介した。しかし、松本資料の書簡すべての原文史料を関連させての解読はこれからの作業である。今後それぞれの人物からの書簡と照合することにより、運動方針や政治ビラに出てこない、松本の位置や総本部の動向、そして人間関係がさらに解明されるであろう。そのためにも、これら五二通の書簡や残されている書簡をすべて史料集として読み下し、活字化することが必要であると考えられる。

注

*1 井元所蔵の史料は逝去後三〇年を経てご家族より（公社）福岡県人権研究所へ寄贈手続きが文書により行われた。そして、『リベラシオン』一六一号に目録化されている。さらに、逝去後三五年を経て、一七四号で『井元麟之・再

考』として特集も出ている。

＊2　福岡に帰郷後、地元での松原文化会会長、隣保館館長、一九七四年福岡部落史研究会設立の推進役（副会長）であった。福岡部落史研究会は当初、同人二一名で一九七四年九月に設立。水平社時代の呼称「同人」の名称は井元提案であった。また、全国隣保館協議会副会長（福岡県会長）など生涯にわたって部落解放に関わる活動を続けた。長年、福岡市立隣保館長の職にあり地域貢献により、二回推薦された勲章を松本同様、辞退している。

＊3　福岡県教育委員第一回選挙立候補関係書類の自筆履歴書。

＊4　井元が当時の話をする時よく語っていた労働運動と水平社運動の共同である。ちなみに、「年表（草稿）」では「二〇歳頃より、福岡高等学校・九州大学学生社会科学研究会（中国人の大学留学生を含む）のメンバー及び労働者らと福岡県水平社の青年・婦人との交流を推進する」とある。

＊5　「井元麟之年譜」を中心として読み解きながら、年譜作成当時からの聞き取りの記憶をたどり、四年間の活動を四項目にまとめた。

＊6　「福岡連隊事件の犠牲者を偲んで」（『部落解放史・ふくおか』第一一号　一九七八年）。『追悼　井元麟之―人とその思想』（『部落解放史・ふくおか』第三五・三六・三七号　一九八五年二月　一二三頁）。この内容は一九七一（昭和四六）年、六六歳での「福岡連隊事件の犠牲者を偲んで」講演テーマの最終場面で青年に呼びかける内容である。そして、少年期の「解放への目覚め」から戦前・戦時中の社会運動の厳しさ、自らは前科二犯、罰金刑を入れれば三犯、そして検束・拘留百回以上と語る（戦後憲法のもと、前科は消滅している）。

＊7　山田本蔵　井元より年齢が上で、松本組の金庫番といわれた隣の松園村出身の人物。水平運動ではあまり名前は出てこないが、治一郎の兄治七（実質上の松本組経営者）の信頼は厚く、運動や資金援助の窓口となっていた。岐阜の北原泰作は山田の妹と結婚、義兄弟になるが四〇歳で早逝した。井元も心情を綴った書簡を送っている。

＊8　部落解放研究所編『部落問題・人権事典』解放出版社　一二二九頁。

＊9　髙山文彦『水平記』新潮社　二〇〇五年五月　三五七～三八九頁など。

＊10　一九三四年六月一五日消印の封書。

＊11　一方では、福岡での楽しい思い出、パイプを買ってもらったこと、などを書いている。

＊12　この時期の他の手紙でも、運動の資金援助を松本に具体的、抽象的にしているものがかなり見られる。ただし、松本治一郎の運動資金への投入は第四回大会前後から始まる。福岡地方裁判所検事長の長谷川寧は松本を「持ち上げられれば百や二百の金は其の場で投げ出すくらいの度胸はある。水平社は軍資金に困り抜いた揚句の果てに、松本治一郎を議長として昇ぎ上げた」と一九二七（昭和二）年段階で評している（「水平運動並に之に関する研究」、（秋定嘉

和・渡邉徹編『部落問題・水平運動資料集成第一巻』二一六頁　三一書房所収)。それだけの財力を長兄治七との協力関係で土木・建設業として一代にして築きながらも、全国水平社・部落解放運動などに投入したのである。

田原春次

福岡豊前地方の水平運動・農民運動指導者

小正路淑泰

1 松本治一郎旧蔵資料(仮)に見る田原春次

田原春次(一九〇〇〜一九七三、写真1)は、福岡県京都《みやこ》郡行橋町(現行橋市、以下旧市町村名のみ表記)出身の豊前地方における水平運動・農民運動指導者である。一九三〇年代に三〇歳代で全国水平社九州連合会(全水九連)組織宣伝部委員、全国農民組合総本部派福岡県連合会(全農福連)執行委員長となり、左派の全国農民組合全国会議派福佐連合会(全農福佐)や、右派の日本農民組合九州同盟会(日農九同)と競合・対抗しながら被差別部落小作農民を組織し、差別と貧困からの解放に全力を傾注した。早稲田大学の雄弁会や建設者同盟以来の盟友浅沼稲次郎ら日本労農党―日本大衆党系の社会民主主義派(『社会新聞』派)であり、社会大衆党(社大党)が大躍進した一九三七年総選挙において、同党公認候補として福岡第四区(現在の第一〇区と第一一区)で初当選を果たす。以降、戦前・戦後を通して衆議院議員を七期務め、部落差別撤廃の法整備や人権行政の確立に尽力した。

全国水平社創立との関連で付け加えておくと田原春次は、苦学生だった早大専門部法律科在学中の一九二

写真１　1936年総選挙立候補時の田原春次（長女田原ルイザ氏提供）

〇年九月、学生合宿冷人《レーニン》社を創設し、翌年に早大商学部講師佐野学を講師とする社会主義研究会を主宰した。田原はそこで佐野に部落差別の現実・実態や差別に対する激しい怒り、あるいは部落青年としての煩悶を伝え、佐野の著名な論文「特殊部落民解放論」（一九二一年七月）の執筆に協力する。『田原春次自伝』の「実は、この解放論は私が代筆したものである。」は、極端な飛躍だが、全水創立を促す一つの契機の隠れた貢献者であったことは間違いない。

さて、本稿で検討する福岡県人権研究所所蔵の松本治一郎旧蔵資料（仮）は、一九三三年六月から一九三六年八月までの田原春次の松本治一郎宛書簡二七通とこれらの書簡等に同封されていた新資料三点、田原春次「全国の先輩各位へ」（一九三六年一月一二日）、「田原春次選挙成績」（同年三月九日）、「全国農民組合福岡県聯合会第五回大会議事録」（同年八月二二日）である。

田原の松本への支援要請や経過報告は、以下の六点に集約することができる。

①小倉土木管区板櫃川改修工事の労働争議
②井手尾争議（二・一七事件）の暴力行為等処罰法裁判
③堺利彦農民労働学校と高松結婚差別裁判糾弾闘争
④全農総本部派の農民運動と農民戦線統一
⑤今川ダム建設反対運動と一九三五年福岡県会議員選挙
⑥一九三六年総選挙前後の社会大衆党

この時期は、全農福連が小作料関係と土地関係の小作争議やさまざまな運動課題に果敢に挑んでいた高揚期であり、松本治一郎は高松結婚差別裁判糾弾闘争を契機に名実ともに全水中央委員会議長・委員長としての地歩を固めていた。

田原春次については、拙著『堺利彦と葉山嘉樹―無産政党の社会運動と文化運動』(論創社)やいくつかの拙稿で論じた。近年では辰島秀洋や平原守の優れた研究成果もある。本稿では、松本治一郎旧蔵資料(仮)で新たに判明した事実を踏まえ、一九三三年の高松結婚差別裁判糾弾闘争から一九三六、三七年総選挙までの田原春次と松本治一郎について検討したい。

2 高松結婚差別裁判糾弾闘争と今川ダム建設反対運動

(1) 堺利彦農民労働学校と高松結婚差別裁判糾弾闘争

田原春次は、旧制豊津中学校(現育徳館中学校・高等学校)の先達で、〝日本における社会主義の父〟と称された堺利彦を校長に迎え、一九三一年二月、行橋町の全国大衆党京築《けいちく》支部長蓑干《みのほし》万太郎経営の精米所兼自宅を仮校舎に堺利彦農民労働学校を開設した。水平運動、農民運動や社大党の若き担い手を育成するために隣接する豊津村に本格的な校舎を建設し、一九三三年八月二〇日～二二日の開催予定だったのが、農民夏期講習会(第四期堺利彦農民労働学校)である。ファッショ批判論(浅原健三)、市町村財政学(古市春彦)、実用経済学(田原春次)、プロレタリア政治学(落合久生)、プロレタリア法律学(森田春市)、そして、水平運動史(松本治一郎)という内容だった。以下は、八月一六日消印の田原の松本宛書簡の一部である。

> 八月二十、二十一、二十二の三日間の京都郡豊津村の農民夏期講習会には、ぜひ共一日御出席下さい。「午後一時より四時まで講習会席上にて水平運動の話をし、四時より六時半まで郡内部落民町村議との

座談会をやり、夕食をすませ、七時半より十時まで行橋町で高松事件の演説会を開き、夜に十時十三分発上りで小倉経由帰福される」予定のもとに二十二日に来て下さい。田中松月君を御同道願います。同君に差し支えあらば、花山君か岩田君を一名お願いします。どうか父《おやじ》らの御出張の儀、おたのみします。

このように田原は、①午後一時～四時の農民夏期講習会での水平運動の講義、②四時～六時三〇分の京都郡被差別部落町村議との座談、③七時三〇分～一〇時の高松地裁結婚差別裁判事件糾弾演説会の弁士、という三点を松本に依頼していた。田原は二日後の八月一八日消印の書簡に次のように記している（引用に際して地名は伏字□□とした）。

拝啓　昨夜行橋より電話にて申せし如く、いよ〳〵来たる二十二日午後より夜にかけて、京都郡行橋町にて歓迎会並びに大演説会開催いたします。万障繰りあわせ御臨席下さい。準備万端は京都郡行橋町□（町議）吉永栄方にて。京都郡町村議員団主催です。

農民夏期講習会は、高松事件に対する対応が切迫していたため、八月二二日の一日開催とし、松本治一郎歓迎会と高松事件真相発表演説会に特化して行橋で開催された。これらの準備万端を担当した行橋町議吉永栄は、愛国民報社長、京都郡の独立系水平社・自治正義団の保守派であり、全農福連と政治的に対抗していた。吉永は自治正義団が翌年発行した論集『覚醒』掲載の「無産運動と水平運動」で田原春次ら自治正義団の無産運動進出派や井元麟之ら全水九連の新共産主義系（全国水平社解消論）を鋭く批判している。

水平運動を一個の無産階級運動と見倣して、之を労働組合と併立した立場に置こうとする行き方に対して、私は疑いを持つ。（中略）無産階級運動さへ成功すれば、部落問題が容易に解決出来得るように考えることは、あまりにも空想的である。無産階級が勝利を獲ることによって、経済闘争は解決するかも知れないが、部落問題のみは残存するであろう。

つまり、京都郡においては、部落民衆が、松本治一郎を精神的な支柱としながら政治的対立を乗り越えて高松結婚差別裁判糾弾闘争と地方改善費獲得闘争に結集していたのである。

田原春次は、この演説会から四日後の八月二六日、松本治一郎、北原泰作、田村定一、田中松月、藤原権太郎らと高松市の県公会堂で開催された香川県部落民大会で演説した。『香川新報』八月二七日付によれは、「差別撤廃の旗数十本を押し立てた田原春次氏の一行が公会堂に到着するや満場声を限りに万歳を叫」んだという。その後、田原は松本、田村らと八月二八日の全国部落代表者会議（大阪市天王寺公会堂）に参加し、二九日の差別糾紀闘争第一回全国委員会（大阪市木津戸主会館）で阪本清一郎、朝田善之助と「我が『全国水平社』並びに『差別裁判糺弾闘争全国委員会』は輝ける過去の闘争が示す如く、あらゆる人種的・身分的差別・賤視に対し徹底的に闘争するものである。」という「ドイツ・ファシスト政府に対する抗議」を起草した。京都・嵐山見物に向かった松本らと別行動の田原と田村が、大阪商船の大型船で門司港に到着したのは八月三一日早朝であった（田原の八月三一日付の松本宛書簡）。

九月一二日、田原は全水九連松本治一郎、全農福佐福岡地区岩田重蔵、日農九同豊前連合会有永霊城の四者連名で農民戦線統一のための「九州地方農民団体会議の提唱」を発出し、九月二五日開催の九州地方農民団体懇談会（福岡市松園公会堂）で「本会議を提唱した動機の一つは高松裁判所問題である。差別問題に就て支配階級に対して戦線を統一せよ。」と提起した。福岡県では高松事件が水平運動の活性化とともに農民戦線統一を促す契機となった。田原は同夜に差別裁判糺弾闘争九州地方協議会が開催した第一回請願行進隊激励演説会（福岡市博多座）で全農福連代表として次のように演説している（協調会福岡出張所「差別裁判取消請願委員上京送別記念演説会」法政大学大原社会問題研究所所蔵。以下、協調会史料の所属所名は省略）。

非常時の名の下に無産運動は圧迫弾圧を受けている。本日の農民団体協議会に於いて、一切の被圧迫階級の提携に依り今日の資本主義制最後の陣営に突撃せんことを誓ったのである。昔ローマに於ける十万の大衆がローマへローマへと進軍した際之れに圧迫の手の下しようがなかった、如く明日午前八時博多駅より東京へ東京へとあらゆる弾圧を突破して恰もローマの進軍の如く…中止…

田原春次は一〇月七日、全農総本部拡大中央委員会（大阪）で第五号議案「差別裁判糺弾闘争支持応援に関する件」を「全水と協力してこの闘争を部落施設改善闘争へたかめること、本会議二日目に席上基金集めと署名をやること。請願隊を大阪、東京に迎えること。」と提案し、満場一致で可決された。松本治一郎は一〇月九日午後四時一〇分、木林善三郎、藤原権太郎、松本吉之助ら請願隊二〇名と大阪駅に到着し、田原と天王寺公会堂での歓迎演説会に臨んだ。最初に登壇した田原の演説は臨監席の警官に中止を命じられ、松本は閉会挨拶を行った。一〇月一九日の請願隊の東京駅到着と翌日からの法相、内務省社会局長・警保局長等々への訪問を報じた『社会大衆新聞』第五五号（同年一一月五日付、田原春次執筆か？）は、紙型が無残に削られ、「全国水平社の闘争」「法相検事総長等に」という見出しと記事の一部しか読むことができない。田原の一一月二七日消印の松本宛書簡に「請願行進隊についての絶大なる御努力を深謝いたします。」とある。

そして、戦後、田原春次は、一九四六年七月一六日の第九〇回衆議院帝国憲法改正案委員会において、改正案第一三条（現憲法第一四条法の下の平等）をめぐり、高松事件を例示しながら国務大臣金森徳次郎、司法大臣木村篤太郎、文部大臣田中耕太郎と論戦を交えた。この時、高松事件に対する司法大臣の陳謝と憲法第一四条を根拠とする部落差別解消のための積極的な施策の推進という答弁を引き出したことは、周知のとおりである。

(2) 今川ダム建設反対運動と一九三五年福岡県会議員選挙

一九三四年、福岡県では六月降雨量四九ミリ(平年の五分の一)という福岡測候所開所以来の未曾有《みぞう》の大《だい》旱魃《かんばつ》となり、県下全体で七割以上減収田五四六二町歩、無収穫田二九六六町歩、被害総額は一二〇〇万円に及び、特に、瀬戸内気候区で夏季の降雨量が著しく少ない京都郡の被害は甚大であった。こうしたなか、新興コンツェルンの日本曹達は、同年一二月三日、①京都郡苅田町の豊国セメント門司工場に隣接する塩田跡に九州曹達苅田工場を建設、②苅田町補水耕地整理組合が構築する今川下流ダムから工業用水を取得、③ダム建設は福岡県耕地課から認可されていることを公表した。

今川下流両岸、行橋町と今元村の全農福連傘下の小作農は、このダム建設が致命的な農業用水不足をもたらすという強い危機感から今川水利権防衛同盟を結成し、建設反対運動に立ち上がった。全農福連京築地区委員会は、「今川水利権防衛同盟ヲ闘争主体トシ、之に全国農民組合、社会大衆党、全国水平社等が徹低《ママ》的応援ヲスルコト」という方針を掲げ、全農福連執行委員長田原春次が、社大党や全水九連への支援要請と認可取消行政訴訟に奔走する。

今川水利権防衛同盟は、一九三五年二月一一日、行橋の浄土真宗本願寺派浄蓮寺でダム建設反対の行橋町・今元村・蓑島村町村民大会兼建国祭記念講演会を開催した。田原の二月四日消印の書簡で、

昨日御願いした今川ダム事件、行橋、今元、町村大会は、準備の都合で二月十一日に変更しました。当

日の場所、時間等は前通りです。必ず御出席か祝電を御願いします。

と依頼された松本治一郎は、この講演会に藤原権太郎と井元麟之を派遣した。地元の旬刊紙『京都新聞』同年二月一五日付によれば、藤原の演説は、「今川ダムをこのまま放任せば将来町民に憂いを来す問題である、また同ダム沿岸農民三部落の者が水平社同人だからと云う様なことが含まれて居るとすれば？全国水平社では社会問題として扱う考えである。」という内容であった。井元の演説は、「水利権の恩恵に浴している諸君は当然損害賠償を要求する権利」と述べたところで中止を命じられた。

今川水利権防衛同盟は、「工業悪水の流出に依る農耕凶作、魚介死滅、海水浴場の危険を指摘」する「今川ダム工事真相バクロ百回連続移動座談会」を開催し、地域世論の形成を図った（『九州労働新聞』同年三月一日付）。田原春次は全農総本部機関紙『土地と自由』三月二五日付第一三三号の第二版として独自ページを七〇〇〇部印刷・発行し、平易な文章と「今川ダム争ギの関係早わかり」の図解で問題点を分かりやすく民衆に伝えた（松本治一郎旧蔵資料（仮））。

今川ダム建設反対運動は、行橋町会の「今川河水取入堤堰ニ関スル件」の福岡県への上申、行橋・今元・蓑島の関係地主五五名の「今川下流堰埭《えんたい》工事中止陳情書」の提出、豊前海一八浦漁業組合連合会三六〇余名の県知事交渉などもあり、多様な階層を巻き込んだ市民運動として高揚していった。田原の八月一〇日消印の松本宛書簡には「京都郡の今川ダム工事反対運動と漁業組合対九州曹達工場との対立抗争、忙殺されております。」とある。最終的には、七〇町歩（小作人一五〇名）を所有する柏木勘八郎ら関係地主の意向が、今川ダム建設反対運動の帰趨を決することになる。視点を変えると、対抗勢力の全農福連には、今川最下流の石田新開争議（一九三三年）を有利に解決するなど「激甚ナル小作争議頻発」で「地主ハ断エズ不安ノ念ニ駆ラレ、常ニ当局ヲ煩ハス」（「今川下流堰埭工事中止陳情書」）という運動の実態があったのである。

多くの読者を獲得していた八波太作《やつなみたさく》経営の『京都新聞』（一九二七年創刊）は、今川水利権防衛同盟に好意的な記事を掲載し、反対運動をバックアップした。また、労農派の無産大衆党京都郡支部をルーツとする全国大衆党―全国労農大衆党（労大党）京築支部長蓑干万太郎が一九三四年に創刊した旬刊紙『豊州新聞』（戦後『京都新聞』と改題）もダム建設反対の論陣を張ったと思われるが、同紙は散逸しており、紙面を確認することができない。

八波太作は、一九三五年九月の第三回男子普選福岡県会議員選挙で京都郡（定員一名）から旧社会民衆党（社民党）系中立として立候補、落選した。当選した民政党吉田勝三郎（旧制豊津中明治二三年卒、元陸軍大佐）の得票数は四九〇三票、次点の政友会永沼庄市（元伊良原村長）は四一一七票、八波は七八〇票だった。田原は「九州選挙ゴシップ」（『社会大衆新聞』第七七号、同年一一月五日付）で八波の奮闘を讃えている。

この県議選では、全水九州地方協議会（九協）の三候補、旧労大党系社大党の花山清が嘉穂郡（定員四名）で再選され、無産系中立の宮本楽次郎が早良郡（定員一名）で初当選し、同じく藤原権太郎が福岡市（定員六名）で次点となった。この他に全農福連の組織内候補である旧労大党系社大党の野口彦一が三井郡（定員四名）で初当選し、旧社民党系社大党現職の伊藤卯四郎と旧労大党系社大党新人の三浦愛二が八幡市（定員四名）で一位、二位と圧勝した。以上の無産派候補七名の総得票数は二四五六八票、得票率二一・三パーセントと過去最高を記録する。こうした社大党への支持拡大傾向は、一九三六、三七年総選挙でも持続された。

3　一九三六、三七年総選挙前後の田原春次と松本治一郎

（1）一九三六総選挙前後

一九三〇年代の福岡県の無産政党に特徴的なことは、旧社会民衆党系（一二支部、四〇四二人）と旧全国労農大衆党系（一一支部、三五一八人）の二つの社会大衆党県連が並立して最後まで統一されなかった点である。

後者は、加藤勘十、鈴木茂三郎ら最左派の日本無産党（日無党）へ移行し、人民戦線事件での結社禁止後、中野正剛主宰の国家主義団体東方会へ一部を除いて合流した。

田原春次は、一九三六年二月二〇日投票日の第一九回総選挙に社大党公認で福岡第四区（定員四名）から立候補した。この時、労大党出身の田原を日本労働総同盟（総同盟）九州連合会の社民党系労組が支援する。これは、①福岡第四区選出の社民党衆議院議員小池四郎が国家社会主義新党へ移行、②小池不支持を決めた旧社民党系社大党は新たな候補者を模索、③今川ダム建設反対運動を通じて総同盟九連会長・旧社民党県議伊藤卯四郎と全農福連との信頼関係が築かれたからである。田原は八三六一票を獲得したが、わずか一九七票差で次点となった。二人の得票数を合計すれば悠々当選圏内の一二三一八票となり、田原春次「全国の先輩各位へ」であった。旧労大党系社大党福岡県連委員長・元福岡県議堂本為広の出馬による分裂選挙が敗因の「労働組合、農民組合、水平社、市民団体の組織勢力一万二千」という票読みと符合する。

「全国の先輩各位へ」には「私と多少は主義も違いましょうが」とあり、国内外の既成政党支持者にも送付していた。なぜならば、「田原春次選挙成績」の「三、収入総額（寄附）」に「北米『金五弗宛』飲村、安孫子、宮田、——ブラジル『金五拾ミル宛』中山、『金百ミル宛』黒岩、——カナダ『金十四弗五拾仙宛』キャンプ・ミル労働組合」と記されているからである。

アメリカから五ドルを送金した安孫子久太郎は、サンフランシスコの日本語夕刊紙『日米』（The Japanese American News）の創立者、ブラジルから五〇ミルレイス（一ミルレイス＝一〇〇〇レアル＝二五銭）を送金した中山忠太郎は、在ブラジル福岡県人会代表、一〇〇ミルレイスを送金した黒岩清作は、サンパウロの日本語夕刊紙『伯剌西《ブラジル》爾時報』（Os Noticias do Brasil）の創立者である。田原が一九二四年から五年間、ミズリー大学コロンビア校新聞科（Mhissouri Sochool of Jornlism）留学から南米各国旅行中に築いた人脈であり、これらの送金者はどちらかといえば既成政党の支持者であった。

一四ドル五〇セントを送金したカナダのキャンプ・ミル労働組合（Camp and Mill Workers' Federal Labor Union No.31 Vancouver and Vicinity）は、ブリティッシュ・コロンビア州バンクーバー市パウエル街に事務所を置き、キャンプ（原生林での伐採現場）やミル（製材所）など木材産業で働く日本人・日系人移民労働者を最大時約一六〇〇人組織した。一九二七年にナショナルセンター・カナダ労組会議（TLC）へ加盟し、機関紙『日刊民衆』（The Daily People）は、日本人コミュニティに広く浸透していた。編集長の梅月高市《うめづきたかいち》は、福岡県築上郡角田村《すだ》（現豊前市）の出身である。田原春次は一九三一年四月から約一五〇日間、浅原健三、木村毅《き》と『改造』特派員として渡米した際、バンクーバーのキャンプ・ミル労働組合を訪問し、友好的な関係を築いていた。

国内では、松本治一郎と社大党書記長麻生久が四〇〇円、田原の実弟で専修大学教授吉川兼光と田川郡選出の民政党県議・中小炭坑経営者北代市治が三〇〇円、旧社民党衆議院議員亀井貫一郎と産業組合中央金庫理事長有馬頼寧《よりやす》の秘書豊福保次（資金提供者は有馬であろう）が二〇〇円、産業組合中央会の前会頭志立《しだち》鉄次郎、常務理事千石興太郎、全農福連副会長・社大党企救郡支部長・企救町議堀口専正らが一〇〇円、浄土真宗本願寺派永万寺第七代住職光應智英《みつおうちえい》、社大党中央執行委員・農村委員会長三輪寿壮《みわじゅそう》らが五〇円を寄付している。寄付者には、福岡日日新聞社副社長菊竹淳《すなお》（一〇円）、堺利彦農民労働学校に学んだ全農福連書記長藤本幸太郎（一〇円）、田原の全水東京支部時代から親交があった元社大党浅草支部顧問・全水中央委員深川武（五円）、京都新聞社社長八波太作（五円）、融和団体福岡県親善会主事真鍋博愛（三円）らの名前もある。

田原選挙事務所の収入総額は、当初の目標を大幅に上回る三八四二円であった。ただし、松本は、田原前掲「全国の先輩各位へ」の「我々の正義人道の主張が遂に全国民に浸潤し、若手将校、少壮官吏など、従来は上層特権階級の手足の如くみられていた方面さえも奮起し、財閥政党排撃の五・一五事件、利権脱税非国民の検挙、球農特別土木事業の実施等々に、その傾向がみられるに至りました。」という五・一五事件や革

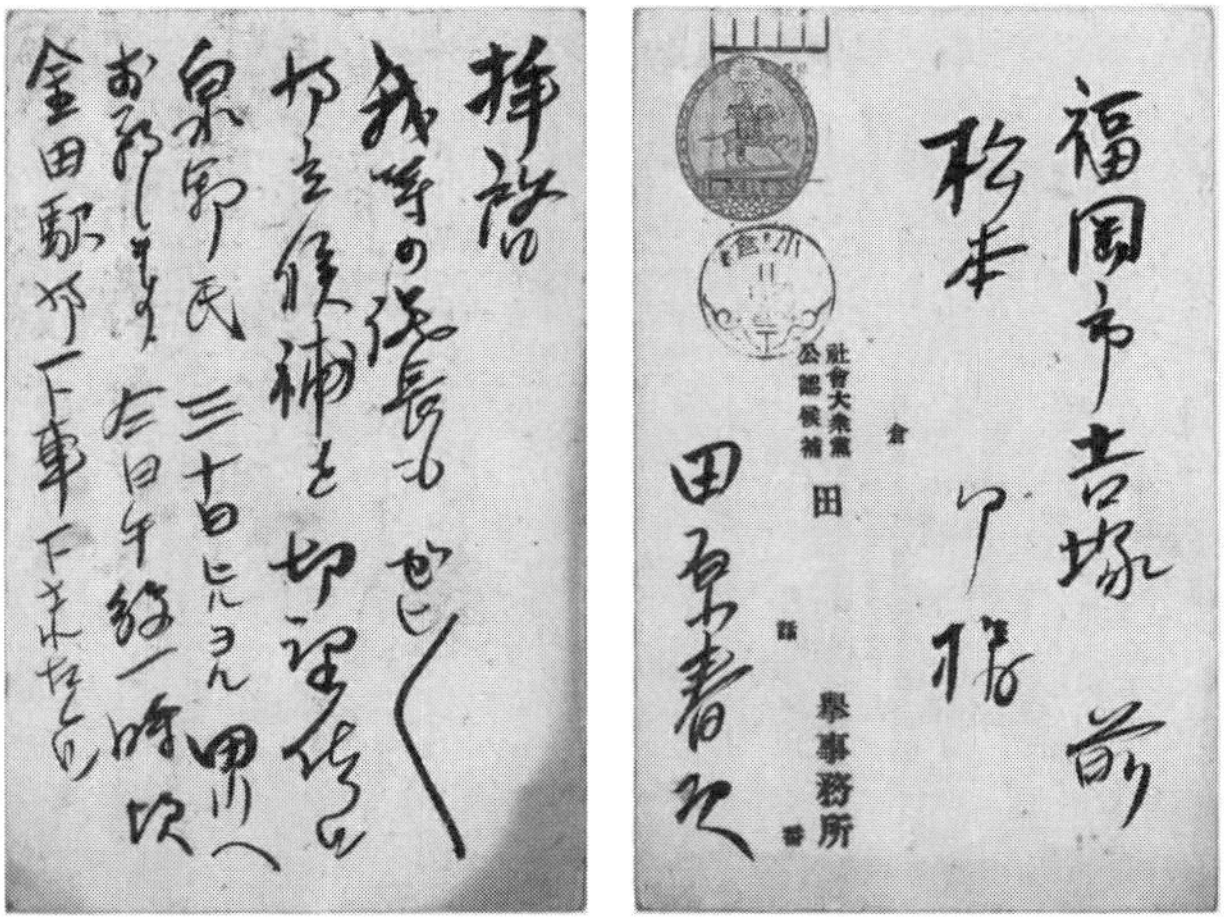

写真２

新官僚に対する麻生久─亀井貫一郎ライン風の評価を承認できなかったであろう。

　そして、田原春次が「我等の議長もゼヒ〳〵御立候補を切望」（同年一月（日不明）の松本宛葉書、写真２）した松本治一郎は、福岡第一区（定員四名）で無産系中立として立候補した。『福岡日日新聞』や『九州日報』は序盤の情勢分析で劣勢を伝え、加藤勘十らが発刊した『労働雑誌』第二巻第三号（一九三六年三月）掲載の無署名「無産派では誰が当選するか？」も「今回も全農、水平社、社大、其他の支持応援がある。但し苦戦。」と見ていた。ところが、松本の「勤労大衆の負担を軽減」「ファッショ反対」などの訴えは、被差別部落内外で急速に支持を拡大し、第一六回総選挙の二・四倍に当たる一四四三九票を獲得して初当選を果たした。

　松本治一郎は、反ファシズム戦線統一を目指し、第一九回総選挙で当選した社大党公認の一八名と社大党系無産中立冨吉栄二（鹿児島第二区）、左派の全評委員長加藤勘十（東京第五区、麻生久の選挙区）や旧『労農』同人・岡山無産団体協議会黒田寿男（岡山第一区）に無産議員団の結成を呼びかけ、加藤らの労農無産協議会（労協、五月四日政治結社届出）と社大党との合同を斡旋した。しかし、社大党書記長麻生久は、加藤の選挙事務長鈴木茂三郎や加藤を支援した小堀甚二、橋浦時雄、荒畑寒村、岡田宗司（全農総本部の書記・政治部員・社大党連絡委員、堺利彦農民労働学校講師）ら旧『労農』同人の除名・排撃を強硬に主張し、労協との合同や提携を拒絶する。

この頃、労協―日無党という反麻生新党樹立に批判的だった旧『労農』の領袖山川均は、松本へ社大党への入党を勧めた。松本は後述する社大党福岡支部の名誉顧問となり、社大党代議士会に所属した。社大党と松本を繋いだキーパーソンが田原春次である。例えば、七月七日の社大党中央執行委員会に出席した田原は、第六九特別議会の報告会を兼ねた第二次全国遊説に関する協議内容を七月七日、八日、一一日消印の松本宛書簡で詳細に報告していた。田原は七月一二日消印書簡同封の社大党常任中央執行委員会「全国遊説開始指令」の二カ所、「二、地区代議士の議会闘争報告演説会はこの大遊説とは別個に開催され度し。」と「四、右日程は確定的のものの故変更なり難し。」に赤色の万年筆で傍線を引き、松本は社大党代議士会の一員として九州遊説に参加することを承諾した。

『社会大衆新聞』第八五号（同年八月二五日付）は、「議会政局暴露／大演説会／小倉市で聴衆二千人／福岡県聯主催」という見出しで「我党福岡県支部聯合会主催議会報告政局暴露大演説会は七月二十三日夜午後七時半から小倉市駅前国際館で開催、亀井、三宅、川村、富吉《ママ》の各代議士と我党小倉支部長田原春次氏熱弁長講舌《ぜつ》を振い満堂立錐の余地なき二千の聴衆をうならせた。」と報じており、松本も参加した「全水、党、全農共同」（田原の七月八日消印の松本宛書簡）による前日の福岡市の演説会も盛会だったと思われる。

（2）一九三七総選挙前後

一九三六年八月二二日、全農福連第五回豊前部大会が、行橋の京都郡公会堂で開催された。田原は八月一八日付の書簡で松本に大会への参加を依頼した。農民戦線統一の支援要請である。

拝啓　全農福連大会も前景気よろしく、久しく眠っていた旧福佐の豊前方面の支部員も参加しようとしております。（中略）松本議長は、先年一度御出下さって以来、久しく豊前地方の同人兄弟も御目にかかっておらぬので、一同首を長くして焦がれております。何卒、万障おくりあわせ御参会下さい。万々一、二十二日のヒル御差し支えあらば、夜七時半に行橋へつく汽車で夜の分だけに御出下さい。しかし、ヒルは組合員中心の会ですから、なるべくヒル、ヨルともおたのみします。重松、木林、岩田の三氏をヒル、ヨルとも列席してもらって戦線統一を説いてもらいたいので、なるべく三氏を御同伴下されば幸甚です。御到着の時間を御打電下さい。駅まで参ります。

松本治一郎旧蔵資料（仮）の「全国農民組合福岡県聯合会第五回大会議事録」によれば、この大会で祝辞を述べたのは、「社大党田川支部許斐親三郎　全農福佐岩田重蔵　福岡県会議員団代表野口彦一　代議士松本治一郎・黒田寿男」である。高松事件真相演説会以来三年ぶりに来橋した松本の祝辞演説は、峻烈な小作争議の渦中にいた多くの被差別部落小作農を鼓舞したに違いない。

全農福連第五回豊前部大会では、「（イ）農産物損失国家補償ノ件　（ロ）農民戦線統一ノ件　（ハ）小作法制定要求ノ件　（ニ）土地取上・立入禁止・立毛差押反対ノ件　（ホ）ファッショ反対ノ件」の議題のうち「（ロ）農民戦線統一ノ件」のみを集中審議し、他の議題は翌日の三井郡北野町での筑後部大会に持ち越された。争議・組織・政治に関する情勢を報告した大会執行委員長藤本幸太郎は、当日の模様を「同地ハ、三年越シノ今川水利権問題ガ未ダ解決ニ至ラザルノ為メ、一般民ノ関心ヲヒキ、傍聴者約二百名来聴セリ。本日ノ大会ハ、全農福連創立以来ノ盛会デアッタ。」と日記に記している。

全農福佐の総本部復帰は最終的に頓挫したのだが、政党レベルでは、田原春次の松本治一郎や岩田重蔵に対する戦線統一の働きかけは奏功した。一九三六年一二月一六日、岩田重蔵らは福岡市域の戦線統一組織・福岡地方無産団体協議会（主唱者は福岡地方合同労働組合＝共産党系青年層）を旧社民党系社大党福岡支部に再編し、全水福岡県連常任委員の高丘稔が支部長、北原泰作が書記長、吉竹浩太郎が会計、岩田重蔵が執行委

第20回衆議院総選挙福岡第4区の成績（1937年4月）

氏名	政派	当落	小倉市	門司市	企救郡	田川郡	京都郡	築上郡	計
勝　正　憲	民政（前）	当	6,428	572	1,505	13,909	547	145	23,610
末松偕一郎	民政（前）	当	437	6,874	69	294	4,515	5,890	18,079
田原　春次	社大（新）	当	3,433	3,764	1,375	5,549	2,044	786	16,951
小池　四郎	政革（元）	当	2,021	3,372	634	3,465	671	638	10,801
片山秀太郎	政友（前）	落	2,189	189	2,814	4,090	408	164	9,854
末次虎太郎	政友（前）	落	174	3,276	170	273	2,569	3,222	9,684
有権者数			21,753	26,392	8,960	33,507	13,542	13,610	117,764
投票数			14,682	18,047	6,567	27,580	10,754	10,845	88,475
投票率（%）			67.5	68.4	73.3	82.3	79.4	79.7	75.1

出典：衆議院事務局『第20回衆議院議員総選挙一覧』

員・宣伝部長に就任する。

それまで対立していた全農全会派など左派勢力が加わり、社大党が膨張したのはこの時期の全国的な傾向である。とはいえ、田原の働きかけがなければ、松本や岩田らが左派の旧労大党系ではなく右派の旧社民党系に参入するという高いハードルは乗り越えることができなかったであろう。社大党福岡県連は、従来の旧社民党系労働組合に田原春次の全農福連、松本治一郎の全水福岡県連と岩田重蔵の全農福佐の一部が結集する一大勢力となった。

翌一九三七年年三月一九日、今川水利権防衛同盟は、「①地域住民に補償金を支払う。②ダム建設に当たっては、住民に被害を与えないよう技術的に十分検討する。③水利権に関しては、農業用水を優先する等」（『田原春次自伝』）の内容で九州曹達会社と妥結し、勝利を収めた。田原春次は以上のような農民運動や市民運動の高揚を背景に同年四月三〇日投票日の第二〇回総選挙の福岡第四区において前回得票数の約二倍にあたる一六九五一票を獲得して初当選し、福岡第一区で社大党公認として再選された松本治一郎とともに〝解放の議席〟を勝ち取った。

九州各地で組織を拡充した社大党は、一九三七年五月三一日、九州地方協議会（九協）を結成し、委員長に冨吉栄二、書記長に田原春次、書記に福岡支部書記長北原泰作（翌年に北原は離脱）と旧社民党系八幡支部奥村光夫という布陣で、事務所を福岡市吉塚駅前の社大党福岡支部に置いた（『社会大衆新聞』第九三号、同年六月五日付）。

七月一八日、戸畑市の日本海員組合戸畑支部で開催された社大党福岡県連大会では、全農福連書記長藤本幸太郎や全水福岡県連・総本部（氏名不詳）の祝辞演説があり、福岡支部会計の吉竹浩太郎が代議員歓迎の答辞を述べた。田原春次はこの大会で新書記長に就任する（協調会福岡出張所「社会大衆党福岡県支部聯合会昭和十二年度大会」）。会場に掲げられたスローガンから「ファッショ反対」が消滅し、「重大時局に対する決意と産業平和に関する要請」が議決され、大会宣言には、「我等は祖国防衛のために協力することに於ては何人にも譲るものではない、（中略）真に国民全体の為の挙国一致の実を挙げんことを要求する。」が盛り込まれた。盧溝橋事件から一一日後、早くも社大党福岡県連は、日中戦争協力へと転換したのであった。

松本治一郎は、第一九回総選挙以降、社大党と労協―日無党、さらには民政党、政友会、第二控室小会派のリベラル派・社会政策派との提携など議会政治の擁護と広範な反ファシズム戦線統一を模索しながら、斎藤隆夫の第六九特別議会での粛軍演説と衆議院議員除名問題をめぐる分裂に至るまでの約四年間、社大党代議士会の一翼を担った。松本治一郎と全水九連・九協の社大党支持を促し――「社大党的転換」を受容する戦争協力・責任を伴うものであったが――、戦後改革期に島田千寿（福岡）、田中松月（福岡）、宮村又八（熊本）、田村定一（山口）ら部落解放全国委員会の社会民主主義派が衆参両院で〝解放の議席〟を獲得する基盤形成に大きく貢献したのが、社大党九協書記長・福岡県連書記長田原春次である。

参照文献
朝治武『全国水平社1922－1942―差別と解放の苦悩』筑摩書房、二〇二二年
石河康国『マルクスを日本で育てた人―評伝・山川均Ⅰ Ⅱ』社会評論社、二〇一四年
木永勝也「一九三〇年代の無産運動戦線統一問題―福岡県地方を対象に」『九州史学』第八三号、一九八五年

小正路淑泰「部落解放と社会主義―田原春次を中心に」熊野直樹・星乃治彦編『社会主義の世紀―「解放」の夢にツカれた人たち』法律文化社、二〇〇四年
小正路淑泰「独立系水平社・自治正義団と堺利彦農民労働学校―一九二〇～三〇年代福岡県京都郡地方の水平運動」『佐賀部落解放研究所紀要』第二五号、二〇〇八年
小正路淑泰「田原春次再考―聞き取りと新資料から」『リベラシオン』第一三八号、二〇一〇年（町田聡名義で発表）
小正路淑泰編『堺利彦―初期社会主義の思想圏』論創社、二〇一六年
小西秀隆「地方における無産政党運動―福岡県無産政党史」西日本文化協会編『福岡県史　通史編　近代　社会運動（一）』福岡県、二〇〇二年
四国部落史研究協議会編『四国の水平運動』解放出版社、二〇二二年
辰島秀洋「田原春次―マイノリティの声を代弁した大衆政治家」『部落解放』第六七一号、二〇一三年
立本紘之「社会民衆党・社会大衆党の無産者芸術・文化へのまなざし」『大原社会問題研究所雑誌』第七四〇号、二〇二〇年
田原春次「五年がかりの南北米移民地巡礼記」『日布時事特別号』一九二八年一月三〇日
田原春次「左翼アメリカを走る―資本主義崩壊の一葉墜つ」『京城日報』一九三一年九月一八日～二二日（四回）
田原春次「九州選挙ゴシップ」『社会大衆新聞』一九三五年一一月五日
田原春次『田原春次自伝』田中秀明、一九七三年
西日本文化協会編『福岡県史　近代史料編　農民運動（三）』福岡県、二〇〇〇年
平原守「小正路淑泰著『錦陵人物誌　近現代日本に貢献した旧制豊津中学校の群像』―「もう一つの近代日本」を模索した一群の人々」『初期社会主義研究』第二八号、二〇一九年
平原守「農民運動・水平運動指導者田原春次に関する新史料について」『リベラシオン』第一八一号、二〇二一年
藤本幸太郎顕彰碑建立実行委員会編『生命の土―藤本幸太郎自由への闘い』藤本幸太郎顕彰碑建立実行委員会、一九九二年
部落解放同盟東京都連合会編『東京の部落解放運動100年の歩み』解放出版社、二〇二二年
部落解放同盟中央本部編『写真記録　部落解放運動史―全国水平社創立一〇〇年』解放出版社、二〇二二年
松本治一郎「部落大衆から見た人民戦線」『サラリーマン』第九巻第七号、一九三七年
松本治一郎編『特別議会闘争報告書』北原泰作、一九三七年

吉竹浩太郎

福岡・金平地区が生んだ水平運動の活動家

塚本博和

1 吉竹浩太郎とはどんな人物か

吉竹浩太郎（一九〇六〜一九六三）は、福岡県筑紫郡豊平村金平（現福岡市）出身の水平運動・部落解放運動の活動家である。「浩ちゃん」の愛称で親しまれ、一九三三年に全国水平社常任中央委員、また同年に発生した高松闘争では現地・香川の闘争を指導し、その後、全国水平社九州連合会（以下、全水九連）の常任理事になったことで知られるが、吉竹の人物像にはわからないことが多く、これまで水平運動研究において取り上げられたこともない。

吉竹の生い立ちを地域の事件や運動との関わりから見ると、*1 吉竹は一〇歳のとき、博多毎日新聞差別記事事件によって差別の被害者である部落民が不当に検挙される事態を目の当たりにした。検挙された者のなかには、吉竹の親戚関係の者もいたことだろう。一五歳のとき、松本治一郎が「筑前叫革団」を組織して黒田三百年祭反対運動を行った。松本をはじめとする「筑前叫革団」の活動を、青年期の吉竹は身近で見聞きしていた。一七歳のとき、全九州水平社が結成され、翌年一一月には藤開シズエ・高岡カネ・西田ハル・菊竹トリが金平婦人水平社を創立した。少なくとも西田と菊竹は吉竹と同じ時期に馬出尋常小学校に通学しており知己の間柄といえる。吉竹は井元麟之の一歳年下になる。井元による「兵卒同盟」の闘争は、翌年の入隊を控えた吉竹にとって他人事ではなかった。このような地域や人物の動向のなかで吉竹の水平運動に対する考え方は鍛えられていった。

　吉竹が水平運動に参加した具体的な時期・経緯は不明である。史料を通じて吉竹の名前を見る初発は『水平月報』第二四号（一九二六年一二月）掲載の水平月報読者千名期成同盟（同紙を安定的に発行するための会員制度）である。当時の吉竹は二〇歳、少なくともこれ以前に吉竹は水平運動に加わっていた。

　一九二八年に福岡連隊を満期除隊した吉竹は、以後、全水九連での活動を本格化させる。そして、前述のとおり、一九三三年の全水第一一回大会直後の第一回中央委員会において常任中央委員に選出され、全水の本部詰めを任された。同年六月二〇日、高松結婚差別裁判事件を伝える電報が全水本部に入り、吉竹は香川県内の闘争に入る。高松闘争後は、全水九連で常任理事や地方委員、福岡県連で常任委員を務め、西脇差別糾弾闘争（一九三三年一一月）、犬飼差別糺弾闘争（一九三四年七月。以下、犬飼事件）、国防婦人会福岡県本部会長差別糾弾闘争（一九三六年一〇月）などに取り組み、犬飼事件では初めての刑務所収監を経験する。さらに、一九三四年一一

写真１　1936年2月21日撮影の当選記念写真。中央に松本、右に藤原権太郎。左にひとりあけて田中松月。吉竹もこのなかにいるだろう。

月には北原泰作らと共に治安維持法違反で検束された。一九三七年には再度中央委員に選出された。[*2]

吉竹が松本に宛てた書簡は八通あり、本稿ではこのうち七通を選び紹介する。その内容は、①総本部を任された責任と不安（四通）、②犬飼事件による刑務所収監（二通）、③転地療養の経過（一通）であり、①には高松事件の発生を松本に伝える葉書も含まれる。「浩ちゃん」と呼ばれ、親しみが持たれた吉竹とはどのような人物だったのか。松本への手紙を通じて探ることにしたい。

2　松本治一郎宛書簡の内容

（1）総本部を任された責任と不安

吉竹が松本に宛てた一九三三年の四通は、高松差別判決糾弾闘争の事前段階に出されたものである。ここでいう事前段階とは、五月二五日の公判において高松地方裁判所白水検事が差別論告を行い、対策委員会等を行った香川県水平社が六月二〇日に全国水平社に電報を打ち応援を求めるまでをいう。[*3]

吉竹は一九三三年三月三日の全水第一一回大会（福岡市九州劇場）に参加し、翌日の第一回中央委員会で常任中央委員に選出された。おそらく、高松闘争後の香川の水平運動を牽引する中村正治ともこの時に顔を合わせたことだろう。そして、五月二五日第二回中央委員会において大衆闘争としての部落施設要求カンパニアの闘争の起草委員として選ばれた。

高松闘争の事前段階にあたる時期、吉竹は全水の本部詰めを任された。そのため、ここで見る四通の手紙は、いずれも発信元は「大阪市浪速区栄町四ノ二二　全水総本部内」である。もちろん、六月二〇日に電報が来るまでは香川で何があったのかは知る由もない。

史料1（六月一日）は本部詰めを開始した吉竹が松本に宛てた最初の手紙である。吉竹に期待された役割は、「今後の基礎造り」であり、その手始めが新たに「水平会館」として使用することができる借家の交渉であった。冒頭に登場する「非衛生的な、小便とゴミと不潔な食物と喧騒の中で、屈託しそうです。尤も私共は、非衛生的な周囲は―改むべし。然し嫌うべからず。―というのが建前なんでしょうが」のくだりは、いわゆる「改善運動」に対する吉竹の認識がよく示されている。平易な言葉ではあるが、「不潔」を理由に差別を正当化して「改善」を行う「改善運動」の本質を日頃から見抜いていたからこそ綴られたひとことだろう。ただ、吉竹自身は「不潔」に辟易してもいる。運動費を含む生活費は三〇円であり、それらはすべて松本から与えられていたようである。無駄遣いはしていないが、すでに残りは二円になり、「直ぐ送金して下さらねば全く困ります」と金銭の無心を行っている。途中に出てくる「京見物には、餞別の金子使ったとしても、又餞別の金子も多少ありました」のくだりは、息抜きもかねて京見物に行ったが決して生活費を圧迫してはいないという、釈明の気持ちがこぼれたのかもしれない。文書発行や泉野父の死亡通知など、事務の仕事も滞りなく果たしているようである。

史料2（六月五日）では、米田富と石田正治が引き続き借家の交渉を試みたところ、「花岡様」を保証人に立てることで交渉が容易になったこと、松本にもらった二〇円は中央委員会の報告書一七〇〇枚の発送や引越費用などの支払いに使ったこと、泉野利喜蔵の父の葬儀に参列し、総本部として弔辞を読んだことなどを報告している。ここでも、「議長の御来阪までの生活費をご送金下さい」というように、金銭の無心を行っている。

史料3（六月一六日）には「第三回目のＳＯＳ」とある。借家の交渉はうまくいかず、何軒も空き家を持っているにもかかわらず、家主が恐れて貸し出しをしないという。水平社は事務所をただ用意することにさえ苦労した。生活費は五円の臨時収入があったものの、すでに残金は二円五〇銭になり、米も明日で切れるという。「覚悟の前とは言いながら、御送金のある迄は実に危い、心細い綱渡りであります。御送金をお願いいたします」と、「ＳＯＳ」を発信している。興味深いのは、この時の臨時収入が香川県からの送金であったことである。すでに高松事件の事前闘争の段階にあった全水香川県連が、本部費を入金し、その金銭によって本部詰めの吉竹らが食いつないでいた。この手紙の最後には、「議長は返信の少い人と承りますので、他の人に返信させて下さい。平々凡々の男ですから、心細いこと、此の上なしの有様です」とある。松本からの直接的な返信までは求めないが、「SOS」に対する何らかの応答がほしいと、必死に訴えていることがわかる。

史料4（六月二〇日）は、「香川縣にも発生しました」とあるように、高松事件の発生を松本に報告した重要な葉書である（写真2）。消印は六月二〇日、香川県支部からの電報を受け、すぐさま松本にも連絡を入れたということだろう。「二人送れ」との要請にこたえるべく、総本部では香川に誰を派遣するのか相談を始めたようである。そして、六月二四日に吉竹と井元、七月一日に北原泰作を派遣し、その後、藤原権太郎も香川に入る。なお、冒頭には、「福岡では、學校移転問題にからんで差別事件が発生しました」とある。これは福岡市住吉小学校敷地選定に伴い、地元の実力者である岡田隆雄が犬飼地区の住民を差別・排除しようとした差別事件（犬飼事件）であり、全水九連は徹底的糺弾を開始する。

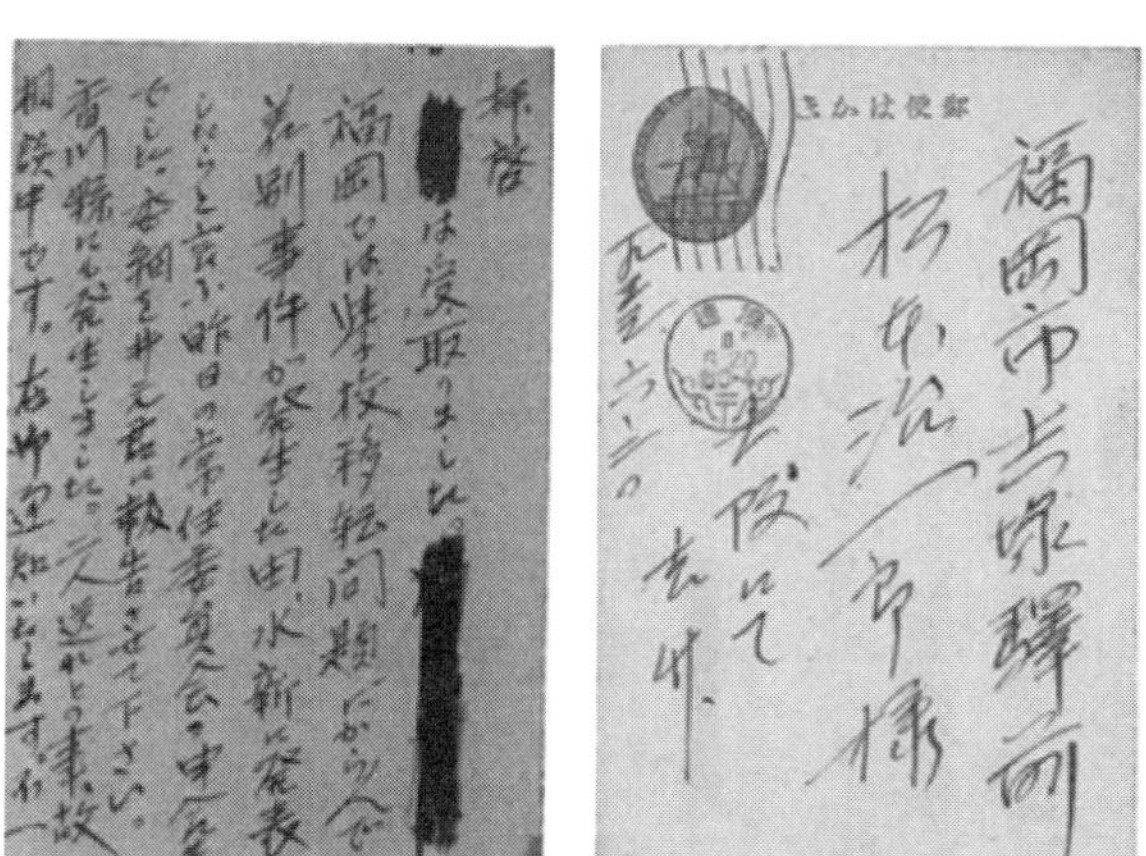
写真2

（2）犬飼事件と刑務所収監

犬飼事件は一度、円満に解決していた。しかし、差別者の岡田は改悛の情なく、解決の条件である「二ヶ年の間一切の公職や名誉職を持たぬこと」という誓約に背き、町役員に就任した。そればかりか、個人で負担せねばならぬ差別撤廃講演会の費用を町民に転嫁したり、確認した差別事実を否認するデマを飛ばすなどの行為が報告され、全水九連はその威信を傷つける言動を無視することができなくなった。

吉竹は事実確認のために一九三四年七月一七日に岡田を九連事務所に招致した。ところが岡田はいい加減なことばかり言い、右手を懐に入れて立ち上がり、反抗的な態度に出た。懐から刃物などを取り出されてはかなわないので、吉竹ほか二人は機先を制して室内にあった野球バットで岡田を殴打した。その結果、吉竹ほか二人は拘置され、七〇日の拘禁を受けた。

史料5と史料6はどちらも福岡市内土手町刑務支所からの手紙である。史料5（七月二五日）では、自分が拘禁されたことで、滞ってしまった運動や事務処理等の引継ぎを依頼している。大分行きは藤原に、浮羽か田主丸の差別事件の調査は誰かに調べさせてくれといい、全水九連の会計のほか、松原のニュースの訂はできれば井元を呼んで進行させてくれという。

史料6（八月一日）では、「月曜日（卅日）起訴されました」と報告がある。裁判は予審抜き、傷害被疑であるという。ここでは、弁護士を立てるべきか、保釈願いは出せるかどうか疑問を書き、高丘稔か山田本蔵あるいは藤原権太郎に面会に来てほしいと訴えている。「ぜいたく言うようですが…退屈千万です。何か軽い読物（キング八月号）見たような物を入れて下さい」というように、退屈なので娯楽雑誌を差し入れしてくれと依頼する。

（3）療養中の経過

『水平新聞』（昭和一〇年八月）によると、同年六月末以来、吉竹は関節炎で金平の福岡県連事務所内で床に臥せているという。史料7（七月二三日消印、封書）には、松本から先月末に二円、今月は五円の見舞金をもらったとある。しかし、見舞金は二五日に牛乳の支払いをするとなくなり、一方では「速記講習費十円」

の請求も出てきたので、その半分は盆に支払ってくれと松本に頼んでいる。「速記講習費十円」は「半金は各自弁させる」とあるのは、運動のために数名を選んで速記を講習させていたということだろう。「寝ていながら、生活ヒの相談をするのは金より虫のよい話に思われますが、致し方ありません」という心情も綴っている。

このほか、電燈料の追徴金、道場について、松原青年団基本金についての三点をそれぞれ項目に分けて説明を行っている。この手紙では、これまでと違い、松本を「アナタ」と呼び、「アナタのSOSを期待しております。何卒よろしく」とある。これまでの手紙に比べると、いささか横柄な態度のようにも感じられるが、吉竹自身が困って金銭の無心を行ったわけではないことに関係するのかもしれない。その後、八月一八日、吉竹は熊本県阿蘇郡小国町杖立温泉に行き、転地療養を開始した。

3 松本治一郎宛書簡の紹介

史料1 松本治一郎宛吉竹浩太郎封書（一九三三年六月一日消印）

ご健在のこと、存じます。私共二人も　体だけは達者でいます。一日も早く今後の基礎を造りたいと思います。非衛生的な　小便とゴミと不潔な食物と喧噪の中で、屈托しそうです。尤も私共は、非衛生的な周囲は—改むべし。然し嫌うべからず。—というのが立前なんでしょうが。荒木の借家（公園の隣）は拒否されました。明日は、五・六軒も一緒に当ってみようと思っています。家を貸さない荒木よりも、夜通し寝せない南京虫がにくいのです。

其れから私共は、生活費が無くなりました。三十円貰った中で既に二八円使っています。残り二円の中から、友誼団体へ文書発送・五〇　泉野訪問（借家のことで）・五〇　要りますから残り一円です。

収支は、出納簿に記述しています。一円以上の支出は、

三・〇〇―奈良へ井元君と同行・・・平田の妻君
二・八〇―文具・・・文書発行（公）　一・五〇―発送印紙代（公）
二・五〇―米一斗　　　　　　　　　一・〇〇―泉野父、死亡通知（公）
五・〇〇―引越荷　運送料共
京見物には、餞別の金子使ったとしても、又餞別の金子も多少ありました。此の外に、下肥場代、食費、小使等　直ぐ送金して下さらねば全く困ります。家は、借り出し次第、御通知いたします。どの家が水平会館になりましょうか？考えれば面白いことです。では、御健康を希望いたします。

吉竹

議長殿

史料2　松本治一郎宛吉竹浩太郎封書（一九三三年六月五日消印）

拝啓、御健在のことと存じます。

借家に就いては、昨々日、三日に、米田君が来阪、石田君と同行、荒木の宅に交渉に行ったそうです。（私は、その日京都に居たので、行き得ませんでしたが）結果を石田君に訊いてみたところによれば、『前に交渉して居る人があって、その話が切れれば、相談に乗っても宜い。前の話しと言うのは、保証人の問題であって、その人は、保証人は、到底、付け得ないだろう』と言うことです。勿論、これは芝居なんでしょうが、石田等が、保証人に、花岡様を立てるといったことに依り、先方の態度が、ガラリと変わったそうです。当然、今のところでは、その保証人のことで、交渉は、容易になった訳ですが、このことは、差支えないことでしょうか？。議長の方から花岡へ相談の出来ることでしょうか？。或は外に、何等かの方法が有るのではないでしょうか？。御指示をお願い致します。

尚、中央委員会の報告書外、発送、千七百枚に関して、六円ばかり使ったし、平田芳江のところに行くのに三円、引越荷受運送料共二五円等まとまった支払が有ったので、二十五日に貰った二十円が無くなって了いました。後、五円程残っているので、米は一斗買いましたから、それで、一週間（まだ大阪はどこにも行っていないので）は持てると思いますので、前記の御指示と同時に、議長の御来阪までの生活費をご送金下さい。

泉野君の父君の葬儀は盛大に行われました。議長と総本部の花（一丈のカタビ？）が並立していました。

私は、総本部の弔辞を読みました。栗須候補は、次点の次で、一三七〇余票で落選。一〇〇〇票の不足です。

では、失礼いたします。御健在を希望いたします。指示は、本造《ママ》さん、井元君にでもさせて下さい。

頓首

史料3　松本治一郎吉竹浩太郎宛封書（一九三三年六月一六日消印）

ご健在のこと、存じます。嫌ひな感情ですが、第三回目のＳＯＳであります。新聞の仕事があり、八・二八解放令記念日の改善費獲得カンパがあり、吾々は仕事が待っています。

原稿用紙、切抜帖、電球、さては南京虫退治、――等、金子が切れて思案投首のところへ折も折、十三日香川縣から　金五円也――本部費に送って来ました。西田満吉の二の舞かなと、観念していた矢先、実に此の尊い金子は、干魃時の百姓が夕立を喜んだような歓迎を以て受取ったものです。今日では、既にそれを残金弐円五十銭にしてしまい、その上、米が明日で品切れです。覚悟の前とは言いながら、御送金のある迄は実に危い、心細い綱渡りであります。御送金をお願いいたします。勿論切詰めて費わねばなりませんし、切詰めて費っているつもりであります。

借家は、公園□が駄目になりました。荒木（家主）は、何軒となく貸空家を持っているのに、恐れているのか？貸しません。何とか鼻を明かしてやりたいものです。元来、此方は、總本部の家主の武田と荒木の貸家を除いたら、恐らく家は無いそうです。只今交渉中の土地會社（所有の空家が十軒も並んでいる）の社長も、悲観すべきことに、南京虫のように面憎い荒木です。何にしても、早く基礎を固めたいものです。腹ほすことが、何よりも困ることですから――出過ぎ者のようですが、議長は返信の少い人と承りますので、他の人に返信させて下さい。笑うべきことですが、平々凡々の男ですから、心細いこと、此の上なしの有様であります。何月何日に御上阪なさるのでしょうか？知りたいものです。では、御健在を希望して擱筆いたします。

吉竹

議長殿

史料4　松本治一郎宛吉竹浩太郎葉書（一九三三年六月二〇日消印）

福岡では、學校移転問題にからんで差別事件が発生しました由、水新に発表したらと言う昨日の常任委員会の申合せでした。委細を井元君に報告させて下さい。

香川縣にも発生しました。二人送れとの事、故相談中です。右御通知いたします。不一

史料5　松本治一郎宛吉竹浩太郎封書（一九三四年七月二五日消印）

拝啓、一別以来御変りはないと存じます。私が当所へ来る前に決定していた大分縣行きは其の後、どうなったでしょうか？　未だ誰も派遣されていないならば、藤原氏を遣って下さい。電報を

大分縣宇佐郡糸口村時枝

下原信夫宛て

打って下されば、豊前善光寺駅まで迎えに参ります。尚、去る十八日　金平　大字町武内角市氏宅に浮羽町？田主丸より差別事件の調査方を要望に来ておられたが、私は会えずに居ましたから之も誰かに調べさせて下さい。

× 私が当所に来る時に湯上りをお願いしてましたが、すぐ差入れて下さい。只今はいっているのは、冬物のタオル地の寝巻きですから暑くてたまりません。
× 湯上り、オビ、サル又、塵紙、書籍
× 家内に面会に来てくれるよう言ってください。その節、フロ敷を持って来るように。
× 酒井国夫君に辞典を入れて下さるよう入所前に言っていました。之は自宅にあるそうです。(金子も持ちません。高松君にも〝書籍類を。〟)
× 会計係の高田君を呼んで、九聯会計を整理して下さい。
× 家内を里へ帰らず、事務所へ居るよう言って下さい。
× 私は元気です。
× 松原のニュース等は、松原の人達に訂正させて下さい。出来れば井元君を呼んで、進行させてください。彼氏は、点呼で、どうせ帰らねばならぬもですから。では健在で、居て下さい。

史料6　松本治一郎宛吉竹浩太郎封緘葉書(一九三四年八月一日消印)

拝啓、相変らず御健在のこと、存じます。昨月曜日(卅日)起訴されました。区裁判で予審抜きです。名儀は(傷害被疑。)此度は、弁護士はどう致しましょう。暴力行為だとヤ、コシイガ、傷害なのですが、矢張り弁護士立てねばならないでしょうか？　それから、出来るなら、保釋願いして頂きたいと思ひます。公判が一回開かれないとそれもダメでしょうか？　事件が小さいので、或は出来ないこともないだろうと思うのですが？　此の点などで、稔さんか、本造《マヽ》さんに、面会に派遣して頂きたいと思ひます。或は藤原さんか？保釈にならぬと差入弁当代だけでも莫大に上るし、又、暑中休暇で役人が半休ミなので、数倍の日数が掛かって、私の公務が、時間的に非常な損であるし、色々と気にかかる用件がありますので。□□此の事件前、森本の叔父貴は種々の病の為、医者から見離れていたが、その後、如何なったか？　何の便りもないので、恐らく生命に別條はないと思いますが、心配しています。ぜいたく言うようですが、永の日中ツクネンとしているので退屈千万です。何か軽い読物、（キング八月号）見たような物を入れて下さい。センタク物の下げ渡しがあるので、藤江　その他の連中に、面会なり、手紙をくれるよう命令して下さい。

稔さん、藤原さんによろしく。私は身心ともに健康です。八・二八の準備も考えられます。

極最近に面会をたのみます。

七月卅一日

頓首

史料7　松本治一郎宛吉竹浩太郎封書（一九三五年七月二三日消印）

冠省

見舞金は、本家高岡君その他二軒から来ています。勿論、その見舞金も生活費に使っています。アナタから先月末二円、今月三日五円頂きました。生活ヒとして藤江に渡した金が六円八十銭に達します。だから私用の生活ヒ外の支出は見舞金を使っております。（京間店が食糧費不足で、漬物さへ現金買い）元来、私は見舞金で杖立温泉に行って見ようと計画していたのでした。今にその望みは捨てません。一日も早く立てるようにならなければ腐って了います。でも見舞金は使って紙額三円位ありますが二十五日牛乳の支佛日には無くなって了います。だから意識的に二重貰いをするサモシイ心持ちであると誤解しないで下さい。先達高田鶴吉君に野球寄附金を強要した所、同君は最近モヤシが腐り続けで、却って速記講習費十円借用していたのを請求すると云う逆襲に会いました。今アナタに相談すれば養生ヒに流用すると云う誤解を受けますから半金（半金は各自弁させる）は、盆の佛に一緒に支払って下さい。寝ていながら、生活ヒの相談をするのは金より虫のよい話のように思われますが、致し方ありません。早く立って杖立温泉に行きたいと思います。

一、電燈料について
一、道場について
一、松原青年団基本金について
一、電燈料を今までだまっていて、突然、規定外（一ヶ年も）に使用したと云って二十七円の追徴金を要求し、町役員に話をしてくれと来ています。□会社は無警先で□今になって多額の追徴金を要求するのは穏当でないと思ひます。町役員に如何に言いましょうか？
一、道場は明日から先生が来られます。先月の大豪雨以来、雨が降ればすぐ幾カ所も□外のように減って修得せねば□を腐らせる許りです。
一、松原の青年団の周囲の反対を押し切って挙行した維持費集めの興行は利益無くて終りましたそうです。で、金造りに困っていますから、アナタのＳＯＳを期待しております。何卒よろしく。結果執先に副団長が訪問いたします。

以上

アヤベ君は脚気が胸へ来て□キカンシを冒されたる旨。

注

＊1　部落解放同盟中央本部編『松本治一郎伝』解放出版社、一九八七年。福岡部落史研究会『部落解放史・ふくおか』、第三五・三六・三七号、一九八五年。鈴木裕子『水平線をめざす女たち』ドメス出版、一九八七年。福岡県人権研究所『冬来たりなば　春遠からじ―全九州水平社を担った人々―』福岡県人権研究所、二〇一四年など参照。

＊2　吉竹浩太郎の経歴は『部落問題・人権事典』解放出版社、一九八六年、一〇六九頁参照。

＊3　高松闘争の全体的な経過については、香川県同教五〇周年誌『香川の部落史』二〇一二年、山下隆章「高松結婚差別裁判糺弾闘争を研究するための第一級史料―「高松地方裁判所検事局差別事件／闘争日誌」の紹介にあたって」、「史料　高松地方裁判所検事局差別事件／闘争日誌」、『水平社博物館研究紀要』第二二号、二〇二〇年三月参照。

藤田東一

大分県代表の高松差別判決取消請願隊員

一法師英昭

1　高松差別判決取消請願隊選出前後の経歴と活動

（1）請願隊になるまでの経歴と活動

藤田東一については、一九三三（昭和八）年の高松闘争のとき、請願隊行動で大分県代表として東京へ行ったとのことだが、当時の住所は福岡県粕屋郡の柚須であるという。大分県代表でありながら住所が福岡県ということは、大分からは請願隊代表者を出すことができなかったということだろう。ただ、その姓名からして大分県に縁のある人物かもしれない。その可能性を期待して大分のいくつかの支部に問い合わせを行ったものの、残念ながら期待の回答を得ることはできなかった。[*1]

請願隊行動で代表に選ばれるぐらいだから、それ以前に九州の水平運動のなかで相応の働きを藤田は果たしていたと思われる。藤田の聞き取りを行った金山登郎（首藤卓茂）（「福岡消費組合運動と水平社同人」『部落解放史・ふくおか』第四九号、一九八八）によると、藤田は一九〇八（明治四一）年生まれ、全農福佐柚須支部・水平社柚須支部に所属し、福岡消費者組合（以下、福消）の活動に取り組んだ。[*2] 福消では常務者を務め、樋ノ口や大木の配達や水田配給所を担当したという。そして、一九三三（昭和八）年一二月一五日、全水九連の事務機能の立て直しの一環で、藤田は書記に任用された。けれども、藤田は請願隊行動後、関東に行ったきりだったので、どこまでその役割を担えたのかはわからない。

写真１　高松闘争支援答礼会（1933 年 10 月 26 日）
社会大衆党、関東労働組合会議、日本消費者組合連盟など在京無産団体を迎え、東京浅草区山谷堀会館で開催。約 40 人が参加した。

（2）請願隊における役割とその後の活動

一〇月一九日に東京に着いてからの請願隊の活動は多忙を極めた。翌二〇日、全体会議・法相訪問・代表者会議（請願隊ニュース編輯員四名選出）、二一日、社会局長官・警保局長官訪問・社会大衆党歓迎会、二四日、検事総長訪問・社会局社会部長訪問・警保局永野事務官訪問、関東労働組合歓迎会、二五日、消費組合視察、社会大衆党浅草支部歓迎会、二六日、社会局福利課長訪問・神社局長訪問を行っている。[*3] すべての活動に藤田が参加したかはどうはわからないが、もし消費組合視察（二五日）に参加していたとしたら、福岡で消費組合活動に取り組んだ藤田にとって興味深いものだったことだろう。

関東の拠点は深川武が請願隊本部として借りた家であった。深川武は一九〇〇（明治三三）年に熊本の部落に生まれ、一七、八歳の頃に上京し文撰工となり新聞印刷工組合に参加している。そのかたわらで水平社運動に従事し、一九二二（大正一一）年、同じく文撰工であった平野小剣らと東京水平社を創立し、以降、東京及び関東地方の水平運動の中心にいた。『全九州水平社六〇年誌』（一九八二年、九二頁）には深川とともに深川宅（請願隊第一寄宿舎）の前で写る請願隊員の写真が掲載されている（本書四五頁参照）。このなかのひとりが藤田東一かもしれない。

その後、請願隊の活動は一一月一六日をもっていったん区切りを迎える。京橋区銀座の三越銀座五支店地下食堂で請願隊送別会が開かれ、請願隊活動は終了ではないが、四名を東京に残し、そのほかの者は各地に遊説に向かうことが決定された。この四名とは藤田東一、小林裕次郎、白砂健、上田治三郎で、彼らは請願隊寄宿舎に残った。そして、翌年一月三〇日以降は藤田と白砂のみが滞在し、同年三月には請願隊の活動は終了となった。

しかし、藤田はその後も東京に残り、塩田正雪（香川県代表）、田並鹿蔵（茨城県代表）、白砂健（広島県代表）らの知己を得て、茨城・千葉・埼玉・群馬の組織のない部落を廻り、支部の結成など積極的な活動を展開した。一方で、東京水平社の中心人物であった深川とは、請願隊本部借家の問題をきっかけに、「気まずい」関係になっている。

深川にしてみれば、請願隊のために用意した宿舎であるにもかかわらずその行動が変化していることを目の当たりにし、さらには不在の多い家を見るとき「いつまで彼らのために住居を維持しなければならないのか、それは私のすることなのか?」という思いが生まれても不思議ではないと思われる。その後、藤田は深川のもとを離れ、浦田武雄のもとに身を置いた。浦田は、一九三〇（昭和五）年に福岡で書店を経営していたこと、一九三三（昭和八）年三月の第一一回全国水平社大会（福岡市開催）に祝辞を送っていることなど、九州の水平運動に関わりを持つ人物であり、第一次共産党事件で検挙された経緯もある消費組合等の活動家である。

2　松本治一郎宛書簡の内容

藤田が松本に宛てた手紙は計一一通ある。このうちの三通（史料1〜史料3）は広島の白砂と連名の手紙で、割石論稿でも取り上げている。3節での史料の紹介は割愛する。

書簡の内容は、関東各県における活動報告、請願隊本部借家問題が中心で、一番多いのは「金銭の無心」、それから松本や福岡県への思慕の念を綴っている。最初のほうの手紙では、松本を「議長」と呼んでいたが、後半では「親爺さん（様）」に変わっている。

（1）埼玉・茨城・群馬・千葉各県における活動報告

一九三四（昭和九）年三月六日から一週間、藤田は融和デー反対闘争と全国水平社第一二回大会に向けた準備闘争のために茨城・千葉・埼玉・群馬を廻る計画を立てた。史料1はその計画を報告した書簡である。中央融和事業協会が一九三〇（昭和五）年、五箇条の誓文が出された三月一四日を融和デーと定め、この日を中心として、三月一一〜一七日の一週間を「国民融和週間」とし、被差別部落の地位向上・環境改善のための運動「融和運動」について理解を深めるための行事を行っていた。発信元は茨木県猿島郡の田並鹿蔵宅である。

史料1では、茨城の寄居先でもある田並鹿蔵氏の活躍をたたえ、今回の全国大会へ関東からは新しい顔ぶれを加え例年に比べ多数になることを誇らしげに報告している。

九日後の三月一五日、茨城・千葉・埼玉の一三支部を廻ったことを松本に報告した。それが史料2である。一三支部の活動の活発さ、原市・桶川支部での農救工事問題、神社の区有財産問題への参加、奮起を報告している。そして全国大会への参加者が一三、四名になりそうだと具体的な数字をあげている。松本議長の上京の都合を聞き、面会したい向きを伝えているのは活動資金の援助を求めてのことか。この行動の後、東京の請願隊本部に戻っている。

史料3では群馬県での活動を報告し、四月六日に行う群馬県連合会第二回大会に松本本人の出席、叶わない場合の総本部からの出席を打診している。また各地の運動についての活動が気になるのか、九州拡大委員会の開催を祝している。なお差出人が藤田東一・白砂健の連名になっている史料1、史料3は筆跡の比較から白砂健の字ではないかと思われる。広島県出身の白砂は広島県連大会の状況を知りたかったのであろう。

史料4は四月一三～一四日に京都で開かれた全国水平社第一二回大会後の書簡であろうか。京都でもらった金子も使ってしまったことを詫び、再度の出資を願い出ている。その理由として、服やズボンが破れていて、手もつけられない状況であること。我慢しなければいけないだろうがあまりにもの見苦しさゆえに古着でも良いので、と懇願している。また群馬県連合会の開催のめどが立たないのか、旅費も不足しており必要な場所に行くこともできないといったことを理由としている。福岡の知友であろうか、木村と早良の原の訪問を報告している。追伸で、以前預かった品を深川武の妻に渡したこと、深川の細君が欲している「タックリ」(田作りカ)を再送してくれるよう願い出ている。史料2～4は請願隊本部からの発信である。

埼玉県の栗橋町に、茨城・埼玉の両県連合の「茨埼県連事務所」を設立し、藤田自身東京から移り住んだことを報告しているのが史料5である。理由として、東京の請願隊本部は経費ばかりがかかり大した仕事ができないことを挙げ、茨城の田並らの協力に感謝している。封筒の差出人欄にはこのときから「全水茨埼縣聯合會　栗橋町事務所」のスタンプ印が用いられるようになる。

史料6で松本からの為替に対し感謝が述べられている。史料5で知らせた茨埼県連合会事務所へ来たのは田並らの依頼であったことと彼らの「親切」を報告している。東京に居た時に比べ経費がかからないことを再度述べていて、金の無心について相当に気にしている様子がうかがえる。そして、連合会内部での塩田正雪（請願隊香川県代表）と田並らの対立を報告している。同封されていた『聯合會ニュースNo．1』（六月一一日発行）で四月中旬に体調を崩し千葉で療養している塩田への救援（慰問金・慰問文）を要請していること、「南大桑に全水支部創立！」の見出しで新しい支部の創立がなされたことを知らせ、入梅期に付近の部落に加勢に行こうという計画があることを知らせている。

史料7では、県連大会の開催が危ぶまれていた群馬から埼玉県栗橋町に帰ってきたことが記されている。この年一一月には埼玉県で陸軍特別大演習が計画されており、あわせて天皇の行幸も予定されていたため、臨時の徴兵（「予備検」）が行われるのではないかと危惧している。

（2）請願隊本部借家問題の報告など

家を巡る問題についての記述が散見されるようになるのは史料7からである。深川武から家について再三手紙が来ている事実を報告している。藤田は経費の割に大した活動ができないと活動の拠点を埼玉県に移したが、東京にも帰るつもりなので、家が必要であると思うと、その是非を松本に問うている。東京の請願隊本部の家の維持について金銭的な問題が生じたこと、そのことで深川との間に軋轢《あつれき》が生じたことが伺われる。にもかかわらず、史料8では、東京の家に戻ってきたことを報告している。深川への遠慮から帰りづらかったと言いながらも、どうにも仕方がないとしている。その遠慮は金銭面での負い目であろうか。そして松本から深川への接触があったことを「なぜか」といぶかっている。二伸で家主から深川に請求があったということが書かれており、金銭面のトラブルがあったことは疑いようのないことと思われる。「まだ返す必要がないと」報告する藤田に対する深川のストレスはいかばかりかと思われる。

しかし、深川との気まずさには耐えられなかったようで、請願本部の家を出る決意をしたためているのが史料9である。今は茨城の田並鹿蔵方に身を寄せていることを報告し、東京に帰り、その時には浦田武雄が計画する食堂経営に携わる旨を松本に伝えている。

何かと気まずい関係にあったようだが、大会出席（大阪で行われる第一三回大会）についての話し合いのため深川を訪れている。そして、松本が上京の折わざわざ電報をくれたのに会えなかったことを詫びている。その理由は浦田の所に寄居していたこととされ（発信元も「浦田武雄様方」となっている）、史料9にあった食堂経営が順調であることが推測される。全国大会で逢った際、いろいろなことを松本に話したい気持ちで結んでいる。

史料11は東京に残留することとなった藤田と深川の最初の頃の関わりを伺わせるものである。深川武の浅草区議会選挙の結果を伝えている。深川本人およびその妻の落胆ぶりを伝えてはいるが、当選にまで六〇票に迫ることを強調し、戦い方を思えば、この得票は悦ぶべきものだと報告している。

（3）「金銭の無心」と思慕の念

松本宛書簡を読むと、松本への「金銭の無心」が一九三四（昭和九）年三〜八月までの約五カ月間にたびたび綴られている。史料2で藤田らは東京から茨城・千葉・埼玉を回ったものの群馬までは行くことができず帰京したとし、松本からもらった金（東京残留組に当座の資金として渡された?）が底を尽きかけていることを述べている。史料4でも「勝手がましい、虫のいい話だ」と恐縮しながらも「京都で戴いた分」（この年全国水平社第一二回大会が京都で開かれている）も使い果たしたと無心している。その理由に「服やズボンの破れ」をあげ、古着でも良いので買いたいと綴っている。さらに群馬の状況芳しからずとし、行かねばならない所があるとしている。そして、この無心に松本がすぐに応え、送金したことは史料6の「御送金、感涙に堪えません。」から窺える。二カ月後の史料7では金を使い果たしたため、再度の送金を願っている。ここで東京の請願隊本部として使っていた家のことについての言及がある、深川から家のことで藤田に連絡が来るというのである。藤田はいずれ東京に帰ることを念頭に家の必要性を松本に伺いを立てている。いくらかの後ろめたさを感じさせる文面である。

一方で、松本さらには福岡への思慕は、松本宛書簡に松本の状況予定をさかんに問い合わせ、知らせて欲しい旨が綴られていることからも推測される。その思いの頂点が「もう久しく御面会が出来ませんので逢ひたくてなりません」(史料5)といった表現であろう。そして松本の壮健を祈念する言葉が添えられている。史料9と史料10では、松本を「議長」ではなく「親爺さん(様)」に変わっている。[*4]

福岡県に対する思慕の念も随所に見ることができる。史料3では九連本部吉竹(浩太郎)君の出所を聞き、北原(泰作)君の動向を尋ねている。また、史料4でも「木林さんと早良の原さん」と同郷人の来訪を喜んでいるようである。

東京に残留し、請願行動の一段落の後、新たな知己を得て、水平社運動の地方への拡大という新たな活動に身を投じたとき、彼の胸中には使命感があったのではないか。しかし、遠く故郷を離れた環境での活動、さらにはそのなかで生じた「借家問題」に端を発する深川との「気まずい関係」は、金銭的な悩みを抱える藤田に追い打ちをかけた。そうした彼の物心両面での支えが松本治一郎であり福岡への思いではなかったかというのが一一通の書簡を読んでの筆者の思いである。

3 松本治一郎宛書簡の紹介

史料1~史料3(割石論稿〈本書一二七~一二九頁掲載〉)

史料4　松本治一郎宛藤田東一封書(一九三四年五月五日消印)請願隊本部より発信

議長殿

御無沙汰して失禮して居りました。其後相変わらず御健在の事と拝察仕ります。降りて私も御蔭で無事に過して居ります。何卒御休心御願ひ申し上げます。月末頃はひそかに御待ち致して居りましたが総本部からの通信に依りますれば中央委員会後でなければ御東上相成られないだろうとの事でした。

何時も御手紙差上げる時は勝手がましい蟲のいゝ御金子の事ばかりで恐縮に堪えないことですが京都で戴いた分もう使つてしまいましたので、いつもいつも御迷惑を懸けまして甚だ相済みませんが、亦御願ひ申し上げます。出金子の多い議長に私共までが一から十まで議長の腹をいためて申し苦しいものですが服やズボンが破れまして手がつけられない様になりましたので、成る丈けは我慢したいのですが、あまり見苦しいものですから、古物でも一ツ買はして戴けないでせうか、御伺ひ致します。先日木林さんと早良の原さんが訪れて呉れました。群馬の県聯大会がさつぱりどうしてゐるのかはつきりしませんので一度行かなければなりませんし、其他三四ヶ所行く所があるのですけれど、どうしても行けませんので、何卒御願ひ申上げます。

併て最后に議長の御壮健を遙かにお祈り申し上げます。

五月五日

請願隊本部

藤田東一

議長殿

二伸

過日東京で御預り致しました品は確に、深川君の妻君に御預ケ致しております、お安心下され度く、御願ひ致します。それと今度御東上になる節でも宜敷いでせうが、深川君の妻君が、先日お土産で持つて来て下さつた、タツクリを非常に欲しがつてゐますから亦、お送り下されば悦ぶだろうと思います。

史料5　松本治一郎宛藤田東一封書（一九三四年六月九日消印）茨埼県連事務所より発信

議長殿

永らく御無沙汰致して居りました。随分暑くなりましたが、議長には其後御変りなく御壮健にて過されてありますものと拝察申し上げます。先ずそれのみ何より嬉しく存じます。降りまして私も御蔭を蒙りまして元気で暮しております、何卒御休心下さいます様御願ひ申し上げます。そして今度茨城と埼玉の両聯合会の、茨埼県聯事務所を埼玉県の栗橋町に設立しましたので本日私はこちらへ来ました。東京の請願隊本部は留守になりますが、東京に居りましても経費ばかり使つてそう大した仕事も出来得ませんので、當分此處の事務所に居るつもりです。茨城の田並君達が非常に協力して呉れますので力強く感じてゐます。議長の御上京の際は御手数ですが是非御通知下されば幸甚に存じます。もう久しく御面会が出来ませんので逢ひたくてなりません、ので、先ずは乱筆ながら取敢ず御通知まで。

六月九日　　藤田東一　印

議長殿

史料6　松本治一郎宛藤田東一封書（一九三四年六月一六日消印）

其の後御無沙汰致して失禮ばかりして居りました。御書面並びに御同封の為替本日拝掌仕りました。熱い激勵の御言葉と過分な御送金、感涙に堪へません。何時も何時も御厄介を懸けまして申し訳もありません。先日御通知申し上げました通り茨城の田並君達の依頼で、茨埼県聯合会事務所の方へ来まして毎日元気で活動して居ります。田並君達非常に親切にして呉れます。何卒ご安心下さい。こちらでは東京に居た時の様に経費もそう要りません。塩田君は千葉の方へ行ってゐますが、田並君達と面白くない事情があるらしい模様です。病氣も大分治つてゐる様です。御面会の際事情は御話致します。入梅期で関東も今日から雨降りになつてゐます。附近の部落もこゝ二三日で田植へになりますので手不足の家に四五日加勢に行くつもりです。御東上の節は、東京駅御到着時間を電報して下されますれば何時でも御迎へに出たいと思ひます。同志一同にも宜敷く傳へました。皆んな御壮健の程をよろこんで居ります。そして御慈みのほど感謝して居ります。最后に議長の御壮健を祝します。

六月十六日

全水茨埼縣聨合會

栗橋町事務所（スタンプ）内

藤田東一　印

史料7　松本治一郎宛藤田東一封書（一九三四年八月一九日消印）

議長殿

長らく御無沙汰致して居りました。盆も過ぎまして朝夕は幾分涼しくなりました。その后御変りなく御壮健の事とのみ思つて安心ばかり致して居ります。御蔭を蒙りまして私も元気で活動して居ります。茨城から群馬に入つてゐましたけれど都合上埼玉の県聨事務所に亦帰ってゐます。大演習を控へて、豫備検を豫想してゐます。東京の深川君の方から請願隊本部の家の事について、再三、私の方に手紙をよこしてゐます。私もこ丶しばらくこちらに居って、亦東京の方に帰るつもりで居ますのでまだあの家必要だと思いますが如何でせうか？それと亦何時も何時もの事で甚だ申し兼ねますが、此の間戴いたお金、使ってしまいました。済みませんが亦お願ひ申し上げます。今月廿八日頃、栗橋町で演説会（昨年の全代会議の記念のため）を開催しますので。その経費も整はずに居ますが、その方は、努力して、どうにか工面する積りです。東京の家の事は御意見承って一度行って、深川君ともよく話して見る積りです。乱筆にて相済みませんでした。時候柄御身大切の程お祈りします。

八月十九日

藤田東一　印

史料8　松本治一郎宛藤田東一封書（一九三四年九月一〇日消印）

冠省

長らく御無沙汰して居りました。その后　御変わりなく御壮健にて御暮らしの事と何より嬉しく存じます。此の間御便り致して居りました通り私も今日東京の方に帰りました。長らく留守あけてゐましたので深川氏の方にも帰りづらかつたのですけれど、どうにも仕方がありませんので矢張り亦深川氏の所に厄介になる積りであります。當分東京の方に居る考でおります。深川氏の方へのお便りによりますと近い内御上京相成る様子、何故でせうか？御伺ひ申します。新宿の柴田さん、三四日前深川氏の方に、尋ねて来られたとの事です。随分御多忙の事とも存じますが御上京の程ひたすら御待ち致します。

先ずは取り敢ず　右御通知申し上げます。

二伸　請願隊本部の家の方はまだ借りたま、にして居ます。再三家主の方から深川氏の方に請求があったとの事ですが、まだ返す必要がないと存じます。時節柄御身大切の程ひとへに御祈り致します。

九月十日　　藤田東一

議長殿

史料9　松本治一郎宛藤田東一封書（一九三五年三月一一日消印）

親爺さん、永らく御無沙汰にしていました。其の後相変わらず御壮健の事と□□察仕ります。私三日前から茨城田並兄の所に来ています。深川兄の所に居ても、大抵の苦痛□□耐え忍んで行くのですけれど、□□なってるといふ氣兼ねで、事實上□□になってることが済まなくて、出やうと□□□《（思つてカ）》います。斯んな都合で方々うか□□し廻つて申し訳ありません。深川兄の所に居て氣まづいことがあっ□□社通に居られる浦田氏の所に行って□□に行く旨、話しましたが、浦田氏が今□□食堂を経営するので、準備が□□是非共私に来てもらいたい希望をもってあるので、私もそうさせてもらへる様依頼して、こちらへ来てゐる様な訳です。こちらに後一週間位は、居なければならないと思ひますが、亦東京に帰れば御通知申し上げます。お蔭様で体は元氣ですから御休心下さいませ、先づは御通知まで。時候柄御健康の程祈ります。御一同様によろしく。

三月十一日　　　　藤田東一　印

親爺　様

史料10　松本治一郎宛藤田東一封書（一九三五年四月二四日消印）

親爺さん

御無沙汰していました。その后相変わらず御壮健の事と拝察いたします。昨日大会出席について話し合ふことがありまして、深川君の處に行きました。此の間御上京になって私の處に態〃打電までして下さいましたとのこと有り難く存じました。あの時は、大井の浦田氏の處に来ていました。目下も相変ら（ず抜カ）元気ですから御休心下さいませ。全国大会も目前に迫りました。その際、また御話申し上げます。では今日これで失礼します。同志の皆〃様によろしく。

品川区大井寺下町一四四三　浦田武雄様方　　藤田　生

親爺様　拝

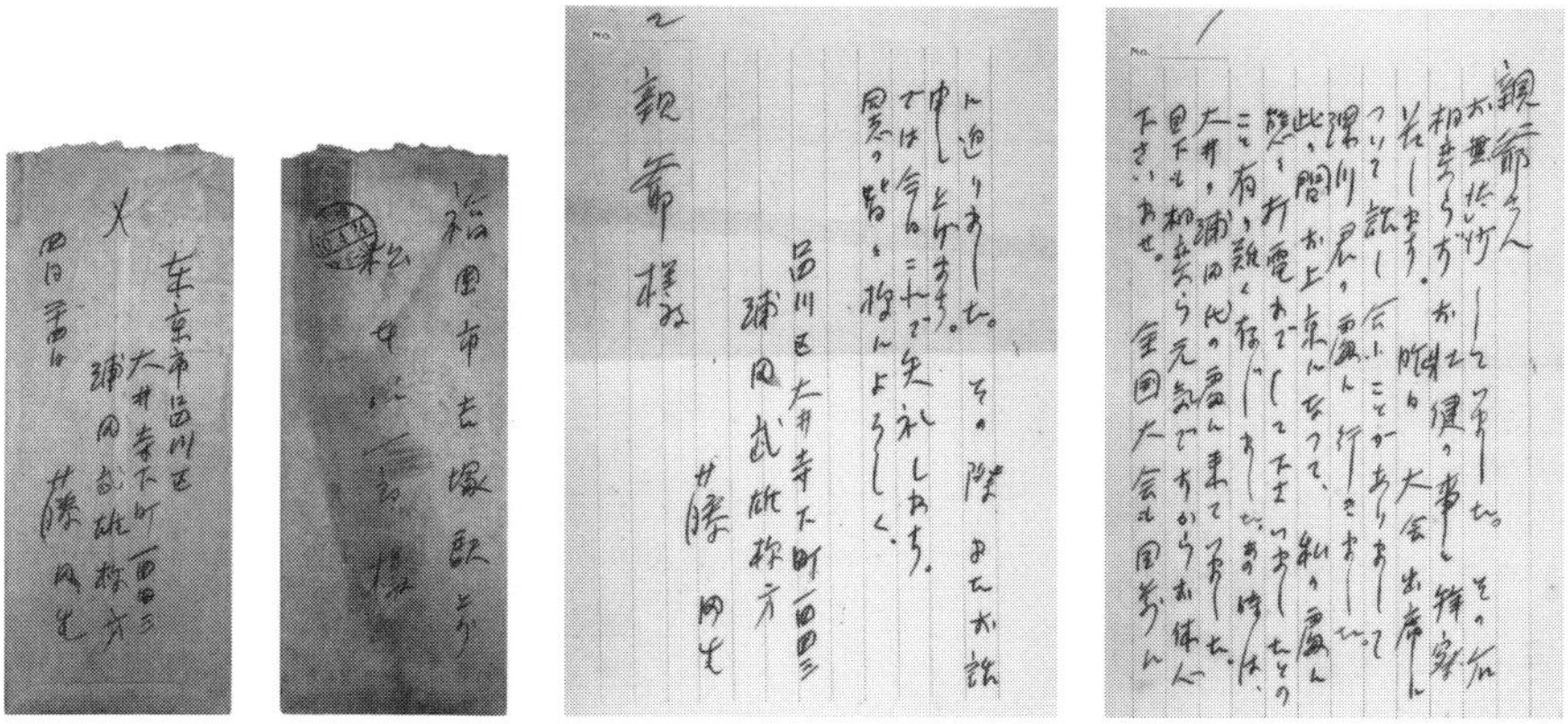

写真 2

史料11　松本治一郎宛藤田東一封書（一九三四年三月四日消印）

冠省

議長には無事御帰省の事と御察し致します。昨日浅草区会の選挙の開票の結果深川君は不幸にして落選しました。得票数は三百六十三票でありました。今少し六十票位で當選になるものでしたが僅の所で残念なものでした。対立候補石渡氏の深川君とは十票の差で、三百五十三票でありました。深川君や妻君達とても悲憾してゐます。然しあんな戦ひ方でこれ程の得票、支持者のあったことは、むしろ悦ぶべきだろうと思います。以上御報告まで。次に私達も議長の御上京までを元気で待ってゐます。先ずは議長の御健康を祈る。

三月四日

請願隊本部　藤田東一

議長殿

注

＊1　藤田の出身地の調査は、融和事業をはじめ大分県の近代における歴史を研究され、かつ県内の地域の状況に詳しい解放同盟大分県連合会の清田昌助委員長に手配をしていただきました。記して感謝いたします。

＊2　金山登郎（首藤卓茂）「福岡消費組合運動と水平社同人」（『部落解放史・ふくおか』第四九号、一九八八年）。

＊3　請願隊の全体的な動きについては、特に断りのない限り『特高月報』（昭和八年九月分〜同九年三月分）による。

＊4　なお、田並廉造を田並兄さん、深川武を深川兄と呼ぶようになっている。もう少しくわしく見てみると田並廉造については「氏」から「君」、そして「兄」へと変わっている。いっぽう深川武については最初「君」であったが「氏」へそして「兄」へと変わっている。このような心境の変化か、呼称の変更を深読みすることに意味はないのかもしれないが、家の問題、活動の苦しさの反映から、松本を「親爺」と呼び、たびたび寄居するなど世話になった田並廉造を「兄」と呼んだのではなかろうか。気まずさを増していく深川を「兄」と呼んだのは書簡のなかで先に「田並兄」と呼んだため、同様に「深川兄」としただけのことではなかろうか。「君」「氏」「兄」変化の経緯を見るときそう感じられてならない。

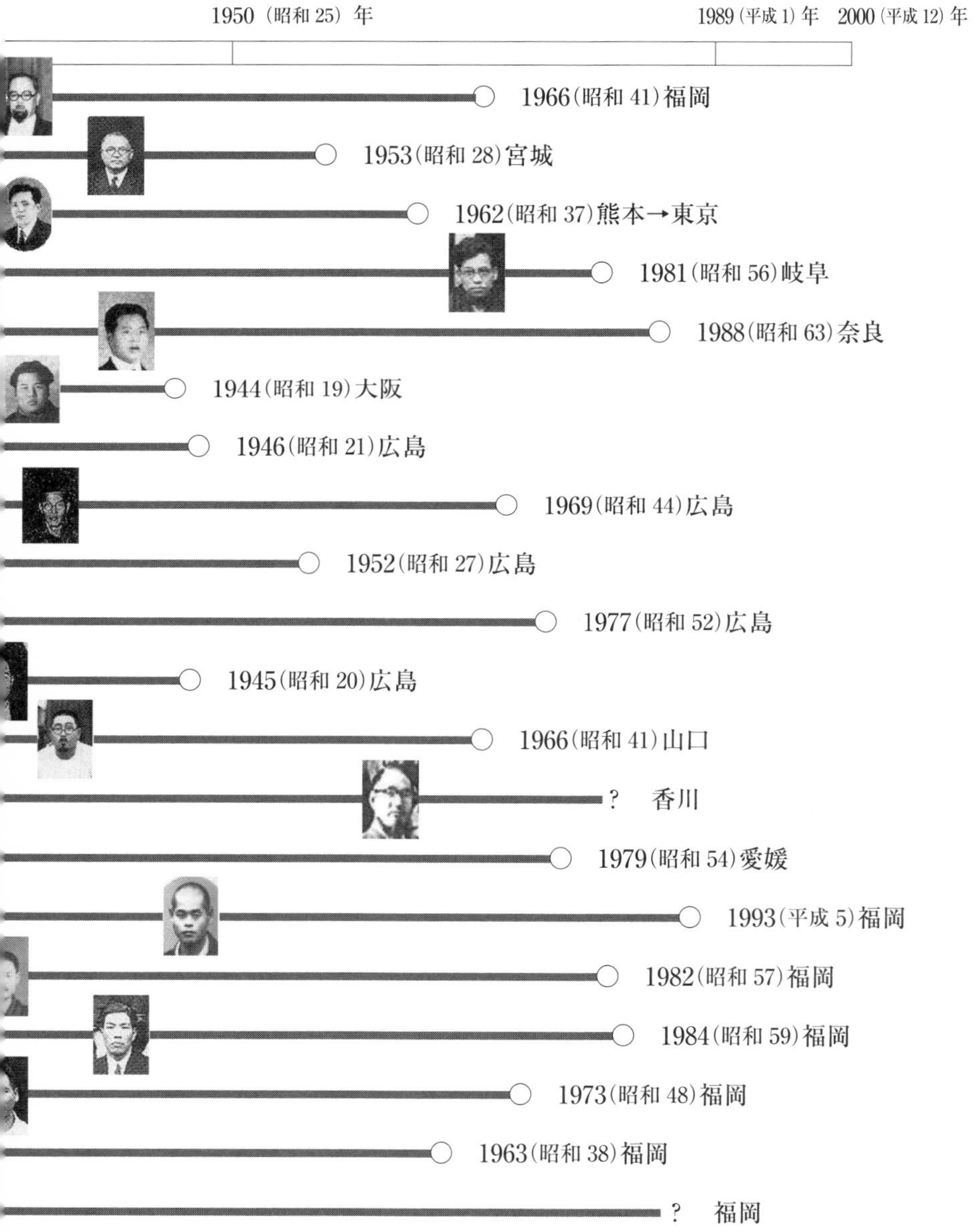
1950（昭和25）年
1989（平成1）年
2000（平成12）年
1966（昭和41）福岡
1953（昭和28）宮城
1962（昭和37）熊本→東京
1981（昭和56）岐阜
1988（昭和63）奈良
1944（昭和19）大阪
1946（昭和21）広島
1969（昭和44）広島
1952（昭和27）広島
1977（昭和52）広島
1945（昭和20）広島
1966（昭和41）山口
? 香川
1979（昭和54）愛媛
1993（平成5）福岡
1982（昭和57）福岡
1984（昭和59）福岡
1973（昭和48）福岡
1963（昭和38）福岡
? 福岡

資料　本書に登場する主な人物の生没年（塚本博和作成）

1850（嘉永 3）年　1868（明治元）年　1900（明治 33）年　1912（大正元）年

松本治一郎	1887（明治 20）
布施辰治	1880（明治 13）
深川武	1900（明治 33）
北原泰作	1906（明治 39）
米田富	1901（明治 34）
泉野利喜蔵	1902（明治 35）
白砂健	1906（明治 39）
高橋貞雄	1898（明治 31）
玖島三一	1905（明治 38）
小森武雄	1903（明治 36）
中野繁一	1899（明治 32）
田村定一	1902（明治 35）
中村正治	1908（明治 41）？
山下友枝	1901（明治 34）
田中松月	1900（明治 33）
花山清	1896（明治 29）
井元麟之	1905（明治 38）
田原春次	1900（明治 33）
吉竹浩太郎	1906（明治 39）
藤田東一	1908（明治 41）

あとがき

二〇二三（令和五）年五月一日は福岡での全九州水平社創立百周年の記念すべき日である。松本治一郎（当時三六歳）は弾圧で拘留される前に会場や宿舎の手配まで行い、大会当日獄中にあって委員長に選ばれた。九州は全国に先駆けて、福岡・大分・熊本県の被差別部落有志が「復権同盟結合規則」（一八八一・明治一四年）を作成し「解放令」の実質化を求めた地でもある。

一九二二（大正一一）年三月三日は全国水平社が京都で創立された。その後松本は、全国水平社第四回大会で議長となり、アジア・太平洋戦争、戦後民主主義の時代を第一線の指導者として活躍し続けた。「不可侵・不可被侵」を座右銘とし享年七九まで部落解放運動のトップ、国会議員（参議院初代副議長）、全国日中友好協会初代会長、国内外の平和運動（世界水平）を指導し、一九六六年一一月二二日、福岡市の病院で永眠した。

生涯・生きざまは身近に接した福岡の上杉佐一郎第四代解放同盟全国委員長（国連登録NGOのIMADR設立などの事蹟）をして「人物の大きさは爪の垢でも頂きたい人」と言わせたほどであった。

治一郎資料は福岡の実家や大阪の研究所、東京松本会館に残され、活用されてはいた。しかしながら二〇〇一年、福岡市博多区の倉庫から史資料が新たに発見された。段ボール二〇箱ほどの史料や炊き出し用に使ったであろう大鍋などである。これらは故松本龍副委員長・衆議院議員（当時）により保存され、しばらくして（公社）福岡県人権研究所に寄託された。

史資料を一つの参考にしながら次の業績が出版された。第一は作家髙山文彦氏により『新潮45』に連載された『水平記』(二〇〇五年単行本)である。また、福岡県人権研究所プロジェクトからは『松本治一郎』(西日本人物叢書 西日本新聞社 二〇〇三年)が刊行された。さらにイギリス・オックスフォード大学教授のイアン・ニアリー氏により『The Buraku Issue and Modern Japan』(二〇一〇年 日本語版『部落問題と近現代日本―松本治一郎の生涯』明石書店 二〇一六年)が出版された。

しかし、これらの史資料を全面的に活用した研究は未完成であった。髙山文彦氏が言う「研究者と運動関係者の営為に託された」作業は全体像をつかむための目録化である。

史料整理保存のためのデジタル化や解読作業が研究所特別プロジェクトの「松本・井元研究会」として進められ、九〇二九点に及ぶ目録・データベース化が完成した。この史料の中に全国水平社の主要な活動家からの書簡類があり、今回の本はその全体像をつかむ趣旨で企画された。

研究所の機関誌『リベラシオン』にこれらの史料紹介を継続して紹介していた。

この貴重な原史料の紹介の必要性と重要性は明らかであった。活動家の内面に焦点を当て、松本委員長との関係や自身の苦悩や葛藤などが明らかになる第一級の史料だからである。さらに、高松差別裁判関係文書の閲覧に訪れ宿泊していた、朝治武氏(大阪人権博物館館長)からも「この手紙類を関係する各都府県の研究者により執筆して福岡から出版してはどうか」と意見があった。全国水平社・全九州水平社百周年の記念出版がいくつか企画されていた。結論が時間を経ずに出た。全九州水平社創立百年を節目に各地の当時の運動を松本治一郎との関係、人物像を通して描いて単行本とすることになった。

解放同盟福岡県連合会との打ち合わせのなかで、「解放の父を入れてはどうか」と組坂繁之委員長からは意見があった。吉岡正博書記長からは「組織での情勢分析・運動方針・集会報告や官憲の史料には見られない活動家の暮らしの姿がわかる良い企画」と賛同された。

二〇二二年五月一日を締め切り日として依頼したところ、ほとんどの方がご多用ななか承諾していただいた。また、予定のある方は代わりの執筆者を紹介していただいた。その方々も執筆料が著書数冊だけとの悪条件にもかかわらず好意的に受諾してくれた。

当初の原稿依頼は各人物の書簡史料の紹介を中心とした人物誌的構想であった。しかし、締め切り時点での原稿に、各都府県の当時の解放運動、人物・歴史紹介を書いていただいたので、編集段階でそれらの点や物語性、論文性をお願いするようになった。また各論には活動家の当時の写真や代表する書簡写真を選ぶ作業も依頼した。一年間の編集作業・往復メールでは、各執筆者平均四回のやり取りとなった。編集方針の変更にもかかわらず、丁寧に応答していただいた執筆者の方々に深く感謝する次第である。

こうした編集作業を通してこの本は作られたが、その成果は次のことであろう。

第一に、初期の目的であった一九三三（昭和八）年から一九三七（昭和一二）年の各地「活動家の内面や松本委員長との関係、自身の苦悩や葛藤など」が各都府県の執筆者により明らかになったことである。

第二に解放運動では部落委員会活動が提起され、高松差別裁判闘争が高揚したが、一方では日本が国際連盟を脱退した一九三三年から戦時色が強まり、二・二六事件（一九三六年）で軍部独裁がはじまる時期の運動や生活の困難性、弾圧の実相が明らかになったことである。

現在、コロナ禍とロシアのウクライナ侵略により、世界戦争の危機・物価高騰・生活不安・軍備増強となりつつある。読んでいただければわかるが、きわめて似通った戦争への時期の厳しい状況が綴られている。全国水平社は方針転換や自然解消はしたが戦後民主主義に向け、苦難を乗り越えようとする勇気と希望をこの本からは受け取ることができる。

第三に、松本治一郎の経済的支援行動と活動家との精神的結合が明らかにされたことである。ほとんどの人物の書簡に経済的支援が述べられており、特に本部の財政的窮迫とそれへの支援・領収書などはいかに財政基盤を松本が支えていたかがわかる。これは解放運動関係活動家からの書簡以外にもみられるし、慈父・松本治一郎の姿が明らかになった。しかも松本の暮らし・日常は質素・倹約を旨としていた。

第四にこの本の特徴だが、執筆者それぞれの個性と多忙さのなかで多様な論調、つまり史料紹介調、論文調や物語調になっていることである。その多様性がこの本の特色ともなっており、読者はどこから読んでいただいても良い構成となっている。

課題としては、ここで取り上げた活動家の松本以外の関係や関連性を論じ切れていないことである。各書簡では同志の名前やつながりが呼び方や動向を説明して出されてはいる。しかし、総合的・相互的な関連を論じ切れてなく、写真や活動期一覧で表せただけである。これらを全体的に明らかにするには松本治一郎に関する『総合的資料集』の作成が必要である。新たに発見され大分類まで整理した史料や大阪・東京の史料とも協力・協働してすすめる必要がある。

松本治一郎研究の課題はまだまだ多く、道半ばとはいえ、全九州水平社創立百周年で完成することを関係者と共に喜びたい。

二〇二四（令和六）年九月は井元麟之・松崎武俊・中村正夫などが発起人となり、原口頴雄を事務局長、わずか二一名の同人により「福岡部落史研究会」が発足して五〇周年である。史実に基づく研究の成果を総括・検証する一助にこの出版が貢献できれば松本・井元研究会も大きな意味があろう。校正等の協力は会員の井上健、井上法久、橋本正照である。

ここに至るまでに執筆の皆さまの協力、特に朝治武氏などの助言、部落解放同盟福岡県連合会、そして解放出版社の髙野政司事務局長にこの場を借りて深く御礼申し上げる。

二〇二三年二月二二日

森山沾一

布引敏雄（ぬのびき・としお）
1942 年生まれ。山口県域に関する部落史研究者。大阪観光大学名誉教授。著書に『長州藩部落解放史研究』（三一書房 1980 年）、『長州藩維新団』（解放出版社 2009 年）、『姫井伊介と労道社』（解放出版社 2022 年）など。

山下隆章（やました・たかあき）
1958 年生まれ。香川人権研究所副理事長。公立小中学校、香川大学教育学部元教員。共著に『部落史研究からの発信 第 1 巻』（解放出版社 2009 年）、『心に響く人権の言葉集』（四国部落史研究協議会編 2019 年）、『四国の水平運動』（解放出版社 2022 年）など。第 5 回原田伴彦賞。

鈴木裕子（すずき・ゆうこ）
1949 年、東京生まれ。専攻は女性史・社会運動史。早稲田大学文学学術院元教員。早稲田大学ジェンダー研究所招聘研究員。著書に『天皇家の女たち 古代から現代まで』（社会評論社 2019 年）、『忘れられた思想家・山川菊栄 フェミニズムと戦時下の抵抗』（梨の木舎 2022 年）。1982 年、「第 2 回山川菊栄賞」受賞。

首藤卓茂（すどう・たくも）
1947 年生まれ。福岡市月隈公民館、市民図書館、戸切教育集会所勤務後、古書店かぼちゃ堂店主。近現代庶民史・運動史に関心があり、部落史では福岡の消費組合、旧早良郡西脇の社会運動など執筆（筆名金山登郎）。

小正路淑泰（こしょうじ・としやす）
1961 年生まれ。公益社団法人福岡県人権研究所副理事長。専門は社会運動史。著書に『堺利彦―初期社会主義の思想圏』（編著 論創社 2016 年）、『堺利彦と葉山嘉樹―無産政党の社会運動と文化運動』（論創社 2021 年）など。

一法師英昭（いっぽうし・ひであき）
1956 年生まれ。高等学校教諭として同和教育、部落史研究に携わる。退職後、別府溝部学園短期大学で人権教育概論・日本国憲法、大分大学で大分県の歴史を担当。大分県人権教育・啓発推進協議会人権啓発講師として活動。

編著者略歴

関儀久（せき・よしひさ）
1977年生まれ。九州大学大学院人間環境学府発達・社会システム専攻博士後期課程単位取得満期退学。福岡県中学校教諭。公益社団法人福岡県人権研究所理事。著書に『感染症と部落問題―近代都市のコレラ体験』（福岡県人権研究所 2022年）など。

塚本博和（つかもと・ひろかず）
1951年生まれ。公益社団法人福岡県人権研究所理事。同特別プロジェクト松本治一郎・井元麟之研究会事務局。著書に『全九州水平社創立90周年記念誌』（共著）、菜の花ブックレット⑱『冬来たりなば春遠からじ』（3章担当）など。

森山沾一（もりやま・せんいち）
1946年、中国瀋陽市生まれ、日田・福岡で育つ。公益社団法人福岡県人権研究所前理事長、現理事。福岡県立大学名誉教授。教育学博士。共編著に『松本治一郎』（西日本新聞社 2003年）、『筑豊・田川万華鏡』（明石書店 2021年）、『殉義の星と輝かん』（花乱社 2022年）など。

執筆者略歴

朝治武（あさじ・たけし）
1955年生まれ。大阪人権博物館館長。著書に『水平社論争の群像』（解放出版社 2018年）、『韓国歴史ドラマの再発見』（解放出版社 2019年）、『全国水平社 1922-1942―差別と解放の苦悩』（筑摩書房 2022年）など。

吉田勉（よしだ・つとむ）
1950年生まれ。東日本部落解放研究所副理事長。共著に『東日本の部落史』全3巻（2017年 現代書館）ほか。主な論文に「維新変革と『解放令』」（『講座 近現代日本の部落問題1 近代の部落問題』解放出版社 2023年）ほか。

手島一雄（てしま・かずお）
1961年、神戸市生まれ。世界人権問題研究センター研究員。戦前では大和同志会や三好伊平次、山本正男らを素材に融和運動史研究を行ってきた。近年は北原泰作を軸に戦後の部落解放運動史を再検討している。

駒井忠之（こまい・ただゆき）
1972年、奈良県御所市生まれ。水平社博物館館長。1998年の水平社博物館開館から学芸員として勤務し、2015年館長に就任。国際人権博物館連盟や「世界の記憶」などを通して水平社創立の思想を世界に発信。神戸女学院大学で人権論を担当。

渡辺俊雄（わたなべ・としお）
1949年生まれ。全国部落史研究会運営委員。舳松《へのまつ》人権歴史館展示委員。朝鮮衡平運動史研究会。著書に『現代史のなかの部落問題』（解放出版社 1988年）、『いま、部落史がおもしろい』（解放出版社 1996年）など。

割石忠典（わりいし・ただのり）
1953年、広島県生まれ。芸備近現代史研究会会長。全国部落史研究会運営委員。朝鮮衡

解放の父 松本治一郎への手紙
全国水平社を支えた人々との交流

2023年5月1日　初版 第1刷発行

編著者　福岡県人権研究所 松本治一郎・井元麟之研究会 ©
発行所　株式会社　解放出版社
大阪市港区波除 4-1-37 HRCビル3階　〒552-0001
電話 06-6581-8542　FAX 06-6581-8552
東京事務所
東京都文京区本郷 1-28-36 鳳明ビル102A　〒113-0033
電話 03-5213-4771　FAX 03-5213-4777
郵便振替 00900-4-75417　HP http://kaihou-s.com/

装幀　米谷 豪
本文レイアウト　伊原秀夫
印刷・製本　モリモト印刷株式会社

ISBN 978-4-7592-4416-8　C0036　NDC 361.86　313P　21cm
定価はカバーに表示しています。落丁・乱丁はおとりかえします。

障害などの理由で印刷媒体による本書のご利用が困難な方へ

本書の内容を、点訳データ、音読データ、拡大写本データなどに複製することを認めます。ただし、営利を目的とする場合はこのかぎりではありません。

また、本書をご購入いただいた方のうち、障害などのために本書を読めない方に、テキストデータを提供いたします。

ご希望の方は、下記のテキストデータ引換券（コピー不可）を同封し、住所、氏名、メールアドレス、電話番号をご記入のうえ、下記までお申し込みください。メールの添付ファイルでテキストデータを送ります。

なお、データはテキストのみで、写真などは含まれません。

第三者への貸与、配信、ネット上での公開などは著作権法で禁止されていますのでご留意をお願いいたします。

あて先：552-0001 大阪市港区波除 4-1-37 HRCビル 3F 解放出版社
『松本治一郎への手紙』テキストデータ係

テキストデータ引換券
『松本治一郎への手紙』
4416